广西师范大学马克思主义理论学科资助出版

QINGDAI GUANGDONG
CHENGSHI FAZHAN YU SHEHUI BIANQIAN YANJIU

清代广东城市发展与社会变迁研究

唐咸明 著

四川大学出版社

SICHUAN UNIVERSITY PRESS

图书在版编目（CIP）数据

清代广东城市发展与社会变迁研究 / 唐咸明著 . --
成都 : 四川大学出版社，2025.5
ISBN 978-7-5690-3313-7

Ⅰ . ①清… Ⅱ . ①唐… Ⅲ . ①城市史－研究－广东－
清代②社会变迁－研究－广东－清代 Ⅳ . ① K296.5

中国版本图书馆 CIP 数据核字 (2019) 第 292733 号

书　　名：清代广东城市发展与社会变迁研究
　　　　　Qingdai Guangdong Chengshi Fazhan yu Shehui Bianqian Yanjiu
著　　者：唐咸明

选题策划：梁　明
责任编辑：梁　明
责任校对：李　耕
装帧设计：墨创文化
责任印制：李金兰

出版发行：四川大学出版社有限责任公司
　　　　　地址：成都市一环路南一段 24 号（610065）
　　　　　电话：(028) 85408311（发行部）、85400276（总编室）
　　　　　电子邮箱：scupress@vip.163.com
　　　　　网址：https://press.scu.edu.cn
印前制作：四川胜翔数码印务设计有限公司
印刷装订：成都金龙印务有限责任公司

成品尺寸：148 mm×210 mm
印　　张：10.5
插　　页：3
字　　数：376 千字

版　　次：2025 年 5 月 第 1 版
印　　次：2025 年 5 月 第 1 次印刷
定　　价：78.00 元

本社图书如有印装质量问题，请联系发行部调换

扫码获取数字资源

四川大学出版社
微信公众号

前　言

　　17世纪中叶至20世纪初期，以地理大发现和资本主义向全球扩张为肇端，世界发生了天翻地覆的历史性巨变，各个国家和地区被卷入到经济文化全球化的新时代。此时的中国正处于清王朝的统治之下，这一阶段中国城市经历了由传统向近代化艰难转型的历史性蜕变，是中国城市发展的重要时期。

　　清朝初期，封建统治者采取了一系列恢复和发展社会生产的措施，岭南地区社会经济得到进一步发展。由于优越的地理区位和物候条件，加之北方中原汉族移民不断南下，珠江三角洲和韩江流域得以飞速发展，成为广东经济、文化最为发达的两个区域。农村商品经济的发展极大地促进了城市商业和手工业的发展，具有资本主义萌芽性质的手工工场生产形式开始出现。珠江三角洲地区在清代前期形成了以广州和手工业巨镇佛山为代表的岭南二元中心市场。乾嘉时期，封建统治者实行闭关锁国政策，只允许广州一口通商，由国家垄断对外贸易，广州发展成为全国的对外贸易中心。同时，由广东北上中原的主要商路，其沿线城市韶关、连州、南雄等也因转运贸易而呈现出极度繁荣的局面。

　　鸦片战争后，随着以英国为首的资本主义国家与清政府的一系列不平等条约的签订，广东城市经济发展经历了曲折、失落和重新调整、适应的阶段。随着上海迅速崛起，全国外贸中心由广州逐渐转移到上海。外国资本主义侵略的加深和封建统治者的残酷压迫与剥削，引发了广东社会秩序的持续动荡，影响了晚清广东城市社会经济的发展。与此同时，香港在英国殖民统治之下，由于地理位置优越，加之依靠转口贸易和鸦片走私等，其商业地位迅速抬升，这也导致广州的商业地位进一步下降。受外来洋货冲击、水道淤塞以及晚清咸同年间因农民起义而引发社会动荡的影响，手工业巨镇佛山也陷入衰落。

近代以降，广东沿海地区先后开放了十余个通商城市，特别是在汕头、海口、北海等城市开埠通商之后，内外贸易得到迅猛发展，这些通商城市成为所在地区的经济中心城市。广东开埠城市周围的农村地区受外来商品的强烈冲击，被逐步纳入世界资本主义市场，加速了其自然经济的解体进程，出现了众多专业化圩市和人口密集的城镇，广东的城镇化历程由此开启。

在继承中华传统文化包括岭南百越少数民族优秀文化的基础上，广东城市不断吸收容纳外来文化，逐步形成了独具特色的岭南城市文化。清朝前期，广东在科举考试和传统教育、饮食文化和地方戏剧等方面取得了较高的成就。进入晚清，近代新闻报刊业和刻书业逐步兴起，促进了广东城市传统文化的近代化转型。清末废科举兴学堂，使广东城市教育更加兴旺发达，人才辈出。广东城乡民众的思想逐渐发生变化，洪秀全、康有为、梁启超、孙中山等社会精英辈出，他们站在近代中国时代最前列，相继领导了太平天国运动、戊戌变法和辛亥革命，促进了近代中国社会的变革和发展。

在外来先进科学技术的带动下，广东城乡最早出现火车和轮船等近代化交通工具。铁路、公路和水路交通网络的形成发展，加速了城乡之间人员和物资的大规模流动，扩大了城市之间的经济和文化交往。邮政、电信、马路、自来水等市政工程次第兴建，促进了广东城市建设的近代化发展。与此同时，广东市民的衣着服饰、婚姻观念等也在发生变化，促进了城市传统社会生活的演变。然而，由于清政府腐败的统治和西方列强侵略加剧，地方政府权威不断弱化，城市管理不能适应现代化发展需要，导致城乡社会缺乏有效治理。吸食鸦片、赌博成风和娼妓屡禁不止，成为晚清广东城市社会的三大严重问题，极大地影响了近代广东城市社会健康发展。

在清代中国城市发展史上，广东城市发展速度快、变化大。岭南由经济落后地区转变为经济发达地区的过程与南宋以降全国经济、政治重心南移的过程是基本一致的。广东城市的发展轨迹最能代表清代中国城市发展的演变规律和特质。首先，国家统治政策的调整和嬗变影响着广东城市的兴衰。清初厉行海禁和乾隆朝中期以后实行闭关锁国政策，以及近代以五口通商为肇端的对外开放，对广东城市发展产生了双重影响，使之呈现出"短暂衰微→极度繁盛→调整蜕变"的独特发展轨迹。其次，清代广东城市发展呈现出明显的阶段性特征，即前期广东城市商业贸易极度繁盛，后期在近代中国几乎全方位对外开放格局下出现调整与蜕变。再次，清代广东是最早出现城市化和城市近代化的地区之一，最能体现清末中国城市发展转型时期的演变特征。最后，晚清的广东，开埠通商港口城市迅速崛起，逐步取代原有经济中心城市的地位，使城市政治、经济层级体系发生位移与分离的现象。

总之，清代广东城市体系的嬗变演进轨迹，既昭示了清前期的传统城市体系走向终结，也宣示了适应世界经济发展浪潮的近代广东城市体系的诞生。这一格局的演变影响深远，对今天推动粤港澳大湾区一体化建设具有一定的历史借鉴和现实启示意义。

目　录

导言 清代城市史研究的回顾与展望

　　城市是人类文明社会的重要聚落形态，中国城市产生于5000 多年前。中国城市发展史，是以政治和军事中心为主要特色的城市等级体系的保持和延续，为世界上所独有。在清朝统治的 17 世纪中期至 20 世纪初叶，国际社会正发生着历史性巨变。伴随着 18 世纪中叶开始的工业革命浪潮席卷全世界，以英国为首的西方列强开始向全球进行资本主义扩张，由此开启了全球化的新时代。1840 年中英鸦片战争后，清朝的闭关锁国政策被终结，国门被强行打开，使中国由传统农业社会逐步向近代工业社会转型。因此，清代的城市发展，既汇聚了历代城市发展的厚重积淀，同时也注入了新的近代化因子，发展的深度和广度超过历史上任何一个时期，对当代中国城市发展产生了深远影响。20世纪至 21 世纪初叶，国内外学者对清代城市研究倾注了大量精力，利用历史学、城市学、地理学、民族学、人类学、经济学、民俗学等基础学科，多视角对清代城市发展进行了深入探索，取得了丰硕成果。因此，从学术史角度对清代城市发展取得的成果进行梳理是非常必要的。为此，本节从"阶段历程"和"存在的缺陷与发展趋势"两个方面进行回顾与梳理。

一、阶段历程

（一）清代城市史研究的总体回顾

1. 20 世纪以前的清代城市史研究

据四川大学城市研究所的专家考证，清代城市研究最早可追溯到康熙、乾隆年间辑录清代北京资料的官修史书——《日下旧闻考》。① 此外，清代官修的大量志书和文人墨客的文集、日记、笔记、丛书、碑刻等，都不同程度地记述了清代城市的实况。1872 年，在上海诞生了中国第一家现代意义上的报纸——《申报》，其中有一些涉及清代城市社会和城市生活的报道。近代《点石斋画报》是运用绘画形式对晚清城市社会进行生动描绘的杂志。此外，晚清不少口岸城市创办的大量报纸杂志对当时城市社会进行了报道，保存了不少清代城市发展的珍贵史料。

总的说来，20 世纪以前，有关清代城市研究的成果大多以记述、描绘为主，缺乏深入的分析和科学的探讨。

2. 20 世纪以后清代城市史研究

20 世纪初，随着西风东渐和大批欧美留学生的回归，创办报纸杂志的热潮在中国沿海通商口岸城市持续蔓延。一些杂志不断登载和城市生活有关的文章。② 例如 1902 年在天津创办的报纸《大公报》就登载了不少清代城市的文章。特别是 1904 年上海商务印书馆创办的《东方杂志》，刊载了一系列有关清代城市的论文，开启了国内学者研究清代城市的先河。广东由于深受西方先进文化的影响，也创办了不少报纸杂志，其中有不少文章涉

① 四川大学城市研究所编：《〈清史·城市志〉立项报告书》（内部资料），2004年11月。

② 四川大学城市研究所编：《〈清史·城市志〉立项报告书》（内部资料），2004年11月。

及清代广东城市的情况。1914年开始编纂的《清史稿》，在"食货志""地理志"等部分记录了清代城市建置沿革和经济发展的情况。但由于没有设置"城市志"，《清史稿》不能反映清代中国城市发展的整体风貌。

20世纪三四十年代，国内一批学者开始从手工业、矿业、商业以及租佃、雇佣、民变等视角研究清代生产关系和阶级斗争，大量涉及了清代城市历史发展的问题，使清代城市研究进入草创阶段。如全汉升1934年发表的论文《中国庙市之史的考察》，涉及中国城镇庙会历史和城市社会的发展变迁。① 总的说来，这一阶段清代城市史的研究依附于史学其他领域，没有形成独立的研究体系。

同一时期，西方汉学家开始对清代城市表示出浓厚的研究兴趣。1913年，美国学者马士（H. B. Morse）撰写的《中朝制度》一书中，有大量内容涉及鸦片战争后中国开放口岸城市的情况。20世纪30年代，美国学者费正清着手研究中国近代的通商口岸城市，运用"冲击—反应"模式，分析论证了近代早期通商口岸与社会变迁的历史问题，创立了"西方中心观"指导下的近代中国社会转型的研究框架，引发了西方汉学家研究中国清代城市的热潮。

20世纪六七十年代，清代城市的政治、经济状况等纳入国内研究专家的视阈。在资料整理方面，中国史学会主编的《中国近代史料丛刊》，包含"鸦片战争""太平天国""中法战争""戊戌变法""辛亥革命"等10种。由于以上重大事件多以城市为中心，因此该丛书记录了清代城市发展的一些真实情况。从1954年开始，严中平研究员负责主编《中国近代经济史参考资料丛

---

① 全汉升著：《中国庙市之史的考察》，《食货》，1934年第1卷第2期。

刊》，1955 年出版了《中国近代经济史统计资料选辑》①，以及工业、手工业、农业、外贸、铁路、公债、外债等专题史料汇编，其中有不少清代晚期的城市史料。在专题研究方面，傅衣凌的《明清时代江南市镇经济的分析》②，刘石吉的《太平天国乱后江南市镇的发展（1865—1911）》、《明清时代江南地区的专业市镇》、《明清时代江南市镇之数量分析》③，奠定了明清时期江南市镇的研究范式。此外，1957 年出版的《中国资本主义萌芽问题讨论集》、《明清社会经济形态的研究》④ 等论著，在一定程度上涉及清代城市经济的情况。

20 世纪 50 到 70 年代，清代城市问题研究备受关注。清代城市商业的繁盛和发展被视为中国封建社会晚期向近代资本主义过渡的重要前提条件。晚清城市的一系列重要变革被看作中国沦为半殖民地半封建社会的重大表征。但特定的时代氛围使国内清代城市史研究在学术上仍处于从属地位，难以形成独立的学科体系。与之形成鲜明对比的是，在费正清等人研究的基础上，美国学者墨菲的《上海——现代中国的钥匙》⑤，鲍德威的《中国的城市变迁：1890—1949 年山东济南的政治与发展》⑥ 等论著，继

① 严中平等编：《中国近代经济史统计资料选辑》，北京：科学出版社，1955年。

② 傅衣凌著：《明清时代江南市镇经济的分析》，《历史教学》，1964 年第 1 期。

③ 刘石吉著：《太平天国乱后江南市镇的发展（1865—1911）》，《食货》，1978年第 7 卷第 11 期；《明清时代江南地区的专业市镇》，《食货》，1978 年第 8 卷第 6~8期；《明清时代江南市镇之数量分析》，《思与言》，1978 年第 16 卷第 2 期。

④ 中国人民大学中国历史教研室编：《中国资本主义萌芽问题讨论集》，北京：生活·读书·新知三联书店，1957 年；中国人民大学中国历史教研室编：《明清社会经济形态的研究》，上海：上海人民出版社，1955 年。

⑤ （美）罗兹·墨菲著，章克生、徐肇庆、吴竟成等译：《上海：现代中国的钥匙》，上海：上海人民出版社，1986 年。

⑥ （美）鲍德威著，张汉、金桥、孙淑霞译：《中国的城市变迁：1890—1949年山东济南的政治与发展》，北京：北京大学出版社，2010 年。

续关注晚清以来中国通商城市的发展与变化。在国外众多的研究者中，对中国城市史研究影响最深的当属美国学者施坚雅。他在1964年至1965年撰写并发表了《中国农村的市场和社会结构》；1977年出版了由其主编的《中华帝国晚期的城市》。^①他运用中心地学、历史学、社会学和人类学等多学科的方法，深入剖析了中国农村市场和城市化、城市的空间和社会结构、城乡关系等问题，提出了著名的集市层级体系理论，在清代城市研究理论方法上取得了重要突破。由此观之，在清代城市史研究领域，20世纪70年代以前，国外的研究遥遥领先于国内学术界。

20世纪70年代晚期，随着中国实施改革开放，城镇经济突飞猛进，中国城市化和城市现代化的迅速发展及其取得的巨大成就，呼唤着社会科学工作者加强对城市史的研究，为政府决策和城市发展提供智力支持。因此，20世纪80年代以来，越来越多的国内学者开始介入晚清和民国时期的城市史研究，推动清代城市史研究逐步走向繁荣，表现在以下几个方面。

第一，相关研究成果层出不穷。

经过广大学术研究者的辛勤劳动，城市史研究取得了巨大的成就，涌现了一批高水平著作。涉及晚清城市史研究的名著，首推隗瀛涛主编的《近代重庆城市史》、《中国近代不同类型城市综合研究》、《近代长江上游城乡关系研究》^②；张仲礼主编的《近代上海城市研究》、《东南沿海城市与中国近代化》、《长江沿江城

---

① （美）施坚雅主编，叶光庭等译，陈桥驿校：《中华帝国晚期的城市》，北京：中华书局，2000年。

② 隗瀛涛主编：《近代重庆城市史》，成都：四川大学出版社，1991年；《中国近代不同类型城市综合研究》，成都：四川大学出版社，1998年；《近代长江上游城乡关系研究》，成都：天地出版社，2003年。

市与中国近代化》①；皮明庥主编的《近代武汉城市史》②；罗澍伟主编的《近代天津城市史》③。上述以重庆、天津、武汉和上海为研究对象的四部城市史专著，是目前为止单体城市研究方面最高水准的著作。此外，一些学者开始尝试从整体上勾勒中国城市发展的脉络，代表作有何一民的《中国城市史纲》④，宁越敏等人的《中国城市发展史》⑤，戴均良的《中国城市发展史》⑥，顾朝林的《中国城镇体系：历史·现状·展望》⑦等等，但从总体上看，清代中国城市史的整体研究尚未展开。

第二，科研立项和学术交流呈现空前活跃的景象。

中国大陆学者对城市史的研究肇始于 20 世纪 80 年代中期，与国外城市史研究的热闹景象相比，中国国内城市史研究则略显沉寂。例如，学者们从事这一领域研究的时间较晚，城市史探索的指导性理论建构不足，研究基础薄弱，研究队伍不够强大等等。但由于中国城市史研究备受政府和学术界的重视，呈现出后发优势，发展迅速。"七五"期间，上海、天津、武汉、重庆四大城市的近代发展史被列为国家哲学社会科学规划重点研究项目。"八五"期间，国家又把近代区域城市以及不同类型城市的比较研究列为规划课题。从 1994—2000 年的七年间，"中国近现代城市发展与社会变迁"被列为国家哲学社会科学规划重点研究项目；"近代中国自开商埠史""近代江南中小城市史研究""近

① 张仲礼主编：《近代上海城市研究》，上海：上海人民出版社，1990 年；《东南沿海城市与中国近代化》，上海：上海人民出版社，1996 年；《长江沿江城市与中国近代化》，上海：上海人民出版社，2002 年。

② 皮明庥主编：《近代武汉城市史》，北京：中国社会科学出版社，1993 年。

③ 罗澍伟主编：《近代天津城市史》，北京：中国社会科学出版社，1993 年。

④ 何一民著：《中国城市史纲》，成都：四川大学出版社，1994 年。

⑤ 宁越敏等著：《中国城市发展史》，合肥：安徽科学技术出版社，1994 年。

⑥ 戴均良主编：《中国城市发展史》，哈尔滨：黑龙江人民出版社，1992 年。

⑦ 顾朝林主编：《中国城镇体系：历史·现状·展望》，北京：商务印书馆，1992 年。

代长江上游城乡关系研究"　"中国近代城市规划史（1840—1949）"等纷纷被列为国家哲学社会科学规划一般项目。① 进入21世纪，国家清史编纂委员会把《清史·城市志》列为国家清史工程重要课题加以立项研究，并与《中华大典》编纂工程、《儒藏》编纂工程和《中国民族民间文艺集成志书》编纂工程并列为国家"十一五"哲学社会科学研究规划的四大编纂工程。② 各级地方政府和高等学校的相关立项则更多，彰显了清代城市史研究呈现出蓬勃向上的发展势头。成都、宜昌、上海、天津、重庆、杭州等地先后举办了国际性或全国性、地方性的城市史研究学术研讨会，天津社会科学院还牵头出版了《城市史研究》专刊，为中国城市史研究提供了较好的载体。

第三，城市史的学科理论体系已经初步构建。

中国城市史研究学科理论体系的构建，源自国内学界对西方汉学界中国城市研究理论框架的理性反思和回应。自20世纪70年代以来，国内学界翻译并出版了大量西方汉学家的相关论著。在此基础上，中国史学界不断地吸收和消化西方汉学界的研究成果，并将其运用到中国本土的学术研究中来。因此，国内城市史学界开始有意识地构建适合中国国情的本土化的城市史研究理论体系，把探索的重点放在了中国近代城市史领域。在近代城市史研究的基本线索、主要内容、基本规律等重大理论问题上都取得了一系列突出的成果③，初步形成了具有中国特色的近代城市史学科理论体系。

---

① 教育部社政司科研处组编：《人文社会科学研究现状与发展趋势——高校"十五"科研规划咨询报告选》，长沙：湖南大学出版社，2001年。

② 请参阅全国哲学社会科学规划领导小组编：《国家哲学社会科学研究"十一五"（2006—2010年）规划》。

③ 何一民著：《20世纪后期中国近代城市史研究的理论探索》，《西南交通大学学报》（社科版）2000年第1期。

然而，目前国内外城市史学界尚未形成具有权威性的、可据以指导整个清代城市史研究的理论范式。如施坚雅的集市体系和区域体系理论，尽管被公认为是研究中国城市史的指导性理论，但其是建立在"市场中心地"模型基础之上的，对中国特定区域的城市史研究可能具有一定的指导意义，但将其放在整个中国城市史的研究中，就不具备普遍性的指导价值。因此，施坚雅理论存在较多的问题。如施坚雅划分出东南沿海区和岭南区，就把清代广东的行政管辖区一分为二，将粤东潮汕地区划归东南沿海经济区，影响了广东城市史的整体研究，不利于考察清代广东区域城市的整体发展及嬗变历程。因此，我们在研究中国区域城市发展的相关问题时，就应考虑施坚雅理论的局限性、适用性和可操作性等问题。

从目前来看，尽管经过 20 世纪 80 年代以来广大学者的共同努力，初步形成了一些关于城市史研究的理论框架和理论共识，但是，一些关键的理论架构和理论界定等还存在争议，城市史研究的理论构建任务非常艰巨。

（二）清代广东城市史研究成果的梳理

在展开研究之前，有必要对清代广东省的行政区划和相关概念进行界定。

第一，广东省的行政管辖区域。清代广东省管辖的范围较广，包括今天的广东、海南两省和广西北部湾沿海地区。因此，本书的研究以清代广东的行政区划作为基础，其行政管辖范围理应包括今天广东省，海南省，广西南部沿海的钦州、防城港和北海三市。

第二，香港和澳门两城市的技术处理问题。近代中国领土主权的丧失，肇始于香港岛的割让。作为中国神圣领土不可分割的一部分，香港和澳门的城市发展史具有特殊性，也是清代广东城市发展重要的组成部分。考虑到这两座城市的特殊情况，在本书的研究中，暂将这两座城市排除在外。

第三，关于城市体系的界定。城市体系是指城市外部地域结构内不同等级、规模和性质的城市构成的城市网络。[①] 就清代广东来说，城市体系就是指由省会—府城—州县城—镇四级行政中心城市构成的网络。在清代前期，广东城市体系基本以行政中心城市体系为主，经济中心城市体系基本与之吻合，也就是说城市既是行政中心又是经济中心。1840 年鸦片战争后，原具有行政与经济双重功能的城市发生职能分化，新的经济中心城市与行政中心城市体系基本吻合的情况不再出现。为了研究和表述的方便，本书采取行政中心城市体系的说法。

新中国成立以来，广东史学界致力于明清时期广东城市史的研究，取得了丰硕成果，公开发表了众多学术论著。

1. 专著方面

（1）广州城市研究。

张仲礼主编的《东南沿海城市与中国近代化》，分别从经济、文化、制度和城市建设等方面对广州近代化历程进行了深入论证分析。华南师范大学历史地理系曾昭璇的《广州历史地理》（1991）一书，论述了广州及附近地形的形成历史，广州古今气候、水文地理及明清以前广州城的历史地理等。中山大学地理系胡华颖的《城市·空间·发展——广州城市内部空间分析》（1993）一书，对广州城市的现代空间结构进行了分析。广州市地方志编纂委员会编辑出版的《广州市志》（1995）在卷三《城建卷》中分别对广州城市规划、市政建设等进行了论述。杨万秀、钟卓安主编的《广州简史》一书，对广州近代城市发展的重大历史事件进行了详细叙述。暨南大学历史系陈代光的《广州城

---

① 张弥著：《城市体系的网络结构》，北京：中国水利水电出版社、知识产权出版社，2007 年，第 16 页。

市发展史》，对广州市社会、经济、工业、商业、城市建设、文化旅游等方面进行了全面论述。丘传英主编的《广州近代经济史》，对广州的对外贸易、工商业、农业、交通运输业、城市建设、财政金融等方面进行了详细考察。马秀芝主编的《中国近代建筑总览（广州篇）》，对广州近代的城市物质要素——近代建筑进行了较为深入的研究。华南理工大学周霞的博士论文《广州城市形态演进研究》（1999），从物质形态的角度对广州各个时期的城市形态特征与演变规律进行了详细考察和分析。邓端本编著的《广州港史》（古代部分）①，介绍了广州周围的地理概况以及港口贸易、港口管理、海外交通等的发展历史，分析了外贸经济对珠江三角洲的农业、手工业和商业的促进作用。徐俊鸣等编著的《广州史话》②，介绍了广州的建置沿革、城池变迁、城市辐射区域、商路变化、外贸和手工业的发展变迁、城市革命和历代风景，并对广州市未来发展进行了理论思考。广州市社会科学研究所编纂的论文集《近代广州外贸研究》③，考察了广州外贸发展与海外交通、十三行、两次鸦片战争、粤海关、民族资本主义工业等的相互关系，初步勾勒了广州外贸发展的历史全貌。吴家华主编的《论广州与海上丝绸之路》④ 一书，以海上丝绸之路的兴起与发展，海上丝绸之路与中外贸易及文化交流，海上丝绸之路有关的人物、文物、遗址与名胜古迹，海上丝绸之路精神在当代的弘扬与发展，海上丝绸之路大事记等五个专题，探讨了广州与海上丝绸之路的历史渊源及相互作用。

---

① 邓端本编著：《广州港史》（古代部分），北京：海洋出版社，1986 年。
② 徐俊鸣等编著：《广州史话》，上海：上海人民出版社，1984 年。
③ 广州市社会科学研究所编：《近代广州外贸研究》，北京：科学普及出版社广州分社，1987 年。
④ 广州市国家历史文化名城发展中心、广州历史文化名城研究会、广州古都学会编：《论广州与海上丝绸之路》，广州：中山大学出版社，1993 年。

郭德焱著的《清代广州的巴斯商人》① 一书，对鸦片战争前后巴斯商人在广州口岸的活动进行了重点考察。指出，巴斯商人的早期经商活动为推动中印之间"港脚贸易"做出了贡献。鸦片战争后，巴斯商人逐渐退出中国商界，但仍有部分商人活跃于穗、港、澳等地并逐步融入华人社会。蒋建国的《报界旧闻——旧广州的报纸与新闻》② 选取近代以来在广州创办的 40 余种报刊，分别进行了分析和介绍。注意从宏观上把握近代报刊发展与社会变迁之间的关系，是研究广州近代新闻报刊史的重要著作。广州市文史研究馆编的《羊城风华录：历代中外名人笔下的广州》③ 一书，精心挑选 1949 年以前古今中外名人对广州直观描述的 81 篇文章，是研究广州城市发展历史的珍贵史料。

纵观上述，这一阶段关于广州城市的研究成果虽较为丰硕，但大都侧重某一方面或某个时段的考察，缺乏对广州城市的宏观研究，像"广州城市史"的鸿篇巨制还没有问世。

（2）与清代广东城市有关的论著。

桑兵的专著《庚子勤王与晚清政局》④，通过对新史料的挖掘整理，深入揭示了庚子（1900）年间，在以康、梁为首的保皇派的倡导下，由海外华侨、革命派、倾向进步的官僚及台湾内渡官绅等共同掀起的庚子勤王运动。这场运动准备工作主要在广州、香港和澳门等地进行，对探究晚清广东城市政治具有一定参考价值。程美宝的《地域文化与国家认同：晚清以来"广东文

---

① 郭德焱著：《清代广州的巴斯商人》，北京：中华书局，2005 年。

② 蒋建国著：《报界旧闻——旧广州的报纸与新闻》，广州：南方日报出版社，2007 年。

③ 广州市文史研究馆编：《羊城风华录：历代中外名人笔下的广州》，广州：花城出版社，2006 年。

④ 桑兵著：《庚子勤王与晚清政局》，北京：北京大学出版社，2004 年。

化"观的形成》①，赵春晨等主编的《中西文化交流与岭南社会变迁》②，分别从地域文化的形成和中西文化交流的视角对岭南文化及社会变迁深入探索，对研究广东城市文化的形成及发展具有一定参考价值。

美国学者魏斐德的代表作《大门口的陌生人——1839—1861年间华南的社会动乱》③，主要研究了两次鸦片战争期间广东官绅和民众的社会活动。作者以英国侵略中国为历史背景，对当时广东社会各阶层的反应和动态进行了广泛的研究，对研究广东城市社会具有一定的参考价值。

练铭志等著的《广东民族关系史》一书④，指出广东世居民族有汉族、黎族、瑶族、壮族、畲族、回族、苗族、满族等，汉族人口占全省总人口的 98.2%，广布于全省城乡各地。广东民族"小聚居、大杂居"分布格局的形成，是境内各民族之间长期的经济、社会、文化交往互动的结果，该书对研究广东城市体系的演变与民族迁徙、交往等具有重要参考价值。刘永连的《近代广东对外丝绸贸易研究》⑤，将广东对外丝绸贸易问题分为五个阶段进行了深入的研究。作者指出，从鸦片战争到继昌隆缫丝厂创办前夕，广东丝绸贸易经历了严重挫折和萧条时期；从继昌隆缫丝厂创办到清朝灭亡，是广东丝绸贸易的恢复和发展阶段。

（3）新中国成立后广东各城市编纂的《城市志》

新中国成立后，广州、汕头、肇庆、佛山、韶关等先后组织

① 程美宝著：《地域文化与国家认同：晚清以来"广东文化"观的形成》，北京：生活·读书·新知三联书店，2006年。

② 赵春晨等主编：《中西文化交流与岭南社会变迁》，北京：中国社会科学出版社，2004年。

③ （美）魏斐德著，王小荷译：《大门口的陌生人：1839—1861年间华南的社会动乱》，北京：中国社会科学出版社，1988年。

④ 练铭志等著：《广东民族关系史》，广州：广东人民出版社，2004年。

⑤ 刘永连著：《近代广东对外丝绸贸易研究》，北京：中华书局，2006年。

编写了各自的城市志。如汕头海关编志办公室编纂的《汕头海关志》①，侧重揭示汕头海关的建立、发展和演变的历史；《潮州市志》②、《肇庆市志》③、《海口市志》④、《韶关市志》⑤、《佛山市志》⑥ 等，有部分内容涉及各城市在清代的发展演变史。

（4）关于广东基层圩市的研究

《平准学刊》第四辑（下册）和《暨南史学》第四辑分别登载了李华的《明清时期广东圩市研究》和李龙潜的《明清时期广东圩市的盛衰、营运和租税的征收——明清广东圩市研究之二》两篇论文⑦，这是研究广东基层圩市质量较高的文章。不足之处是其侧重研究明清时期广东圩市的营运和租税等方面内容，而对1840 年后近代广东圩市的形成、发展及其演变没有论及。

（5）日本和欧美方面的研究成果

日本著名学者滨下武志的《中国近代经济史研究：清末海关财政与通商口岸市场圈》⑧，有部分内容涉及广州、汕头、北海等广东通商口岸城市经济贸易的发展情况。论文方面，日本学者田中克己的《清初的支那沿海——以迁海为中心》，北村敬直的《关于清代的商品市场》，笹本重己的《关于广东的铁锅》和《铁

① 汕头海关编志办公室编印：《汕头海关志》，1988 年。

② 潮州市地方志编纂委员会编：《潮州市志》，广州：广东人民出版社，1995年。

③ 肇庆市地方志编纂委员会编：《肇庆市志》，广州：广东人民出版社，1999年。

④ 海口市地方史志编纂委员会编：《海口市志》，北京：方志出版社，2004 年。

⑤ 韶关市地方志编纂委员会编：《韶关市志》，北京：中华书局，2001 年。

⑥ 佛山市地方志编纂委员会编：《佛山市志》，广州：广东人民出版社，1994年。

⑦ 《平准学刊》编辑委员会编：《平准学刊——中国社会经济史研究论集》第 4辑下册，北京：光明日报出版社，1989 年；纪宗安、汤开建主编：《暨南史学》第 4辑，广州：暨南大学出版社，2005 年。

⑧ （日）滨下武志著，高淑娟、孙彬译：《中国近代经济史研究：清末海关财政与通商口岸市场圈》，南京：江苏人民出版社，2006 年。

政上的佛山铺户和土灶》，波罗野善大的《鸦片战争以前中国输出茶的生产结构》，佐木正哉的《粤海关的陋规》，卫藤沈吉的《鸦片战争以前英国商人的性格》，松田吉郎的《明末清初广东珠江三角洲的沙田开拓与乡绅统治的形成过程》，西川喜久子的《清代珠江三角洲的沙田》，片山刚的《清代末期广东省珠江三角洲地区的图甲表及有关问题》《清代广东省珠江三角洲地区的图甲制》《清末广东省珠江三角洲地区图甲制的矛盾及其改革》等等，均有部分内容论及广州、佛山等城市在经济、社会及文化等方面的问题。① 美国学者沃森的《农村社会：香港新界》《传统中国的世袭租佃和宗族地主所有制：一个个案研究》，穆素洁的《中国糖业史：1644—1834 年广东经济作物的种植和经济》，苏耀昌的《中国南方与资本主义世界体系：土丝产地的历史变迁》；英国学者弗里德曼的《中国的宗族与社会：福建和广东》，加拿大学者魏安国的《清代华南地区的"一田二主"土地占有制》《清代华南的土地占有和使用》《清代珠江三角洲的宗族、租佃和土地占有》等，分别从经济史或人类学的视角考察了珠三角地区的社会、经济和宗族等问题。

2. 硕博士论文的成果梳理

（1）博士学位论文

蒋建国的论文《晚清广州城市消费文化研究》②，从历史学、经济学、社会学、文化学和民俗学等多学科的视角，对晚清广州城市消费文化进行了深入研究。认为西方文化和岭南地域文化的融合，商业文化的深入渗透，使晚清广州消费文化具有强烈的开放性、享乐性、时尚性和实用性等基本特征。陶诚的论文《"广

---

① 高明士主编：《中国史研究指南·明史·清史》，台北：台湾联经出版事业公司，1990 年。

② 蒋建国著：《晚清广州城市消费文化研究》，暨南大学，2005 年度博士学位论文。

东音乐"文化研究》①，从历史学、社会学、民俗学等视角，运用民族音乐学的理论和方法，分析了从 19 世纪末到"文化大革命"前广东音乐的发展演变状况。

石元蒙的论文《明清朝贡体制的两种实践（1840 年前）》②，认为 1840 年以前，明清两朝的朝贡体制存在"怀柔外夷"和"保持自主性"两种实践的走向。1840 年以后，英国继续挑战中国朝贡体制，朝贡体制"保持自主性"实践进入了实质性阶段，这一主题一直贯穿了中国近现代历史。

陈实的论文《清代珠江三角洲教育状况研究》③，考察了清代广东珠江三角洲地方官学、社学、商学、书院、学田学租、科举、教会教育以及留学教育的发展状况。传统教育和教会教育、留学教育并存，多元教育模式成为晚清以来广东教育的一大特色。

毛立坤的论文《晚清时期香港对中国（内地）的转口贸易（1869—1911）》④，考察了晚清时期中国对外贸易格局的演变情况。认为，自 19 世纪 60 年代开始，香港进入转口贸易的兴盛时代，促进了其城市经济的繁荣，并成为拉动华南和西南地区外向型经济发展的火车头。袁国友的论文《近代滇港贸易问题研究》⑤，剖析了清末至 1949 年间云南与香港之间的贸易活动和贸易关系，认为滇港贸易是云南对外（指省外）贸易中最为重要的双边关系。

---

① 陶诚著：《"广东音乐"文化研究》，福建师范大学，2003 年度博士学位论文。

② 石元蒙著：《明清朝贡体制的两种实践（1840 年前）》，暨南大学，2004 年度博士学位论文。

③ 陈实著：《清代珠江三角洲教育状况研究》，暨南大学，2004 年度博士学位论文。

④ 毛立坤著：《晚清时期香港对中国（内地）的转口贸易（1869—1911）》，复旦大学，2006 年度博士学位论文。

⑤ 袁国友著：《近代滇港贸易问题研究》，云南大学，2002 年度博士学位论文。

林广志的论文《晚清澳门华商与华人社会研究》①，重点探讨了鸦片战争后澳门华商崛起的背景。认为，华商对政治、经济、社会生活的参与推动了澳门向近代化和现代化的过渡。卜奇文的论文《清代澳门与广州经济互动问题研究》②，剖析了清代澳门与广州经济互动的关系。认为，清朝前期，澳门和广州是相互促进、共同繁荣的关系。清朝后期，由于香港的崛起，广州与澳门几乎同时走向了衰落，但两者之间的经济互动关系依然存在。邢荣发的论文《明清澳门城市建筑研究》，运用建筑学、历史学等相关理论，考察了明清两朝澳门城市建筑及其建筑风格的发展演变历史。③

周琍的博士论文《清代广东盐业与地方社会》④，运用社会史的理论，探讨了清代广东盐业对地方社会发展的诸多影响。指出，在清代，广东盐业与地方政务、经济、文化各个方面均发生着广泛的联系。盐业在区域社会的延伸，反映了在清代盐业的引岸封界制度下地方社会的变化。

（2）硕士学位论文

黄立的论文《广州近代城市规划研究》⑤，运用历史学和城市规划学等理论，将 1843 年到 1949 年的近 110 年分为五个时段，着重分析了广州近代城市化演变进程。高海鹏的论文《广州

---

① 林广志著：《晚清澳门华商与华人社会研究》，暨南大学，2005 年度博士学位论文。

② 卜奇文著：《清代澳门与广州经济互动问题研究》，暨南大学，2003 年度博士学位论文。

③ 邢荣发著：《明清澳门城市建筑研究》，暨南大学，2005 年度博士学位论文。

④ 周琍著：《清代广东盐业与地方社会》，华中师范大学，2005 年度博士学位论文。

⑤ 黄立著：《广州近代城市规划研究》，武汉理工大学，2002 年度硕士学位论文。

市的骑楼及骑楼街——历史、发展与保护研究》①，对骑楼的来源、现状和传布进行了考证分析。认为，广州是中国近代骑楼的发源地，它是外来殖民地外廊式建筑与本地敞开式店面建筑相结合的产物。

彭丹的论文《论清代广州十三行商人对岭南文化的贡献》②，认为十三行商人利用多年从事对外贸易赚取的丰厚利润，积极投资文教事业，为当时岭南乃至整个中国文化的发展做出了重要贡献。慕容勋的论文《清代广州书院城市化研究》③，认为清代广州书院城市化现象与城市发展和书院的官学化趋向密切相关。张华宝的论文《清末广州书院嬗变与学堂兴起的历史考察》④，认为清末书院嬗变与学堂的兴起促进了广州教育早期现代化、近代科学的传播和市民的思想开放。黄育芳的论文《清末广雅书院变迁分析——从附设西学堂到改立高等学堂》⑤，认为广雅书院是清末广东一所著名的书院，历经了从书院到大学堂附设校士馆，最后确立为省立高等学堂的种种新旧激荡和更替演变。许五州的论文《清代广州人口与消费》⑥，认为清代广州人口高速增长，密集的人口给城市形成了较大的压力，使生活消费愈来愈依赖市场，而消费结构内部比例却并不合理。

---

① 高海鹏著：《广州市的骑楼及骑楼街——历史、发展与保护研究》，西安建筑科技大学，2003 年度硕士学位论文。

② 彭丹著：《论清代广州十三行商人对岭南文化的贡献》，暨南大学，2006 年度硕士学位论文。

③ 慕容勋著：《清代广州书院城市化研究》，华南师范大学，2005 年度硕士学位论文。

④ 张华宝著：《清末广州书院嬗变与学堂兴起的历史考察》，华南师范大学，2007 年度硕士学位论文。

⑤ 黄育芳著：《清末广雅书院变迁分析——从附设西学堂到改立高等学堂》，华南师范大学，2005 年度硕士学位论文。

⑥ 许五州著：《清代广州人口与消费》，暨南大学，2005 年度硕士学位论文。

夏坤的论文《晚清广州女佣研究》①，考察了晚清广州社会变革过程中，女佣独特的社会角色和生活模式。认为，大量农妇进入城市，促进了女佣行业的兴旺，女佣成为广州城市家庭服务业中的一支主力军。女佣是晚清广州城市社会中的弱势群体，处于被忽视的地位。

王飞的论文《晚清外国在广州的房地产研究》②，认为在广州一口通商时期，清政府规定外国商民只能住广州城外十三行商馆，人身自由受到极大限制。第二次鸦片战争后，英法强行租借了沙面，但沙面租界面积最小，这与广州人民强烈的爱国主义情怀分不开。

胡桂玉的论文《明末清初广州天主教的发展及其衰落》③，认为明末天主教以澳门作为活动据点，同时利用商业联系，使广州成为天主教向内地传播的入口。到了雍正时期，清廷下令全国禁教，大部分传教士被逐往澳门，使广州天主教急剧走向衰落。何兰娟的论文《清末民国年间（1900—1949）广州的基督教慈善事业》④，深入分析了清末至民国年间基督教在广州开办的慈善事业。指出，教会兴办的慈善事业，缓解了地方救济的压力，加速了广州慈善事业的近代化，促进了社会风俗的改变，推动了医学教育和公共卫生事业的发展。黄艳的论文《试论广州善堂的发展：1871—1937》⑤，认为善堂在近代广州地方慈善事业中扮演

① 夏坤著：《晚清广州女佣研究》，暨南大学，2006 年度硕士学位论文。

② 王飞著：《晚清外国在广州的房地产研究》，暨南大学，2006 年度硕士学位论文。

③ 胡桂玉著：《明末清初广州天主教的发展及其衰落》，华南师范大学，2003 年度硕士学位论文。

④ 何兰娟著：《清末民国年间（1900—1949）广州的基督教慈善事业》，暨南大学，2005 年度硕士学位论文。

⑤ 黄艳著：《试论广州善堂的发展：1871—1937》，暨南大学，2001 年度硕士学位论文。

着十分重要的角色。善堂承担了社会救助的主要责任，同时大量
涉足地方公事，社会地位急剧上升。20 世纪 20 年代中期，广州
善堂的发展陷入困境，社会地位明显下降，举行慈善活动的积极
性亦日益低落。

　　吴青的论文《十六至十八世纪欧洲人笔下的广州》①，认为
16 至 18 世纪，大批欧洲人来到广州。在经商、旅行、外交访问
和传经布道的同时，对当时广州各个方面的情况进行了观察和记
录，展现了欧洲人视野下广州城市的另类风貌。

　　邢荣发的论文《十九世纪澳门的城市建筑发展》②，考察了
19 世纪澳门城市建筑的发展历程，指出澳门是中西方多元文化
的交融中心，城市建筑呈现出多元化的特色。马根伟的论文《明
清时期澳门慈善机构研究（1569—1911）》③，考察了 16 至 19 世
纪澳门慈善机构的演变。19 世纪，澳门的慈善机构陆续兴起，
至 19 世纪 90 年代，首个华人慈善团体在澳门创立。这些慈善机
构共同构成了澳门慈善事业的脉络与体系。朱俊芳的论文《明清
时期澳门人口研究》④，从人口数量变化、人口结构、华人的居
住状况和职业状况、外籍人口的种族构成与职业等四个方面考察
了明清澳门人口的发展演变历史。王珊珊的论文《近代澳门与苦
力贸易》⑤，对近代澳门与苦力贸易的发展历史进行了探索。认
为苦力贸易中的契约华工对侨居国的社会经济和文化发展做出了

---

　　① 吴青著：《十六至十八世纪欧洲人笔下的广州》，暨南大学，2005 年度硕士
学位论文。

　　② 邢荣发著：《十九世纪澳门的城市建筑发展》，暨南大学，2001 年度硕士学
位论文。

　　③ 马根伟著：《明清时期澳门慈善机构研究（1569—1911）》，暨南大学，2006
年度硕士学位论文。

　　④ 朱俊芳著：《明清时期澳门人口研究》，暨南大学，2005 年度硕士学位论文。

　　⑤ 王珊珊著：《近代澳门与苦力贸易》，郑州大学，2006 年度硕士学位论文。

巨大贡献。弭友海的论文《清朝顺康雍时期对澳门的政策与管理》①，认为澳门自 16 世纪中期开埠通商之后，便成为东西方经济文化交流的窗口。其繁荣与衰退都与明清政府的政策变化有关。赵利峰的论文《清后期粤澳关系研究（1839—1851）》②，认为清代前期粤澳关系较为密切。鸦片战争后，粤澳关系发生变化，以西方各国承认葡萄牙对澳门的租借权而告终。

刘强的论文《明清潮州对外贸易研究》③，对明清时期潮州外贸港口、外贸结构、对外贸易与潮州社会问题等诸多方面进行了深入的分析。陈丽的论文《清代后期汕头的对外贸易（1860—1911）》④，从汕头对外贸易概况、进出口商品及其变化、主要航线的经营情况、外贸对潮汕地区的影响等几个方面重点考察了晚清汕头对外贸易的嬗变历程。冯雷的论文《明清时期佛山地区陶瓷业研究》⑤，从生产工具、生产资料、产品以及经营组织、贸易发展状况等方面考察了明清时期佛山陶瓷业的发展历程。

杨承舜的论文《清代珠江三角洲市镇管理研究》⑥，认为明清时期珠江三角洲市镇管理以官府设置机构管理为主。政府也借助一些传统民间组织和行业组织对市镇进行管理。市镇治安、防灾、公益事业成为清代珠江三角洲市镇社会事务管理的主体部分。

---

① 弭友海著：《清朝顺康雍时期对澳门的政策与管理》，山东大学，2005 年度硕士学位论文。

② 赵利峰著：《清后期粤澳关系研究（1839—1851）》，暨南大学，2000 年度硕士学位论文。

③ 刘强著：《明清潮州对外贸易研究》，暨南大学，2005 年度硕士学位论文。

④ 陈丽著：《清代后期汕头的对外贸易（1860—1911）》，暨南大学，2005 年度硕士学位论文。

⑤ 冯雷著：《明清时期佛山地区陶瓷业研究》，广州大学，2006 年度硕士学位论文。

⑥ 杨承舜著：《清代珠江三角洲市镇管理研究》，暨南大学，2006 年度硕士学位论文。

陶道强的论文《清代前期广东海防研究》①，认为清前期广东的海防分为东、中、西三路，形成了以广州将军衙门、两广总督衙门为最高领导的基本组织。由于在管理上存在弊端，广东海防只能防备沿海洋盗，不能抵御西方列强的侵扰和进攻。石利刚的论文《晚清广东巡抚浅探》②，分别考察了从 1840 到 1905 年之间 39 位广东巡抚的年龄、经历以及治粤政绩。贾蕊华的论文《试论清末广东警政》③，从警政建设与地方社会互动的角度，考察了 1900—1911 年清末广东警政建设的发展历程，剖析了清末广东警政的历史作用。

刘文霞的论文《清代粤商对弱势群体的关注》④，认为明清时期粤商受到儒学善德观的影响，凭借自身的经济优势，积极扶持弱势群体，有效地提升了个人的声誉和社会地位，促进了社会风气的改善，对乡族社会的稳定及商人与官方的协调互动也产生了积极作用。孟迷芳的论文《清末民初（1840—1919）广东水灾与社会救济》⑤，认为新兴资产阶级和国外宗教势力在广东频繁发生洪涝灾害的时候积极参与救灾活动，对广东产生了深远影响，并为全国其他地区的救灾提供了借鉴方案，加速了中国慈善事业的现代化进程。李琪的论文《乙卯水灾与清末民初广东社会》⑥，认为晚清以来，由于社会动荡，水利失修，水灾频发，引发广东 1915 年乙卯水灾。官赈和义赈成为救灾活动重要的力

①　陶道强著：《清代前期广东海防研究》，暨南大学，2003 年度硕士学位论文。

②　石利刚著：《晚清广东巡抚浅探》，暨南大学，2006 年度硕士学位论文。请参阅：关汉华《清代前期广东巡抚考述》，《广东社会科学》2004 年第 2 期。

③　贾蕊华著：《试论清末广东警政》，暨南大学，2006 年度硕士学位论文。

④　刘文霞著：《清代粤商对弱势群体的关注》，暨南大学，2005 年度硕士学位论文。

⑤　孟迷芳著：《清末民初（1840—1919）广东水灾与社会救济》，暨南大学，2006 年度硕士学位论文。

⑥　李琪著：《乙卯水灾与清末民初广东社会》，华南师范大学，2005 年度硕士学位论文。

量，对广东社会和救灾机制产生了深远的影响。

王丽娃的论文《晚清广东新式机器工业发展与社会变迁》①，认为自 1840 年鸦片战争爆发以来，在西方列强势力的影响下，广东珠江三角洲兴起了创办新式工业的热潮。新式机器工业的发展，促使民众生活时尚趋新，带来观念更新，促进了广东社会变迁和发展。

（3）硕博士论文的优点和不足

从上面引述的 10 篇博士论文和 30 篇硕士论文来看，多数人将研究重点放在广州、澳门、香港等珠江三角洲少数发达的大城市上。据统计，研究广州市的硕博士学位论文有 13 篇，研究澳门的有 9 篇，研究香港的有 1 篇，研究佛山的有 1 篇，研究潮汕的有 2 篇，以广东为范围的有 14 篇。研究集中在城市建筑、灾荒和慈善救济、人口、文化和宗教等领域。以广东为研究对象则集中在农业、灾荒和慈善救济、市镇管理和海防、督抚、军事等领域，对粤澳、粤港的经济文化互动等也有所涉及。暨南大学有 6 篇博士论文和 20 篇硕士论文，占 40 篇论文总数的 65％。形成了专门研究穗、港、澳等珠三角城市群的研究梯队。

目前城市史学界缺乏能得到广大学者认可、具有普遍适用性的理论体系，兼之学者们的研究兴趣各异和知识累积有限等原因，在一定程度上限制了学者们对广东城市史研究的大规模展开。从目前的研究成果来看，大都把研究时段放在了 1840 年以后城市历史发展阶段的考量上，对清朝前期城市研究的成果明显缺失。由于明清两朝及清朝前后两个时期的史料存在多寡不均的问题，大部分研究成果集中在近代史领域，导致人为地将清朝 260 多年历史进行了割裂，这是研究上的一个缺陷。学者们的研

---

① 王丽娃著：《晚清广东新式机器工业发展与社会变迁》，暨南大学，2006 年度硕士学位论文。

究多集中在珠江三角洲的发达城镇，对广东其他经济欠发达地区
（如粤西、粤北）城市史的研究成果则很少。研究潮州、汕头城
市发展的论文仅有 2 篇，研究佛山城市变迁的仅有 1 篇；探索香
港转口贸易的博士论文仅 1 篇，体现出学者们忽视珠三角以外地
域城市群研究的倾向。因此，拓展广东城市研究领域和视野，加
强整体研究，构建合理的指导性理论框架，是当前广东城市史研
究面临的一项重要任务。

3. 期刊论文类

（1）新中国成立前的期刊

据笔者初步统计，新中国成立前有 99 篇论文涉及清代广东
部分城市的研究。其中，日本著名学者加藤繁的《清代村镇的定
期市》（1937），内田直作的《明代的朝贡贸易制度》（1935），分
别为研究中国村镇集市和朝贡贸易制度最早的论文。① 不过，从
99 篇论文的篇名上判断，这些论文涉及的范围较宽，侧重城市
某一方面分析，缺乏对清代广东城市的系统研究。

（2）新中国成立后的期刊

目前在中国知网网站上搜索到与清代广东城市有关的论文
超 400 篇。其中研究城市经济的 163 篇，研究城市文化的 118
篇，研究城市生活的 37 篇，研究城市社会的 34 篇，研究城市
管理的 34 篇，研究城市政治的 45 篇。现择要从六个方面进行
介绍。

①清代广东城市经济研究。

其一，城市社会经济变迁问题。周兴樑认为，广州城市社会
经济的变迁起步较早，20 世纪前 40 年是基本实现近代化转型的

---

① 中国科学院历史研究所第一、二所，北京大学历史系合编：《中国史学论文
索引》（上编），北京：科学出版社，1957 年；中国社会科学院历史研究所资料室，
北京大学历史系合编：《中国史学论文索引》（第一编下册），北京：中华书局，1980
年。

关键时期。在多种因素的共同作用下，广州在近代化演进过程中处于领先地位，并对东南沿海城市的近代化转型起到了示范性作用。^① 蒋建国论述了晚清广州经济转型的特点，其集中体现在农业的商业化发展、圩市的繁荣、以出口和日用品消费为导向的工业格局的初步形成等方面。^② 关溪莹分析了清代钱粮制度对广州世居满族的影响。移民之初，钱粮制度是国家权力为满族民众营造封闭文化体系的基石；随着清政府式微，日渐腐败的钱粮制度成为广州满汉民众沟通交融的催化剂和共同反抗清政府统治的纽带。^③

其二，农业发展与城市经济。高王凌探索了清代广东农业崛起的原因和具体表现。始于明后期的广东经济结构的转变，使其同江浙一道成为经济发达地区，这是明清中国经济史上的一件大事。^④ 罗桂环则考察了我国荔枝的起源和栽培发展的历史，认为华南地区是荔枝的原产地，是"百越"民族对中华文明的巨大贡献。^⑤

周正庆对清代广东蔗糖业的运销体系进行了分析，认为在19世纪80年代以前，糖业在广东省内形成了完善的集散网络体系，在省外形成了辐射全国的营销网络，促进了广东蔗糖业的发展。^⑥ 陈鸿宇考察了1840年以前广东区域经济差异的形成原因

---

① 周兴樑著：《20世纪前期广州城市经济的转型与发展》，《中山大学学报》（社会科学版）2003年第3期。

② 蒋建国著：《晚清广州经济转型的基本特点》，《探求》2004年第6期。

③ 关溪莹著：《论清代钱粮制度对广州世居满族的影响》，《华南农业大学学报》（社会科学版）2006年第3期。

④ 高王凌著：《传统模式的突破——清代广东农业的崛起》，《清史研究》1993年第3期。

⑤ 罗桂环著：《我国荔枝的起源和栽培发展史》，《古今农业》2001年第3期。

⑥ 周正庆著：《清代广东糖业国内营销网络试析》，《广东社会科学》2000年第4期。

和发展历程。[①]

其三，粤商问题。陈伟明对明清时期广州商人"贾而好儒"的特点进行了分析。认为，明清时期士商合流日趋普遍。一方面，不少士人弃儒业贾，加入了商人的队伍；另一方面，商人也趋附士林，在一定程度上形成了亦商亦儒、贾而好儒的社会风气。此外，一些学者对粤商的构成及其社会价值、广东商帮、商帮的经营网络等问题进行了研究。[②]

其四，宗族势力对城市的影响。谭棣华、叶显恩考察了明清时期封建宗法势力对佛山经济的控制及其产生的影响和作用。由于受到封建宗法势力的操纵和控制，佛山原有的资本主义萌芽不仅得不到发展，反而受到重重阻碍，从而逐步回归到珠江三角洲地区政治中心和军事重地的地位。[③]

其五，城镇及其腹地的研究。方书生将岭南港埠及其腹地作为一个地域系统进行研究，讨论了传统经济地域的细分以及晚清经济区的塑造过程，重新评价了近代区域塑造的动力、方式与意义。[④] 黄君萍对清代广东圩市的特点和作用进行了分析，认为圩市沟通了城乡之间的商品流通，为广东经济率先进入近代化之列提供了有利条件。[⑤] 方书生分析了中国近代商埠格局变迁的问

---

① 陈鸿宇著：《1840 年以前广东区域经济差异的形成与发展——兼论广东区域产业结构的产生》，《岭南学刊》2000 年第 1 期。

② 陈伟明著：《论明清广州商人的贾而好儒》，《广东史志》1998 年第 4 期。请参阅：曹天生著《旧中国十大商帮》，《民间文化》1999 年第 3 期，对十大商帮的各自特点进行了简要介绍，有一定参考价值；黄启臣著：《明清广东商帮》，《中国社会经济史研究》1992 年第 4 期。

③ 谭棣华、叶显恩著：《封建宗法势力对佛山经济的控制及其产生的影响》，《学术研究》1982 年第 6 期。

④ 方书生著：《口岸开放与晚清经济区的形成——岭南经验以及全国尺度》，《云南大学学报》（社会科学版）2006 年第 4 期。

⑤ 黄君萍著：《略论清代广东圩市的特点及其作用》，《广东民族学院学报》（社会科学版）1992 年第 1 期。

题。自五口通商以后，华南地区形成了以广州、香港为内外双核结构的商业贸易网络，并对岭南的经济近代化产生了深远影响。①

其六，华侨与城市问题。林金枝对华侨回国投资的原因、投资的行业结构及其特点进行了分析，认为侨资在对沿海城市的兴起和促进中国近代化的进程等方面起着重大作用。② 黄燕华分析了华侨汇款对近代潮汕地区农业及农村社会的作用。③ 此外，一些学者分别就华侨与城市的对外贸易、华侨与近代工业的创建等问题进行了阐述。④

其七，朝贡贸易问题。田渝对清代暹罗贡船上压舱货物的相关史料进行了梳理和分析。⑤ 余汉桂则对清代渔政与钦廉沿海的海洋渔业进行了探讨。⑥

其八，粤北经济区域与城镇研究。陈忠烈对清代粤北经济区域的形成及特点进行了研究，认为粤北成为一个完整的经济区域是在清代，一口通商之后，北江水系进入了发挥商品经济功能的时代，社会经济逐渐发生变化。⑦

其九，城市贸易中心位移的问题。苏全有、王奎从地理因

---

① 方书生著：《近代岭南商埠格局的变迁（1843—1939）》，《中国历史地理论丛》2004 年第 2 辑。

② 林金枝著：《华侨投资对沿海城市的兴起和中国近代化的作用》，《华侨大学学报》（哲学社会科学版）1987 年第 2 期。

③ 黄燕华著：《华侨汇款对近代潮汕地区农业与农村社会的影响》，《华南农业大学学报》（社会科学版）2006 年第 3 期。

④ 请参阅：《华侨与潮汕对外贸易》，《岭南文史》1991 年第 1 期；洪松森著：《华侨与近代潮汕经济》，《岭南文史》1991 年第 1 期等。

⑤ 田渝著：《清代暹罗贡船上的压舱货物》，《集团经济研究》2007 年 4 月中旬刊。

⑥ 余汉桂著：《清代渔政与钦廉沿海的海洋渔业》，《古今农业》1992 年第 1 期。

⑦ 陈忠烈著：《清代粤北经济区域的形成与特点》，《广东社会科学》1988 年第 3 期。

素、五口分流、历史传承、外资流向、人文政治等五个方面探讨了鸦片战争后中国外贸中心从广州北移上海的原因。①

其十，城市金融业。任树根、付海生对山西票号与广州近代金融组织进行了剖析。山西票号在广州的初期发展比较艰难，但在取得汇兑官款的权利后，发展极为迅速；在遭受辛亥革命的打击后，山西票号在广州的历史基本结束。山西票号为广州地方经济的繁荣作出了贡献。②

②清代广东城市文化研究。

其一，广东文化的形成和传播。罗福惠、高钟对广东近代社会文化的历史成因进行了探索。③ 戴爱生从经济基础、地理位置、社会教育、近代报刊等四个方面探讨了近代广州地区人才辈出的原因。④ 乐正对近代广东旅美华侨与岭南文化的传播问题进行了深度思考。⑤

其二，城市书院和学堂。张志茹、王书兰从创建书院的动机与方针、书院的规模、书院的制度与措施等三个方面对广雅书院进行了研究；马迅则对广东学海堂的发展历史进行了梳理；周德昌对洋务派在广东开办的五所洋务学堂进行了介绍；周琍认为，在广东盐商们的积极赞助下，广东书院获得了长足发展，并对岭

---

①　苏全有、王奎著：《晚清经贸重心缘何由广州北移上海》，《北京工商大学学报》（社会科学版）2003 年第 3 期。

②　任树根、付海生著：《山西票号与近代广州金融组织》，《雁北师范学院学报》2007 年第 1 期。

③　罗福惠、高钟著：《近代广东社会文化的历史成因》，《广东社会科学》1991 年第 5 期。

④　戴爱生著：《近代广州地区人才辈出的原因初探》，《广东社会科学》1986 年第 2 期。

⑤　乐正著：《近代广东旅美华侨与岭南文化的传播》，《中山大学学报》（社会科学版）1996 年第 4 期。

南的文化、教育产生了重要影响。^① 王建军和慕容勋就书院城市化问题进行了探讨。^② 李兰萍梳理了辛亥革命前后广东女学的发展历程，揭示辛亥革命对广东女学的影响。^③

其三，中西方文化的交流融合。何薇阐述了近代教会学校对广州文化的影响，指出，教会学校是殖民主义、帝国主义侵略的产物，但在客观上促进了广州近代文化教育事业的发展。^④ 陈炎考察了 16 至 18 世纪澳门在中西文化交流中的地位和作用。^⑤

其四，城市新闻报刊和出版业的研究。李春光对广东南海富商伍崇曜组织刊刻的《粤雅堂丛书》进行了研究，认为伍氏整理、保存、流传古籍的功劳，应予以充分肯定。^⑥ 左鹏军对报刊传媒与近代广东戏剧之间的关系进行了考察。^⑦

其五，对潮汕文化的探究。魏建生从节俗礼仪、戏曲、音乐、民间舞蹈等七个方面对潮州民间文化特征进行了系统论述。^⑧ 徐小娟利用馆藏石牌坊照片等史料，对潮州古城文化进行

---

① 请参阅：张志茹、王书兰《广雅书院概略》，《图书馆学研究》1993 年第 6 期；马迅《广东学海堂始末记》，《教育导刊》1983 年第 2 期；周德昌《近代广东的洋务学堂》，《岭南文史》1995 年第 1 期；周琍《论清代广东盐商与书院发展》，《求索》2006 年第 10 期等。

② 王建军、慕容勋著：《论清代广州书院城市化》，《华东师范大学学报》（教育科学版）2005 年第 1 期。

③ 李兰萍著：《辛亥革命与广东女学》，《纪念辛亥革命九十周年国际学术讨论会论文集》，2001 年。

④ 何薇著：《试论近代广州教会学校对广州文化的影响》，《广州师院学报》（社会科学版）2000 年第 10 期。

⑤ 陈炎著：《16—18 世纪澳门在中西文化交流中的特殊地位》，《16—18 世纪中西关系与澳门国际学术讨论会论文集》，2003 年。

⑥ 李春光著：《〈粤雅堂丛书〉述略》，《广东社会科学》1988 年第 1 期。

⑦ 左鹏军著：《报刊传播与近代广东戏剧繁荣》，《广东社会科学》2007 年第 4 期。

⑧ 魏建生著：《浅谈潮州民系的文化特征》，《科技信息》2006 年第 11 期。

了初步探索。① 另外一些学者分别对潮州的教育业、出版业、手工艺业、茶文化、儒家文化、方言文化等进行了研究。②

③清代广东城市生活研究。

其一，城市体育问题的研究。梁伟永对佛山的传统武术进行了初步研究；霍丽明则探索了近代体育在广州兴起和发展的概况，认为，广州地处祖国的南大门，是世界近代体育较早传入中国的城市之一。③

其二，城市社会生活习俗研究。冼剑民、许五州对清代广州的花卉消费这一独特领域进行了研究。④ 刘正刚、刘强对清代广东人喜好纳妾的社会现象进行了深入剖析。⑤ 叶显恩对明清广东疍民的生活习俗及地缘关系进行了研究。⑥ 刘圣宜从西风东渐、政治变革和传统道德习俗的变迁等三个方面研究了清末民初广州风习民情的演变过程。⑦ 杨秋对近代流行于广州地区的"自梳"习俗进行了考察。⑧

其三，城市居民服饰、风景、饮食文化、疾病等问题研

---

① 徐小娟著：《从馆藏石牌坊像片看潮州古城文化》，《城建档案》2006 年第 5 期。

② 请参阅：林英仪《"海滨邹鲁是潮阳"——唐宋至清代潮州教育发展梗概》，《韩山师专学报》（社会科学版）1989 年第 1 期；谢惠如《明清两代潮汕出版业述略》，《韩山师范学院学报》1998 年第 3 期。

③ 请参阅：梁伟永《佛山鸿胜馆与蔡李佛拳》，《中华武术》2005 年第 3 期；霍丽明《初探近代体育在广州的兴起和发展》，《广州体育学院学报》1990 年第 2 期。

④ 冼剑民、许五州著：《清代广州的花卉消费》，《江苏商论》2005 年第 5 期。

⑤ 刘正刚、刘强著：《清代"粤人好蓄妾"现象初探》，《中国社会经济史研究》2007 年第 1 期。

⑥ 叶显恩著：《明清广东疍民的生活习俗与地缘关系》，《中国社会经济史研究》1991 年第 1 期。

⑦ 刘圣宜著：《近代广州风习民情演变的若干态势》，《华南师范大学学报》（社会科学版）2001 年第 1 期。

⑧ 杨秋著：《试论广州地区的自梳习俗及其在近代的表现》，《妇女研究论丛》2005 年第 3 期。

究。许桂香、司徒尚纪对岭南地区的衣着服饰的变迁进行了纵
向梳理和研究。① 一些学者对广州历代私家园林，茶市，"羊城
八景"的演变，教会医院及西医的流传，瘟疫、霍乱、鼠疫及
疾病控制等问题进行了探究。② 还有的学者分别就潮州菜的源
流及其在海外的传播、潮汕岁时风俗等问题进行了尝试性
考察。③

④清代广东城市社会研究。

其一，宗族问题。郑德华分析了清代广东的宗族问题。④ 萧
凤霞、刘志伟通过文献梳理和田野调查相结合的方法，揭示了明
清时期珠江三角洲一些乡镇中的宗族问题。⑤ 徐晓望对清代闽粤
两省的乡族械斗进行了剖析，认为其不仅影响了商业资本的积
累，而且也影响了闽粤两省资本主义萌芽的顺利发展。⑥

其二，城镇社仓和城市人口问题。陈春声从社仓的建立和发
展、管理和仓储性质等方面探究了清代广东社仓的组织和功
能。⑦ 乔素玲则考察了清代广东人口的增长与流迁问题。⑧ 郭秀

---

① 许桂香、司徒尚纪著：《岭南服饰变迁历史》，《岭南文史》2006 年第 3 期。

② 请参阅：王业群《广东四大名园》，《广东艺术》2005 年第 5 期；陶德臣
《鸦片战争后广州茶市的盛衰》，《古今农业》1997 年第 2 期；张嘉盈《宋代至今羊城
八景演变的特点及其规律》，《广州大学学报》（社会科学版）2003 年第 11 期；刘国
强《试析近代广州教会医院的特点》，《广州大学学报》（社会科学版）2003 年第 3 期
等。

③ 请参阅：张新民《潮菜与潮商》，《潮商》2007 年第 2 期；林伦伦、王伟深
《潮汕岁时风俗散考》，《岭南文史》1993 年第 3 期，等等。

④ 郑德华著：《清代广东宗族问题研究》，《中国社会经济史研究》1991 年第 4
期。

⑤ 萧凤霞、刘志伟著：《宗族、市场、盗寇与疍民——明以后珠江三角洲的族
群与社会》，《中国社会经济史研究》2004 年第 3 期。

⑥ 徐晓望著：《试论清代闽粤乡族械斗》，《学术研究》1989 年第 5 期。

⑦ 陈春声著：《清代广东社仓的组织与功能》，《学术研究》1990 年第 1 期。

⑧ 乔素玲著：《清代广东的人口增长与流迁》，《暨南学报》（哲学社会科学版）
1990 年第 2 期。

文则重点关注近现代广东人口迁移的特点。①

其三，城市特色与地方社会的变迁。张素容从分析食盐贸易与南雄地方社会变迁入手，认为食盐贸易与封建王朝财政的关系最为密切。食盐贸易制度的变化促进了明清时期南雄地方社会的变迁。② 冷东对明清潮州海商与区域社会的关系进行了研究。③

其四，城市保险业。方忠英考察了近代广州外资保险业的发展状况，认为外资保险业的目的在于控制中国保险业，但在客观上也促进了我国民族保险业的兴起和发展。④ 蒋建国运用传播社会学的理论，对近代广州报刊的广告进行了探究。⑤

⑤清代广东城市管理研究。

其一，城市少数民族与现代化问题。关溪莹考察了广州满族坟场的来源和分布情况，探讨了城市少数民族发展与现代化问题。⑥

其二，城市布局及空间形态变迁研究。周霞和刘管平认为，明清广州城市形态受风水思想的影响较深，进而形成了"六脉皆通海，青山半入城"的空间结构和"白云越秀翠城邑，三塔三关锁珠江"的大空间格局。⑦ 倪俊明对近代以来广州城市道路的修

---

① 郭秀文著：《近现代广东人口迁移的特点（1840—1949）》，《广州社会主义学院学报》2007 年第 1 期。

② 张素容著：《食盐贸易与明清南雄地方社会》，《盐业史研究》2007 年第 1 期。

③ 冷东著：《明清潮州海商与区域社会》，《东北师大学报》（哲学社会科学版）2003 年第 1 期。

④ 方忠英著：《近现代广州的外资保险业》（上），《广东史志》1999 年第 3 期。

⑤ 蒋建国著：《广告、受众与消费文化形塑——传播社会学视野下的近代广州报刊广告研究》，《新闻与传播研究》2007 年第 3 期。

⑥ 关溪莹：《城市少数民族的发展与现代化——广州满族坟场调查》，《满族研究》2006 年第 2 期。

⑦ 周霞、刘管平著：《风水思想影响下的明清广州城市形态》，《华中建筑》1999 年第 4 期。

建和改造，以及近代化历程的起步进行了梳理。[①] 彭长歆、邓其声考察了 19 世纪中期以来广州教会学校的建筑类型和建筑风格的演变过程。[②] 此外，一些学者对沙面租界的建筑及保护、广州城市建筑等问题进行了研究。[③] 曾新认为，自汉代至清代，广州城先后三次向南扩筑以及西郊的城市化过程均是在湿地区域中完成的，广州城市经济重心亦随之南移、西迁。[④] 周毅刚考察了明清时期佛山的城市形态，认为以佛山为代表的部分明清珠三角城镇的空间形态具有多样性的特征。[⑤] 曾新对明清时期广州城图进行了详细研究，认为广州古城在明清时期有三次扩城之举；城内布局表现为内城北部为政治活动中心，经济活动则随着城区的扩展不断地做出相应的调整；城市的主要街道由明初的各成体系发展为清初的相互贯通，并从此基本定型，其影响延续至今。[⑥]

其三，城市消防和社区问题。郭华清、陈享冬考察了民国时期广州消防机制的形成及其作用等。[⑦] 邱捷对清末广州居民的集庙议事进行了考察，认为广州的街区组织和坊众集庙议事的方式，对研究中国的"市民社会"有一定参考价值。[⑧] 此外，关于

① 倪俊明著：《广州城市道路近代化的起步》，《广东史志》2002 年第 1 期。

② 彭长歆、邓其声著：《广州近代教会学校建筑的形态发展与演变》，《华中建筑》2002 年第 5 期。

③ 请参阅：刘业《广州市近代住宅研究——兼论广州市近代居住建筑的开发与建设》，《华中建筑》1997 年第 2 期；马秀芝《广州近代城市面貌及建筑形式》，《华中建筑》1987 年第 2 期。

④ 曾新著：《论湿地对古代广州城市发展的影响》，《华南师范大学学报》（社会科学版）2006 年第 4 期。

⑤ 周毅刚著：《明清佛山的城市空间形态初探》，《华中建筑》2006 年第 8 期。

⑥ 曾新著：《明清时期广州城图研究》，《热带地理》2004 年第 3 期。

⑦ 郭华清、陈享冬著：《民国时期广州的消防机制》，《民国档案》2007 年第 2 期。

⑧ 邱捷著：《清末广州居民的集庙议事》，《近代史研究》2003 年第 2 期。

明清时期广州回族社区及伊斯兰文化变迁、十三行在中西交流中的地位等，相关学者也进行了研究。[①]

其四，城市会馆和地方社会发展。刘正刚、唐伟华考察了会馆在海南的建立、发展以及向外扩展的历史。[②] 郭培忠探究了潮州自原始社会到明清时期的发展历史，认为明清时期潮州已属"地狭人稠"之地，农业、手工业和商业贸易都有了进一步的发展。[③]

其五，城市环保与城市基础设施问题。冼剑民、王丽娃探索了明清时期佛山城市的环境保护问题。[④] 冼剑民指出，明清时期广东经济的大开发，已经引发了严重的环境问题，由于缺乏科学的指导思想，缺乏相关的规划和有效的政令法规，广东的自然环境日益恶化。[⑤] 倪俊明对近代广州的邮电业进行了研究，认为近代广州的邮电业诞生于 19 世纪下半叶，推动了广州城市近代化的进程。[⑥] 陈晶晶则选取近代广州城市活动的公共场所——公园进行了研究，指出近代广州公园的出现对市民在公共场所活动规范的形成具有重要意义。[⑦]

其六，清代广东单体城市研究。赖琼探索了唐朝至明清时期

① 马强著：《明清时期广州回族社区及其伊斯兰文化变迁》，《世界宗教研究》2004 年第 2 期；林翰著：《清代广州十三行在中西交流中的历史地位》，《广州大学学报》（社会科学版）2006 年第 8 期。

② 刘正刚、唐伟华著：《从会馆看清代海南的发展》，《海南大学学报》（人文社会科学版）2001 年第 3 期。

③ 郭培忠著：《古代的潮州》，《中山大学学报》（自然科学版）1983 年第 1 期。

④ 冼剑民、王丽娃著：《明清时期佛山城市的环境保护》，《佛山科学技术学院学报》（社会科学版）2005 年第 4 期。

⑤ 冼剑民著：《明清时期广东的自然环境保护》，《中山大学学报》（社会科学版）2001 年第 4 期。

⑥ 倪俊明著：《近代广州邮电业述略》，《广东史志》2003 年第 2 期。

⑦ 陈晶晶著：《近代广州城市活动的公共场所——公园》，《中山大学学报论丛》（社会科学版）2000 年第 3 期。

雷州城市历史地理的相关问题。① 此外，一些学者还就广东城镇的水环境、圩市租税的征收、城市宗教等问题进行了探索和思考。②

⑥清代广东城市政治研究。

其一，关于城市政治制度问题研究。汪敬虞考察了清代前期禁海闭关政策的具体内容、发展阶段及其所起的作用。③ 郭卫东从国家制定的政策与配套措施相互龃龉的视角，分析了清朝闭关政策对澳门的社会、经济等方面产生的悖异影响。④

张富强对清代广州的钦差大臣制度进行了深入分析，认为，广州钦差大臣制度形成于 1844 年，表明中国在传统外交体制的改革方面迈出了通往近代外交体制的第一步。⑤

其二，近代广州人民"反入城"问题。张海林对两次鸦片战争之间广州绅民的"反入城斗争"进行了重新探索，认为"反入城斗争"达不到近代爱国主义的高度，以仇夷排外为特征的"反入城斗争"的一次次"胜利"是与中国的一连串损失连在一起的，它最终给中国带来了苦难。⑥

其三，城市政治人物及反腐败问题。部分学者对清前期广东

① 赖琼著：《唐至明清时期雷州城市历史地理初探》，《湛江师范学院学报》2004 年第 4 期。

② 请参阅：吴建新《明清珠江三角洲城镇的水环境》，《华南农业大学学报》（社会科学版）2006 年第 2 期；李龙潜《明清时期广东圩市租税的征收》，《学术研究》2006 年第 2 期等。

③ 汪敬虞著：《论清代前期的禁海闭关》，《中国社会经济史研究》1983 年第 2 期。

④ 郭卫东著：《清朝的闭关政策与澳门》，《多元视野中的中外关系史研究——中国中外关系史学会第六届会员代表大会论文集》，2005 年。

⑤ 张富强著：《试论广州钦差大臣制度的形成及其终结》，《广东社会科学》1992 年第 4 期。

⑥ 张海林著：《重评近代广州绅民的"反入城斗争"——兼论近代中国应付西方挑战的合理方式》，《安徽师范大学学报》（哲学社会科学版）1989 年第 1 期。

巡抚群体，以及林则徐、张之洞、康有为等人进行了研究和评述。① 吴静、刘正刚对发生在清代乾隆年间广东的两桩粮道贪赃案进行了分析和探索。②

其四，近代城市化问题。张晓辉以广东为例，考察了中国近代城市化的发展及相关动因，认为，以广州、汕头为中心的南粤城市（镇）的发展，是中国近代城市化史的重要内容之一，这个过程开始于 20 世纪初，兴盛于全面抗日战争以前。③ 邱捷对商人与早期现代化问题进行了探索，他认为，广东商人在 20 世纪头 20 年，主要经营传统商业，尚未产生一个工业阶级，这对广东早期现代化造成了一定的负面影响。④

其五，城市革命斗争问题。高惠冰追溯了明清以来广州成为近代民主革命策源地的经济原因。⑤ 黄敏深入考察了近代惠州爆发的三次武装起义的特点。⑥

二、研究中存在的缺陷与发展趋势

清代广东城市史研究虽然已经呈现出较好的发展势头，但是还存在明显的缺陷。主要表现在以下三个方面。

---

① 参阅：关汉华《清代前期广东巡抚考述》，《广东社会科学》2004 年第 2 期；郭泮溪《近代中国开眼看世界的第一人》，《青岛教育学院学报》（综合版）1990 年第 2 期；黄碧琴《林则徐与广州》，《内蒙古大学学报》（哲学社会科学版）1987 年第 1 期等。

② 吴静，刘正刚著：《乾隆年间广东粮道贪赃案》，《广东史志》2003 年第 3 期。

③ 张晓辉著：《中国近代城市化的发展与动因研究——以镇集高度发达的广东为例》，《学术研究》2002 年第 3 期。

④ 邱捷著：《近代广东商人与广东的早期现代化》，《广东社会科学》2002 年第 2 期。

⑤ 高惠冰著：《广州成为中国近代民主革命策源地之历史渊源》，《岭南文史》2006 年第 1 期。

⑥ 黄敏著：《惠州近代三次知名起义析论》，《惠州大学学报》（社会科学版）2001 年第 1 期；参阅陈牧汀《清代惠州翟火姑起义》，《岭南文史》1985 年第 2 期。

第一，研究地域相对集中，学术发展不平衡。从地域上说，主要集中于珠江三角洲和潮汕经济发达区域。从研究成果看，对广州、香港、澳门的研究以及穗、港、澳城市互动研究成果较多，对琼州、北海、雷州和韶关等城市研究成果较少，对广州与粤东、粤西地区城市互动研究更是罕见。广州在清代前期作为一口通商的外贸中心城市，垄断了几乎所有的对外贸易。因此，出于对广州在对外贸易地位中的特殊性和重要性的考虑，学者们把主要精力放在对广州的研究上。但是，对广东境内粤西、粤东和粤北等其他层级城市的探索和思考，关注其经济、文化等社会功能，以及它们对中心城市的依附性和承接作用，这对于深化城市体系研究，深刻揭示清代广东不同城市体系之间的经贸互动关系，探索中心城市对城乡经济、政治、文化的辐射及拉动作用，从总体上揭示清代广东城市发展规律，具有不可替代的重要价值。总之，对单体城市的研究并不能代替对区域性城市层级体系的形成、发展和嬗变等宏观透视与微观探索，这是广东城市史研究中存在的薄弱环节。

第二，传统研究领域亟须深化，新的研究领域有待拓展。目前清代广东城市史研究很少把粤北、粤东、粤西等区域性城市层级体系的发展递嬗以及大、中、小城市体系的经贸、政治、军事及文化、教育的互动纽带及相关作用等作为考察对象。因此，有必要从区域城市发展的角度对此进行深度研讨。此外，如城市宗族问题、城市卫生的现代转型问题、城市环保问题、城市下层民众的生活状况与应对城市现代化发展的思想演变问题、城市公共空间与市民社会思潮的形成与演进问题、侨商与城市房地产开发的问题，都是亟待开拓的新研究领域。

第三，缺乏对清代广东城市发展嬗变长时段的宏观把握、理论建构和理性思考。国内学者们基于地理位置的便捷和查阅利用资料的便利等，决定了他们对广州、澳门、香港等单体城市以及珠江三角洲城市群有浓厚研究兴趣。但过多注重单体城市和微观领域的研究，影响了对清代广东城市研究的整体把握和宏观探讨。新中国成立后，缺乏宏观理论指导和恢宏的研究视野，是制约清代广东城市史研究取得大的进展的原因之一；学者们重视单体城市和具体问题的深入探究，不注重宏观探索和理论总结是原因之二。这些问题表明，在推进清代广东区域城市整体研究，加强城市下层民众研究和开拓新的微观领域等方面，还需要进一步加强。

三、基本框架设计

本书的研究框架如下：

导言：首先，对国内外清代城市史研究进行简要回顾总结。其次，对清代广东城市史研究的相关成果进行系统梳理，为本书的研究打下坚实的学术基础。再次，整体介绍本书的内容构架。

第一章：从历史发展的纵向视角考察清代广东城市发展依托的自然地理环境和人文地理环境，为研究提供一个纵向考察的历史视角和外在的客观载体。

第二章：按照宏观地理区域对广东城市体系进行分区考察。将清代广东城市分为粤北地区城市体系，粤中地区城市体系，粤东地区城市体系，琼州海南岛城市体系，以及粤西地区由高州、雷州、廉州三府所形成的城市体系，在此基础上，分别对各个城市体系进行地理空间、政治、经济层面的考察，阐述其在清代的发展轨迹。

第三章：从微观角度解构和探索清代广东城市体系的内部空间结构的演变情况。将清代广东城市群分为省会城市、府（州）城市和县级城市三个层面进行深度剖析，并从城市建筑、内部空间结构及其功能区域的变迁等角度进行探索。

第四章：阐述清代广东城市经济发展的演进规律，着重于内外贸易的演进规律。围绕城市经济行业、经济运行秩序等专题进行阐述，从微观视角考察城市内部经济行业的发展、变迁情况，从宏观上总结广东城市与国内外经济交往的嬗变。

第五章：重点考察广东城市文化的发展演变历程。从科举制度、传统教育体制、城市民俗风情，中外文化的碰撞与融汇，近代广东城市文化的勃兴等三个阶段入手，深刻揭示广东城市岭南文化由"得风气之先"到"开风气之先"的发展演变历程。

第六章：阐述清代广东城市社会的演变情况。从传统农业社会的士、农、工、商四个阶层的上下流动，普通市民衣、食、住、行的变化，城市市政管理的变革，"毒""黄""赌"城市病态及社会问题等方面揭示清代广东城市社会发展演变的基本特质。

第七章：从宏观和微观两个理论维度对本书的研究进行回顾和总结。清代广东城市经历了"承前"和"启后"两个不同发展阶段，在中国城市发展史上颇具代表性。从中国东南沿海地区城市史的宏观视阈出发，归纳了清代广东城市发展的区域特征；从总结历史经验和展望未来的角度出发，对清代广东城市的发展道路进行了理论思考。

第一章　清代广东城市发展的自然和人文地理环境

人类社会自城市诞生以来的历史发展证明，城市的存在和发展与所处的自然、人文地理环境有着密不可分的关系。特定地理区域的气候、水文、植被等构成要素在很大程度上决定城市的建筑规模和外在空间形态，决定城市的社会人文底蕴和城市的政治、军事等基本功能的发挥。

第一节　清代广东城市发展的自然地理环境

自然地理环境包含地质土壤、气候水文、森林植被等方面。作为一个相对独立的地理区域，广东与中国东南沿海其他地区及国内其他地区相比在自然地理环境方面既有共性，也有其独特性。

一、独特的地理区位与气候、物候条件

广东地处岭南核心地带，秦汉以前称为古越或百越之地。其地"东连福建，西界广西、安南，南滨洋海，北据五岭。此四至也。东西相距二千五百里，南北相距一千八百里。约举面积则为六十一万八千二百九十里。……离京较远，计其驿路有七千五百

七十里"①。在清代 18 个行省中，成为既沿海又沿边的省份。自古以来广东的地理位置和国防地位就非常重要："吾粤三面阻海。而南澳为左蔽。涠洲为右翼。虎门为前屏。此皆险要。"②

广东地势北高南低，向沿海倾斜。北部以山地丘陵为主，占全省陆地面积的 2/3。中部为河网密集的冲积平原和三角洲，约占全省面积的 1/3。全省山地为三列东北—西南走向的山脉。自北向南，南岭为本省北部界山：大庾岭、骑田岭、大瑶山等，海拔 700~1500 米，呈弧形向南突出，形成曲折的南北通道。罗浮山脉，自连平向罗定延伸，海拔 600~1100 米。莲花山脉，由大埔、惠阳延伸到香港。连州至韶关的大东山脉，为西北—东南走向。山地的四周为花岗岩侵入砂页岩后所形成的丘陵，高 350~500 米，坡度陡缓不一，排列凌乱。台地、平原主要分布于南部沿海和各江河的中下游谷地，平原以珠江三角洲和韩江下游的韩江三角洲为最大。在雷州半岛的电白和高州以西，则以台地分布最为广泛。

广东最西部（即粤西地区）为今天广西壮族自治区的北部湾地区（包括钦州、北海、防城港 3 市），清代属廉州府管辖。南临北部湾，西边为十万大山，东北为云开大山。钦州湾也是冲积平原地区，河网纵横，南流江、武利江、钦江、北仑河等汇流入北部湾。海南岛是广东西南部最大的海岛。全岛在北回归线以南，是我国纬度最低的大陆岛，面积 3.39 万平方公里。③ 海南岛的地貌，中南部为山地，周围为丘陵。岛的北部与沿海是台地

---

① 岑锡祥、黄培堃编辑：《广东乡土地理教科书》，广州文兴学社印行，清宣统二年（1910）刻本。

② 沈云龙主编：《近代中国史料丛刊》第 32 辑，台北：台湾文海出版社，1973 年。

③ 李孝聪著：《中国区域历史地理》，北京：北京大学出版社，2004 年，第 361 页。

平原，具有明显的地质圈层结构。这种地形导致岛上存在很多独自发源入海而流程较短的河流，流域内的盆地适合早期人类居住与发展农业生产。与海南岛隔海相望的是雷州半岛，原与海南岛相连。大约在 50 万年前，在地球新构造运动的作用下产生地质断裂，形成琼州海峡，遂与海南岛分离。因此，雷州半岛的自然环境与海南岛非常相似。地形地貌主要是海拔 100～200 米的台地与丘陵，由浅海沉积物与玄武岩组成。

广东位于欧亚大陆的东南边缘，地处低纬，南北纬度跨度超过 21 度，北回归线横穿广东中部，全省终年太阳高度角比较大，回归线以南一年当中有两次太阳直射。

独具特色的地理位置，形成广东独特的气候分区。北部即粤北地区属于中亚热带季风气候区。包括连山、连南、连县（连州）、英德、翁源、新丰的北部，以及和平、连平以北的广大山地丘陵地区。南岭山脉横亘其北面，浈江、武江贯穿其间，区内地形复杂，山丘叠嶂。年平均气温在 19.0 摄氏度到 21.0 摄氏度之间。气候最典型的当为韶州府，"岭表地卑蒸湿，秋冬宜寒而反热，春夏宜热而或寒，青草黄茅二瘴间发。然韶州壤接江楚，微与濒海不同。霜雪屡见，龙荔罕茂，瓜蔬花实早于北而迟于南。盖得运之中者"①。

广东中部为南亚热带季风气候区，西南部海南岛为热带季风气候区。广东各地年平均温度在 19 摄氏度至 25 摄氏度之间，南端的西沙群岛年平均气温高达 28.7 摄氏度，是全国年平均温度最高的地区。广东省除粤北山地等个别特殊地区外，没有真正的冬天。

广东的植被具有明显的热带性质。海南岛南部和西沙群岛一

---

① （清）张希京修，欧樾华等纂：《曲江县志》卷三《舆地书一·形势·气候》，清光绪元年（1875）刊本。

带，各月平均气温都在 20 摄氏度以上，其中有四五个月在 30 摄氏度以上，终年炎热，气候与植被的热带性更为显著。由于地处滨海地区，台风为广东多发的自然现象。清代广东，台风经常为害，对滨海城市及沿海地区百姓的生命财产造成了巨大的损失。尽管如此，对于广东来说，台风所引起的降水可以补充广东境内全年降雨量的不足。

广东大部分地区终年不见霜雪，这对于性喜炎热的农作物和植物生长极为有利。清代广州府地区物产资源非常丰富：谷品有麦、稻、芝麻、玉高粱、红腰米等；花品有瑞香、茉莉花、野悉蜜、兰、贺正兰、赛兰、梅、菊、换锦、朱槿、佛桑花、指甲花等；果品有蔗、甘蔗、荔枝、龙眼、柑、阳桃、黄皮、蒲桃、人面、橄榄、梅、莲等。① 丰富的物产可以供养数量庞大的城市人口，为发展广东城乡经济及海外贸易打下了良好的物质基础。

广东绝大部分的土地是丘陵地带，土壤多属红壤、黄壤类型。山地为山地黄壤；丘陵多砖红壤（黄红壤）；珠江三角洲是冲积土，滨海是砖红壤；海南岛的五指山有山地黄棕壤和棕壤。其中，以砖红壤分布最广，占全省土地面积的 1/2 以上。在滨海地区，如珠江三角洲的南部、韩江三角洲南部和粤西海滨地区的沙田，有大面积的冲积土。土壤深厚肥沃，为珠江三角洲和韩江三角洲农业生产提供了优越的自然条件，聚集了更多的农业人口从事生产，这是广东城市兴起的必要条件。

广东的矿产资源十分丰富，已知的矿产有 30 多种。重要的金属矿产有铁、锰、锑、锡、铋、金、银等。此外，还有煤、水晶、油页岩等。清代，广东丰富的铁矿和煤矿资源，为佛山冶铁业和铸造业的快速发展提供了充足的原料。由于缺乏铜矿，清代

---

① （清）瑞麟、戴肇辰等修，史澄等纂：《广州府志》卷十六《舆地略八·物产》，清光绪五年（1879）刊本。

前期广东省铸钱局所需的铜材，多由云南铜矿产地运来，近代以降，则多依赖进口。

广东海岸线长，渔业与海盐为两大特色产业。如潮州府属各地，渔产有鲫、凤尾鱼、鲙、鳗、鲛、乌贼、章鱼、梅鱼、鹿鱼、剑鱼、银鱼等。[①] 海南岛除特产槟榔外，还盛产香料，有沉香、黄熟香、蓬莱香、角沉、伽南香、檀香、青木香、龙骨香、白木香、海漆香、鸡骨香、速香、枫香等。[②] 可见，广东各府县物产丰富，为城市手工业和商业发展提供了充足的货源。广东一年四季皆可耕作，农业生产环境十分优越。广东省只有北部极少地区当寒流侵袭时，气温会降至零度以下，但为时极短。广东在经过隋、唐、五代、宋、元等各朝中原移民南下开发之后，迎来了明清时期社会经济的快速发展，为跻身于全国经济文化发达的省区打下了良好的物质基础。

二、扇形水系和冲积平原为主的地理条件

广东省境内河流众多，呈现出以扇形水系为主的分布特征。主要河流有珠江、韩江、漠阳江、鉴江等。珠江是广东最大的水系，由西江、北江和东江三大支流汇集而成，在下游形成了河网稠密的珠江三角洲。包括西江、北江共同冲积成的大三角洲和东江冲积成的小三角洲，总面积 1.2 万平方公里。珠江三角洲原是一个多岛屿的古海湾，长期以来，西江、北江、东江等河流夹带的泥沙在海湾内不断地填充、堆积，逐渐形成了三角洲平原。广义的珠江三角洲平原，以西江流域的高要、北江流域的清远、东江流域的惠州为界。狭义的珠江三角洲，大致在广州、佛山、江

---

① 潘载和纂修：《潮州府志略·动物》，民国二十二年（1933）铅印本，上海：上海书店出版社，2003 年影印本。

② （清）明谊修，张岳崧纂：《琼州府志》卷五《舆地·物产》，清道光二十一年（1841）修，清光绪十六年（1890）补刊本。

门、中山、东莞、深圳等地区，地理范围较小。

清代广东各地降雨量充沛，但由于境内地形复杂，降雨量有显著的差异。在五岭南坡的粤北山地、粤东莲花山和粤西十万大山的东南向山坡地带，雨量较多。而嘉应、雷州半岛西部及海南岛北部和西部山谷与平原地区，降雨量则较少。广东全年降雨量的分布，以夏季最多。因之，夏季河水经常泛滥成灾，沿河而建的城镇由于地势低洼，经常受到洪水的侵袭。清代广东从省会广州到沿江各府治、县城，被洪水淹没的事件史不绝书。广东各大河流一般具有以下水文特点。

其一，水量丰富。珠江水系包括东江、西江、北江等三大河流，年径流量约 3300 亿立方米，约为黄河的 6 倍、长江的 1/3。因此，广东河流无论在灌溉、航运等方面都具有很大的价值。河流水量丰沛和航运发达是清代广东城市商贸兴盛的重要条件。

其二，正常水位时期，河水清澈，含沙量少。广东地表上的森林虽历代曾遭严重破坏，但优越的物候条件使植被的生长十分迅速。清代广东省各河流的含沙量都很少，这对减少洪水灾害、发展航运和满足城镇饮水供应非常有利。

其三，易发生洪涝灾害。广东多数河流流向呈南北向，但也有数条河流（包括珠江）的流向与纬线平行，即与雨带方向一致，又受亚热带气候影响，夏季降水量大，易发生洪涝灾害。加之珠江水系各河上游多为山岭地带，坡多陡峻，中下游又多峡谷，使洪水宣泄不易。从清代的历史记载来看，广东境内多次发生水涝灾害，河流沿线城市屡受洪水重创。

广东地理特点是纬度低、地处中国大陆南部沿海，这对广东经济发展有较大的积极意义。平缓的丘陵和平原，伴随着炎热多雨的气候和深厚的土壤，有利于农业的发展。在广东省农业发达的平原、河流两岸和沿海地区，集中了众多的人口，出现了较大的工商业城市。

　　但是，河流航运和内外贸易的发达，使广东省内外贸易集中于沿海各港口城市，造成省内内陆城市和沿海港口城市经济发展不平衡和经济布局不合理的现象。

第二节　清代广东城市发展的人文地理环境

一、传统农耕文化与广东城市体系的社会环境

　　广东优越而特殊的自然地理条件，形成了以珠江三角洲为代表的冲积平原农耕文化。

　　珠江三角洲农业自然条件十分优越。在宋代中国经济重心尚未南移以前，由于生产力水平的限制，珠江三角洲流域并没有得到大规模的开发和利用。当时广东经济发达区集中在粤北的韶关和南雄一带。明代以降，农业生产技术水平有了相当程度的积累和提高，伴随着中原移民的大规模南下，进入珠江三角洲地区的移民，利用平原河网密布的有利条件，大规模进行圩田围垦。珠江三角洲低地冲积平原的开发进入了一个新时期。根据相关资料的统计，明朝 276 年间，珠江三角洲修筑堤围的总长度达220399.75 丈，比宋元两朝 400 多年的筑堤总数 116550.8 丈，还要多出 103848.95 丈。① 明朝大规模的水利建设，对珠三角农业生产的发展起到了极大的促进作用。据雍正《广东通志》卷二十记载，明洪武二十年（1387），全省耕地面积为 23734000 亩，万历二十八年（1600）为 33417000 亩。210 余年间，增加9683000 亩，增加了约 41%。明代广东耕地面积大量增加，为清代广东农业生产进一步发展奠定了良好基础。

---

　　①　《珠江三角洲农业志》编写组：《珠江三角洲农业志》第 2 册，1976 年编印，第 11 页、16 页、33 页。

明清时期，随着水利事业的进步和铁器牛耕的普遍推广，广东的耕作制度有了显著进步。除海南岛部分地区出现了水稻一年三熟外，其他地方普遍种植双季稻。同时，利用冬闲再种一季其他农作物的做法也得到推广，形成了两季水稻再加一季其他作物的一年三熟的耕作制。明清时期，广东农作物种类有大麦、小麦、荞麦、豆类、油菜、粟、番薯、芝麻、薏苡米、玉米、芋、花生，等等。玉米、花生和番薯是明代从国外引进的品种。番薯产量高，容易生长，不择土质，因此推广极快，引进之初，"高、雷、廉、琼多种之"，而到了明末清初，已是"东粤多薯"。①

明清时期，广东开始形成商业性经济作物区域。如广东境内气候温暖湿润，降雨量充沛，特别适宜经济作物甘蔗的种植，甘蔗生产遍及全省，许多地方甘蔗种植"连冈接阜，一望丛若芦苇"②。广东境内各种花卉四季盛开，省会广州又称花城，因此在明代广州周围与珠江三角洲，开始出现花圃面积在200亩以上的花卉专业户。同时，随着珠江三角洲经济作物种植专业化程度的提高，农户广泛发展果基鱼塘、蔗基鱼塘、桑基鱼塘等立体化种植经营，形成了明清以来珠江三角洲独具特色的农业开发格局，带动了商品性农业生产的进一步发展。

粤东地区的韩江流域是广东境内另一重要的农业生产区域。潮州最大平原——韩江平原，主要位于海阳县境内。韩江平原开发始于唐朝中期。唐代潮州洪水肆虐，尤以韩江为甚。韩江流域堤坝的修筑，标志着韩江流域进入初步开发时期。明清时期，潮州地区开发进入一个新的阶段。鸦片战争后，珠江三角洲地区的

---

① （清）屈大均撰：《广东新语》卷二十七《草语》，北京：中华书局，1985年。

② （清）屈大均撰：《广东新语》卷二十七《草语》，北京：中华书局，1985年。

蔗糖业受到外来商品的冲击而衰落，广东糖业生产中心转移到粤东的潮汕平原，汕头发展成为广东蔗糖出口转运中心。潮汕平原盛产柑、橙等水果，味美甘甜，深受华侨尤其是潮汕华侨喜欢，是汕头重要的出口商品。

清代广东城市发展与传统农业社会有密切联系。由于广东地处岭南滨海之地，远离中央政府统治中心，加之南岭的阻隔，给全国各地运往广州出口的客货流通带来不便。两广地域市场腹地太过狭小，特别是近邻广西地区相对落后，决定了珠江流域农业生产发展水平受限制因素过多，广东城市的经济腹地相对狭小。

由于广东城市经济腹地有限，对外贸易带有明显的转口贸易特色。鸦片战争后，中国外贸中心北移，广东城市体系经济腹地狭小的弊端充分显露，转口贸易被抽去了最核心的货物流和人才流。

二、大杂居小聚居的民族分布与城市体系的文化环境

广东是一个以汉族为主体、多民族杂居的省份。按照 1987年的行政区划，广东有汉、黎、瑶、壮、畲、回、苗、满等 8 个世居民族。其中汉族占全省总人口的 98.2%，广布于全省城乡各地。[①] 广东境内多民族交错分布的"小聚居，大杂居"的人文地理格局是历史上各民族之间长期交往融合的结果。

岭南文化融合了古越文化、楚文化、吴越文化和海外多种民族文化的地域文化，也是广东特有的城市文化。岭南地区在远古时代就有人类先祖的活动痕迹，是人类最早的发祥地之一。这些

---

① 广东年鉴编纂委员会编：《广东年鉴 1988》，广州：广东人民出版社，1988年。

历史文化遗址一般分布在大河中上游及其支流的河谷盆地、冲积台地、阶地以及海湾和河口的沙丘上。目前出土的考古材料充分印证了岭南地区城市的起源和发展与古代百越先民的生产生活是密切联系的。岭南地区城镇分布格局及变迁与华南地区原始先民对岭南地区的开发进程是一致的。

广东原为百越民族及其先民聚居之地。大约在西周初年，中原民族开始涉足南粤大地，与岭南百越先民形成原始的民族杂居。秦始皇平定岭南后，在岭南设置了桂林、南海、象三郡，并从中原徙50万移民与百越先民杂居，此后，中原民族南徙广东者日众。大量劳动力进入广东并与百越民族长期杂居和互通婚姻，改变了岭南地区的人口布局，促进了岭南地区的经济开发。两汉时期，部分百越先民与汉族融合，导致今日之广府和潮汕两民系先民的出现。此后，汉族不断发展壮大。六朝后期至唐朝初叶，一方面，瑶、畲、回等族先民先后抵粤；另一方面，由于俚汉融合，使广东汉族的地位发生了历史性的变化：由原来的少数民族变为主体民族。唐朝末年，诸越遗裔的一支经过长期的分化重组而形成的黎族开始见于史籍记载。到宋元时期，广东汉族基本形成。海南诸越遗裔的另一支演变为海南壮族，僻居粤西北山区的则逐渐形成壮族的主体。而大量瑶族由湘入粤，人口迅速增加，居住区域也随之扩大，加上唐宋以来一直生活于广东的回族，广东各族的分布格局大致形成。① 明代，海南苗族的祖先相继由广西进入海南岛。从乾隆二十一年（1756）起，清朝政府先后从北京、天津等地抽调1500名八旗官兵来广东驻防，成为广州满族的"落广祖"。清代基本沿袭了明代的民族分布格局，与今天广东的民族分布地域大体一致。

---

① 练铭志等著：《广东民族关系史》，广州：广东人民出版社，2004年，前言第2页。

广府民系通行粤方言，又称广州话、白话。用粤方言演唱的戏剧称为粤剧或广府戏，大体形成于明末清初。粤剧成为广府民系城市当中普通民众最受欢迎的戏剧，后来还传播到海外和广西南部地区。粤菜为中国四大菜系之一。清人徐珂说："粤人又好啖生物，不求火候之深也。"① 粤菜具有清淡爽滑、粥品繁多、讲究时令等特点。广府民系的建筑也很有特点。所有这一切，影响和决定着清代广东城市的文化特色和城市居民的日常饮食习俗。

潮汕民系以潮汕文化为依托。潮汕文化又称福佬文化。秦一统岭南之前，潮汕地区闽越族与闽南民情相通，语言相近。从唐朝末年至两宋时期，从中原迁居福建的先民辗转进入潮汕平原。潮汕人刻苦勤劳，具有较强的竞争力和团结力。潮汕人精于农艺，巧于工艺，善于经商，向外拓展。② 潮汕人的群体特性使潮州地区的城市文化具有浓郁的地域文化特色。"谈潮必谈茶"，潮汕人喜欢工夫茶，讲究品茶。潮州菜是粤菜当中最有风味的一个品系，"清、淡、巧、雅、味、色、形、名俱美"。汤和蘸料是潮州菜的特色。潮州戏剧简称潮剧。潮汕地区每逢重大节庆喜日，都有活跃的民间戏剧演出，形成了独具特色的潮汕城乡节日文化。

在清代广东城市体系中，潮汕地区的城市规模是仅次于珠江

---

① （清）徐珂编撰：《清稗类钞》第13册，北京：中华书局，2010年，第6242页。

② 据当代相关资料统计，潮籍华侨、华人、华裔近800万，加上港澳等地100万潮汕人，其人口与潮汕本地的人口相等。"有海水处就有华侨，有华侨就有潮人。"傍山面海，人多地少，贸易发达是潮汕人外迁的地理环境和社会背景。潮州有句民谚："无奈何，打起包裹过暹罗。"潮汕人在生活的逼迫下"过番"到南洋谋生，他们浪迹天涯，四海为家，顽强拼搏，勤劳致富，为侨居国和祖国的经济发展做出了贡献。参见胡兆量等编著：《中国文化地理概述》（第二版），北京：北京大学出版社，2006年，第304页。

三角洲城市体系的地区，超过粤西的高、雷、廉、琼四府等府县的城市。

嘉应州（梅州）是客家人的聚居中心地，是广布海内外客家人的祖居中心。据史籍记载，多数客家人在宋末元初迁入粤北、粤东，"无山不住客，无客不住山"。当客家人迁移到广东时，自然条件较好的平原、三角洲已被广府民系和潮汕福佬民系占据，只能居住和开发山区。[①]

在岭南文化中，客家文化的特点是群体意识强，宗族观念浓郁。客家人聚族而居，修建规模宏大、结构特殊的聚落，"有村必有围，无围不成村"。在嘉应州一带，客家民居的主要形式是围屋，以宽敞的厅堂为中心，由通廊连接，中轴对称，主次分明。客家先民多"衣冠望族"，有较高文化素养，后人秉承"重教化，扬家声"的传统，尊师重教，崇尚读书。[②] 客家文化中有"男读女耕"的分工传统，妇女承担田间和家务劳动，是农业生产的主要力量。妇女没有缠足的习惯，是客家人勤苦耐劳的重要表现。

就城市建筑来说，嘉应州地区城墙建筑规模不大，与地处高山险岭有一定关系。城市内部庙宇、祠堂众多，构成了典型的客家地区城市内部空间结构。由于处于粤、闽、赣三省交界处，嘉应州的军事战略地位非常重要。频繁的军事争斗，对嘉应州地区的森林植被、城市以及人居村落等造成很大的破坏。重要的地理区位也给嘉应州城市的经济发展带来商机。嘉应州是粤盐和近代以降外来洋货转输福建和江西的重要枢纽。

---

① 胡兆量等编著：《中国文化地理概述》（第二版），北京：北京大学出版社，2006年，第306页。

② 清代，嘉应州先后出了18位翰林，在清代广东科举史上，嘉应州客家占有重要地位。参见胡兆量等编著：《中国文化地理概述》（第二版），北京：北京大学出版社，2006年，第307页。

三、封闭中的缺口与广东城市的国际环境

清初，中央政府在基本平定全国抗清势力后，为了对付台湾郑成功的反清力量，便在东南沿海实行严厉的禁海、迁海政策。下令福建、广东沿海居民一律内迁五十到一百里，借以割断沿海地区与郑成功抗清势力的联系。清康熙以后虽曾一度开放海禁，但在乾隆二十二年（1757），朝廷复下令关闭沿海的福建、江苏、浙江等三个通商口岸，只留下广州一口通商，由官方组织的十三行统一负责对外贸易。清朝统治者之所以将外贸中心置于岭南的广州，重要原因在于"离京师驿较远，计其路有七千五百七十里"[①]。将外来朝贡贸易者远远地打发到蛮荒之地的岭南，让封疆大吏和地方大员们去处理棘手的涉外事务，中央统治者乐得过太平日子。

一口通商政策虽然使中国陷入自我封闭的格局，但对广东而言，却为其城市经济发展、商贸繁盛提供了难得的机遇。利用国家所赋予的垄断外贸特权，广州发展成为中国外贸中心。朝贡贸易体制下除少量贡品进献朝廷之外，其余朝贡物品和压舱货物都在广州进行交易。粤北地区的韶关、南雄等城市的商业因朝贡贸易、国内外商品中转运输的地位而兴盛。运往全国其他地区的商品都必须走粤北至赣南的大庾岭商路，南来北往，络绎不绝。因此，清朝推行一口通商政策时期，是广东粤北商路沿线城市群、珠江流域城市群商业鼎盛时期。

总体而言，清前期广东城市的发展格局就是一口通商政策保护下的城市商业发展格局。广州是全省政治中心城市，全国对外贸易中心。佛山是手工业巨镇，连州、韶关和南雄是粤北商品转

---

① 岑锡祥、黄培堃编辑：《广东乡土地理教科书》，广州：广州文兴学社印行，清宣统二年（1910）刻本。

运集散地和转运中心城市。这一时期广东城市发展集中在以珠江三角洲为核心区域的粤中地区。过境贸易为粤北地区带来了无限的商机和大量的就业机会，粤北城市群也由此进入了历史发展的鼎盛时期。

清政府闭关政策的实施虽然使广东城市发展进入鼎盛时期，但由于广州地理位置的缺陷，特别是粤北地区南岭山脉的重重阻隔，使广东南北陆路交通特别是商品进出口运输很不方便，增加了商品运输和人员来往的交易成本。大量商品从广州沿北江水路运到南雄后，必须将商品中转改为陆运，由挑夫将商品挑运经梅关过大庾岭，运到江西境内。再将商品装船水运，由赣江运输北上，达长江，通过大运河，再到达京师等北部中国市场。这给全国商品经济流通和统一市场的形成带来很大阻碍。此外，西江、北江和东江上游挟带来的泥沙不断淤积，珠江口不断向外拓展，广州离海岸越来越远，不利于海运商品进出口和大型船舶靠岸，而必须由澳门转运，手续繁杂，关税负担重，给广东城市商业贸易发展带来不利影响。

第三节　清代以前广东城市的嬗变轨迹

一、军事、政治中心城市最先兴起和发展

岭南地区城镇的兴起和发展带有明显的政治和军事性质。秦汉时期的广东城镇，大致分为三种类型：第一种是军事性城堡。这是岭南地区最早兴起的城镇。秦汉时期，为征服岭南地区，朝廷曾经多次对沿海百越民族聚居地区用兵。在水陆交通沿线及其军事要地，修筑了许多关隘或城堡。许多南迁移民也多选择在关隘的两侧定居，这些关隘两侧的民户聚落便逐渐发展成为城镇。第二种是行政中心城市。最典型的就是番禺城，是南海郡的首

县，也是郡治所在。作为当时岭南地区桂林、南海、象三郡中心城市之一，番禺同时兼具商业功能性质。类似者还有龙川、中宿、桂阳、揭阳、高要、曲江等。[①] 第三种是港口城市。以粤西徐闻港为代表。徐闻即后来的徐闻县，曾经是中国古代南方海上丝绸之路的起点。由此看出，秦汉时期广东的军事和政治中心城镇有了较大发展，城镇数量增加，城镇类型日益多元化。当时广东的军事和政治中心城镇主要集中在西江中游地区以及北江和东江流域，这种分布格局与当时岭南地区经济开发进程一致。

东晋、南朝时期，中央政府在广东新置了一些郡县。主要集中分布在西江、潭江等流域；次则分布在粤北地区。潮汕地区开发较晚，仅设置个别郡县。这种郡县设置数量和地域分布不均匀，凸显了这一时段广东城镇发展和分布的不平衡。这一时期，广东城镇分布格局与水、陆路交通网络和南迁移民路线是一致的。

隋唐时期，中国封建社会进入鼎盛时代，岭南地区经济开发由此进入了一个崭新的历史阶段。特别是湖南南部郴州商路和赣南大庾岭商路的开辟以及在曲江的汇合，加强了粤湘和粤赣之间的经济文化联系，促进了国内不同地区之间的人员往来和货物交换，使粤北地区的曲江城的商业地位再次得到抬升。唐朝在曲江地区设立韶州，全面管理粤北地区事务，使其发展成为粤北地区的政治、经济和军事中心城市。从当时广东城镇分布数量来看，西江沿岸及高州一带城镇最多，次为北江流域，粤东韩江流域最少。与此同时，海南岛在沿海平原地区设置州县城，初步形成项链式城镇体系分布格局。当时人口分布状况，以连州和韶州人口最多；次为西江及其支流的沿岸城镇，如新、端、泷、康等州；

---

① 李孝聪著：《中国区域历史地理》，北京：北京大学出版社，2004 年，第 375 页。

次为粤西城镇，如高州、泰州、恩州等。①

二、城镇分布格局逐渐趋向平衡

宋元时期，广东城镇体系分布不平衡的状况有所改善，以粤东地区开发的加速最为明显。中央政府在这一地区新置了海阳、龙川和兴宁等县。北方中原地区政局的持续动荡，促使北方大量民众不断向江南地区迁移。南宋偏安江南的治理政策，使得中国的经济重心最终完成了南移的变迁历程。在长期的生产实践中，南下移民不断总结和提高垦殖低湿地经验及技术，以修筑堤坝围田为主要标志，对沿海低湿地的技术利用进入了一个新阶段。这样，珠江三角洲和韩江三角洲的农业不断发展和进步，逐渐成为岭南地区新的农业生产中心。宋代，中央政府对岭南地区行政区划再次调整，分别设置广南东路和广南西路进行治理，广东、广西由此得名。广南东路的设立，使唐朝以来广东粤西地区人口稠密、粤东地区人口稀少的状况有所改善，粤东人口不断增长。元朝时期，驿站制度比较发达，联络闽西南与赣南的驿站线网络也逐步在粤东建立起来。交通网络的建立和完善促进了以韩江流域为中心的闽粤赣边经济区域的形成，并为本地区城镇体系的发展创造了十分有利的条件。宋元时期潮州城的兴起，标志着粤东地区出现了一个仅次于省会广州的第二大城市。

总之，在明清以前，广东城镇体系分布格局经历了一个由分布不均再到逐步趋于平衡的发展过程。由于珠江三角洲和韩江三角洲冲积平原的形成是一个漫长的历史过程，兼之海水回流对沿海低地的不断侵蚀，当时人们对于沿海低地的治理开发技术还没有实质性突破，在宋元以前，这两个三角洲都没有得到有效的治

---

① 李孝聪著：《中国区域历史地理》，北京：北京大学出版社，2004 年，第 375 页。

理和开发。随着北方南迁移民的不断增加，人口聚居的压力，促使人们不断地向沿海低地迁徙。在长期的生产实践中，人们不断地摸索和总结出修筑堤坝、围海造田等先进技术，大规模开垦沙田低地，使得珠江、韩江三角洲地域肥沃的土地不断得到有效的开发和利用。珠江、韩江三角洲地区的城镇逐渐兴起，逐步改变了原有的城镇布局，并最终完成了广东城镇体系的重新选择和定位。

小　结

岭南地区特殊的自然地理和人文环境决定了广东城市兴起和发展经历了特殊的演进轨迹。远古时期，岭南地区先民的活动集中在粤北和西江流域；秦朝统一中国后，在岭南地区设置郡县，并迁徙中原豪族与岭南百越民族杂居，促进了广东的经济开发。岭南地区最早兴起的城镇为军政型城镇，多位于水陆交通线两侧。从广东城镇地理分布的发展规律来看，经历了从粤北、粤西最后向珠江三角洲和韩江三角洲逐渐位移的漫长的历史发展过程。到明朝时期，岭南地区城镇分布格局大体定型。

岭南地区特殊的地理区位和历史原因，使其成为国内经济开发相对较晚的地区。伴随着宋元以后珠江三角洲和韩江三角洲的开发，当地居民借助肥沃的冲积平原及水网密布的优势，使该地区很快成为广东新兴的农业经济开发区和经济中心。人口的聚集和富饶的物产，为城镇的兴起和发展创造了良好的条件，广东城镇分布趋于平衡是与人类对大自然的改造与利用技术的逐步提高相一致的。广东因拥有沿海、沿江的地理区位优势，城市经济很早就与海外贸易相联系，粤西的徐闻和合浦成为古代海上丝绸之路的始发港。随着岭南地区三大汉族民系的形成与各民族小聚居大杂居格局的形成，清代以前广东城镇体系呈现出不同的地域风格和文化特色。

第二章　清代广东城市体系的演变及其发展特点

城市体系是指特定地域内不同等级、规模和性质的城市构成的城市网络。简言之，城市体系必须从点、线、面三方面着手，探索城市与城市之间，城市与交通线路之间，以及城市与所在区域在政治、经济和文化等方面的相互关系。有学者指出，中国古代城市体系空间布局有环辅放射型、集中团块型、线型和分散组合型等四种组合类型。[①]

清代广东城市体系分布受地理环境、气候条件及社会政治、军事、经济等因素的影响与制约，特别是受境内水系分布的影响比较明显。清代前期，广东城市体系可分为四个区域：其一是粤北地区城市体系。它是一个通过浈水、武水、连江和北江，将韶州、南雄、连州及其所辖县城连接起来的树状型城市体系。其二是粤中地区城市体系。它是一个以省会广州为中心，通过北江、西江和东江，将肇庆、惠州、罗定等城市联系起来，共同构成的集中团块型城市体系。其三是粤东地区城市体系。包括潮州府和嘉应州两个地区。该区域的城镇主要集中于潮汕平原，以潮州为中心城市，由集中团块型和线型城市体系组成。其四是粤西地区

---

① 宋飏、王士君：《中国东北地区城市内部空间结构研究》，中国地理学会2007年学术年会论文摘要集。

城市体系。具体又分为两类：一类以廉州府、高州府和雷州府所辖城镇为代表，为分散组合型城市体系；另一类则是琼州府的海岛型环状城镇格局，是粤西独特的城市体系。

第一节　清代粤北地区城市体系的发展演变

粤北地区包括韶州府、南雄州及连州所管辖的行政范围。这一区域的城市体系在清代都没有发生太大的变化。就商贸和交通地位而言，则经历了清代前期的繁盛和近代以降的衰微与调整两个时段。

一、连州地区城市体系的发展变化

连州多高山峻岭，重峦叠嶂，是广东瑶族和壮族等少数民族主要聚居地。明清时期，粤北地区壮、瑶等少数民族多次举行反抗封建统治者压迫的武装起义。清朝前期，政府曾多次在这一地区用兵，随后建立了多个军事据点进行防卫，因此，粤北地区城镇军事功能较强。清嘉庆二十二年（1817），广东总督蒋攸铦奏准裁汰连山县，改理瑶军民直隶同知为连山绥瑶军民直隶同知，同知移驻连山县城。治所在三江口，兼管连州、连山和阳山三县捕务。连江为该地区最大的河流，是清代航运的重要水路通道。从政治地位看，连州是该地区的行政中心城市，连江将三座城市连为一线，构成线型城市体系。

连州地处粤、桂、湘三省边界，为三省毗邻州县的商品集散地。广州、佛山等地的食盐、布匹、煤油、陶瓷、酱料等日用品通过连州中转，北销湘南、桂东各县。湖南临武、宜章、蓝山、永州、道县、江华等地的食用油、苎麻、花生等农副产品，经过连州以水运或陆路销往广州等城市。明清时期，从星子圩、东陂两路进入连州城的各地商贩络绎不绝。运输货物的脚夫每天不下五六百人，旺季时可达千人。① 连州是越五岭、通中原的骑田岭古道上的重要城市，是从陆路通达中原的五条通道之一。此通道自湖南衡阳沿耒水上溯，途经耒阳县，至郴县；由郴县转旱路，西南行，经蓝山县，南至连州；或由郴县南下乐昌坪石，再西南行，经星子圩也可抵达连州。到连州后，再顺连江、北江水路直下广州。据考证，这条商路在秦朝时就已开辟，西汉时成为过五岭的主要交通线之一。从广州北上至清远，在浈阳峡附近西折入洭水，经阳山、连州，越骑田岭过郴州、潭州，走荆襄至长安，全程约4500公里。清末广东名人容闳写道："劳动人民肩货往来于南风岭者不下十万人。南风岭地处湘潭与广州之中途，为往来必经之孔道。道旁居民咸赖肩挑背负为生。"② 明清两朝定都北京，由广东北上中原的人，大多选择走大庾岭通道。因此，骑田岭道的重要性不及大庾岭通道，但仍然是连接粤湘两省的重要通道之一。对此，湖南方志记载："县城历来为'湖广商路'上的重要商埠，是粤盐广货入湘，湘货出粤的集散地。清道光二十二年（1842）五口通商后，海禁大开，由香港经广州北上运入内地的日用工业品，以及湘、鄂、川、黔等省销往广州、香港的农副土特产品，大部分通过'湖广商路'，在县城集散。"③ 可见，在湖南进入广东的"湖广商路"上，连州城和郴县是两个重要的商品中转城市。鸦片战争后，随着五口通商的开辟，南雄梅岭古道开始衰落，但"湖广商路"并没有马上衰落。相反，在五口通商初期，大量洋货、广货、粤盐等经过阳山、连州转运郴县集散，

---

① 韶关市地方志编纂委员会编：《韶关市志》，北京：中华书局，2001年，第1095页。

② 王临亨著：《粤剑篇》卷一，转引司徒尚纪著：《岭南史地论集》，广州：广东省地图出版社，1994年，第95页。

③ 湖南省郴县志编纂委员会编：《郴县志》，北京：中国社会出版社，1995年，第518页。

商业繁盛一时。1861 年汉口开埠通商、1904 年长沙开埠通商后，"湖广商路"才逐渐衰落。

二、韶州、南雄城市体系的变迁

粤北地区中心城市是韶州府城和南雄州城，以管辖的阳山、乐昌、乳源、翁源、英德等九座县城为次一级行政中心城市，构成树状型城市体系。清政府设置分巡南韶连道驻韶州府城，统辖韶州、南雄和连州两直隶州和连山绥瑶直隶厅。按照清代官阶排序，道员品级比知府高。因此，分巡南韶连道驻韶州府城，使韶关成为粤北地区的政治中心城市，南雄和连州成为次级政治中心城市。韶关"地当四冲，为粤东上游要害"[1]，军事战略地位比南雄和连州重要，得此地可控驭粤北全局，因此清军在韶关驻有重兵。晚清咸丰四年至五年（1854—1855），陈开、李文茂领导的红巾军三次围攻韶关不克。尽管有各种原因，但也与韶关地势险要、军事上易守难攻有密切联系。

韶州府领曲江、乐昌、仁化、乳源、翁源、英德等六个县，管辖范围在粤北地区最大。在珠江三角洲大规模开垦前，韶州曾经是广东北部山区农林和矿业开发的经济基地和商贸活动中心，也是广东货物北上、中原货物南下的陆路必经之地。唐开元四年（716），张九龄奉诏开凿大庾岭商路，使岭南和岭北交通更为便利。唐至清末，从广州溯北江至连江或武江，可接荆、广两大都会；以曲江为中转站，溯浈水北上可达南雄城，然后再过梅关（大庾岭）到达江西境内，下赣江、长江，转大运河，可直抵京师。陆路桂阳道和西京古道，逾岭后均会于此。在广州一口通商时期，韶州以其重要的交通区位，商业贸易十分繁荣。

---

① （清）张希京修，欧樾华等纂：《曲江县志》卷十一《武备书·兵制》，清光绪元年（1875）刊本。

乐昌县居武江上游，位于韶州府治的西北，素有广东"北大门"之称。"（乐）昌滨江枕谷，境连郴桂，地接南韶，屹然一隩区也。"① 从交通条件来说，乐昌与湖南郴县距离最近，货物可以顺武水达韶关。但是由坪石至乐昌要穿过大瑶山的武水水路，这一带滩多水急，给航运带来诸多不便。武水两岸皆为丹霞地貌，岩石风化严重，容易崩塌，故此水路古代经常壅塞。元明两朝，政府多次组织疏凿武水，使其勉强能够通航，但终因航运不便，商业经济价值不大。乐昌的坪石镇是连接连州、乐昌与郴县的货运中转站。在广州一口通商时期，湖南货物到坪石以后，很少走乐昌水路，而是折向西南，经星子圩达连州城，再顺连江南下直趋广州或佛山。

南雄州城"枕楚跨粤"，当南北要冲，为粤东门户。南雄元时为路，明时改府，清沿袭之。嘉庆十一年（1806），两广总督吴熊光奏请改南雄府为南雄直隶州②。可见，在清初至嘉庆之前，南雄一直为府级行政单位，与韶州和连州平级。同年，清政府将其改为直隶州。南雄行政管辖范围较小，仅辖保昌和始兴两县。交通地位重要而行政管辖区域偏小，是其行政级别反复更易的原因之一。

南雄州在广东商品北上和中原货物南下中起着沟通南北的作用，有"小扬州"之称。③ 州城沿浈水岸建有盐、木、猪等十大码头；城内有盐店、牙行 221 间。④ 广州一口通商时期，国内进

① （清）徐宝符等修，李秾等纂：《乐昌县志》卷一《方域》，清同治十年（1871）刊本。

② （清）余保纯等修，黄其勤纂：《直隶南雄州志》卷十一《建置略·城池》，清道光四年（1824）刊本。

③ 南雄县地方志编纂委员会编：《南雄县志》，广州：广东人民出版社，1991年，第338页。

④ 韶关市地方志编纂委员会编：《韶关市志》，北京：中华书局，2001年，概述第7页。

出口商品大都经南雄转运广州或佛山集散。鸦片战争后，随着五口通商的开辟，南来北往货物多取道海运，南雄过境货物运输量逐年减少。清末民初，随着粤汉铁路的兴筑，南雄货运随之衰落。尽管如此，南雄依然为赣粮南运广东和粤盐北上江西的重要转运通道。清末南雄埠每年额销广盐 1.39 万吨，新田圩每天有上百艘木船，将赣米运至南雄、韶关。[1] 可见，清末以过境贸易为代表的全国市场体系与南雄本地市场呈现出一定的分离。

由南雄北上中原有两条重要通道：一为梅关古道，一为乌迳道。梅关古道自南雄州门铺北行，越过梅关，进入江西省大庾县境内，全程长 45 公里。梅关古道是连接珠江水系和长江水系的重要纽带。北上过岭的旅客可在江西省大庾县停留安歇，因此，大庾县城又称南安城。南安城商业繁华，县城街道两旁店房毗接，鳞次栉比，县城南安有店房四五百家，河边街为商业中心。[2] 广州一口通商时期，大庾岭商路更加繁华，梅岭路的陆路运输便显得异常重要。清嘉庆四年（1799），两广总督觉罗吉庆捐白金千两，交南雄府修整岭路，增植沿道两旁的松、梅，以便商贾、挑夫来往荫憩。

乌迳道不仅是粤盐、赣粮交易之路，而且是中原和闽西货物运输的古老通道。乌迳道地处浈江上游之昌水。昌水源于江西信丰县中亭坑，这条水系为南雄境内唯一的内河航道。广东的各种货物溯北江，入浈江，沿昌水直达新田、乌迳，然后经乌迳道陆运数十公里，到达江西信丰渡水码头，再沿九渡小邕直下赣江，水运里程 100 多公里后达虔州。乌迳市是清代南雄直隶州的第一大圩镇，沿河建街，街上商店客栈鳞次栉比，有各种作坊百余

---

[1] 南雄县地方志编纂委员会编：《南雄县志》，广州：广东人民出版社，1991年，第 162 页。

[2] 胡水凤著：《繁华的大庾岭古商道》，《江西师范大学学报》（哲学社会科学版）1992 年第 4 期。

间，专设水运装卸码头 3 个。乌迳道上，粤赣闽三省来往贸易的人们川流不息，走乌迳道的客商及人力肩挑、畜力运输不计其数。①

　　始兴县城位于南雄州城和韶州府城之间，地理位置适中，成为两地的货物转运枢纽，"输出品以杉木为大，纸次之，烟、油、石灰、黄麻各货又次之。杉木产地本境占十之八，南雄、仁化、曲江占十之二"②。始兴县出产的杉木、纸等货物通过本地和外地商人转运，近者至韶州、清远、南雄等城市，远者达广州、佛山。始兴县"输入品来自广州及湘赣。由雄韶两处转运入境，多者为洋纱布匹，次则油盐豆糖及各货。……邑人向喜用江西土布，自洋布入境兼以嘉应州兴宁输入各色布匹，江西布遂一落千丈"③。可见，始兴县城与其他层级城市之间的经济交往和商贸辐射圈相当宽广。

　　纵观上述，粤北地区城市体系除了经济商贸功能发生了较大变化外，政治和军事功能没有变化，城市体系仍然保持着旧有的格局。清代前期，粤北地区城市体系因南韶连道驻韶州城而使其行政地位得到大幅提升。韶州、南雄和连州三座城市可以通过陆上驿道以及北江、浈江、连江等水系建立直接联系。广州一口通商时期，粤北地区成为国内商品转运枢纽，城市商业贸易进入黄金时期。鸦片战争后，随着通商五口的开辟，海运逐步取代了由广州经粤北地区翻越五岭的陆路通道。清朝前期由粤北直达中原的商贸路线衰落，直接导致了粤北地区城市商业地位的急剧下降。粤北地区城市体系商贸功能的衰微，是西方资本主义国家外力楔入和清政府内外政策变化的结果，这一变化导致了清代广东

---

　　① 刘兴洲著：《乌迳路的盛衰》，《韶关文史资料》第 19 辑，1993 年，第 222~224 页。

　　② 陈赓虞等纂修：《始兴县志》卷四《商业》，民国十五年（1926）刊本。

　　③ 陈赓虞等纂修：《始兴县志》卷四《商业》，民国十五年（1926）刊本。

粤北城市体系商贸辐射范围萎缩。

第二节　清代粤中地区行政中心城市体系的嬗变

一、清代粤中地区行政中心城市体系的综合考察

清代粤中地区，除核心区域广州府外，还包括肇庆府、惠州府、罗定直隶州等三个府州。

粤中地区中心城市是广州，历史上又称羊城、穗城、花城，是具有2000多年历史的岭南文化名城，也是一座省会、府城、县城"三位一体"的多功能城市。公元226年，东吴孙权将交州划为交州和广州两部分，广州由此得名。广州地处珠江三角洲北部，位于珠江岸边，是一座典型的滨河城市。清代广州分为内城、外城和新城，另有两个附郭城，即番禺县治及南海县治。据清《广东通志》载："南海（县）分治西境，以内城之正北、正西、归德，外城之太平、竹栏、油栏、靖海、五仙八门属焉；番禺（县）分治东境，以内城之正东、小北、正南、文明、定海，新城之永安、小南、永清八门属焉。"① 南海县负责广州西半部的城市管理工作，番禺县负责广州东半部的城市管理工作。作为省会城市，广州又是两广总督等政府官员的驻地。在乾隆十一年（1746）前，两广总督长驻肇庆，管理和协调两广地区事务，使肇庆的行政和军事地位上升。乾隆十一年后，两广总督回驻广州，进一步加强了广州的行政和军事地位。清代，广州始终是省会和军事、经济、文化中心城市，这是粤中地区城市体系的突出特点。

---

① （清）阮元修，陈昌齐等总纂：《广东通志》卷一百二十五《建置略一·城池》，清道光二年（1822）刻本。广东省地方史志办公室辑：《广东历代方志集成》（省部），广州：岭南美术出版社，2006年。

清代前期实行一口通商政策，广州作为全国外贸中心城市，商业贸易十分繁荣，城西"皆起楼榭，为夷人居停"；西角楼"朱楼画栋，连属不断，皆优伶小唱所居，女旦美者鳞次"，为官僚豪绅、富商大贾寻欢作乐的场所。西角楼的对岸，"有百货之肆，五都市，天下商贾聚焉"。城市商品经济的繁荣，吸引和聚集了众多的市区人口。乾隆朝时，英国使臣马戛尔尼使团到达广州，看到的热闹景象是："城市的街道一般是十五呎到二十呎宽，用宽大的石板铺砌；……（房屋）用木材和砖建筑。……这城市人口估计为一百万人：它的广阔的郊区，不加夸大，应有五十万人。"① 可见，纵横交错的宽阔街道，超过百万的人口规模，使广州成为岭南地区繁华的国际大都市。

广州地处珠江出海口，兼有河、海港口的功能。海路四通八达。东历潮（州）澄（海），台（湾）厦（门），而达苏松，转达日本；西历澳门、海口，而达南洋诸国。以广州为中心的海外航线有欧洲、北美、印度、日本等七条国际航线。频繁的商业贸易，不仅使广州形成了辐射范围宽广的海外贸易圈，而且使广州的对外贸易极度繁盛，成为清代前期全国外贸中心城市。

广州还与岭南其他沿海城市及全国各地有稳固的市场联系，形成与华南沿海城市及国内各省市联系的两级市场网络圈。据《粤海关志》记载，清朝前期，停泊于广州的船只有"装货往琼高雷廉"之船、"琼高雷廉""来省进口"之船、"潮州惠州福建船"、本港盐船；停泊在澳门港的船只有"省来串票货船"之夷船、本港洋船；停泊在黄埔港的船只有"夷船"。② 可见，琼州、高州、雷州、廉州、潮州等广东沿海各地城市均与广州有直接的

---

① （英）安德逊著：《马戛尔尼使团的广州之旅》，广州市文史研究馆编：《羊城风华录：历代中外名人笔下的广州》，广州：花城出版社，2006年，第248页。

② （清）梁廷枏总纂，袁钟仁校注：《粤海关志》卷十一《税则四》，广州：广东人民出版社，2002年。

商业贸易联系。此外，从东江与广州直接贸易的城市还有东莞的石龙、嘉应州治等。

佛山镇是南海县的一座城镇，地理位置优越，"控羊城之上游，当西、北之冲要，天下巨镇，岿然居首"，成为国内商贾云集之地。佛山商旅，北溯浈水，可抵神京，通陕洛以及荆吴诸省；西溯浔桂二江，可达广西全境，并通达滇、黔、湘、蜀。北江是长江流域和北方各省货物运送至粤的必经水道。北江沿岸圩镇，都与佛山有直接的商业贸易往来。西江是广西大米和农林土特产运输广东的通衢大道。循西江而上，可深入到广西左右江地区的沿岸圩镇，它们都与佛山有直接的商业贸易联系。东江、梅江沿岸各圩镇也与佛山发生直接的经济贸易联系。嘉应州属兴宁县出产的大批土布，也下东江经惠州运往佛山。① 同时，国内沿海港口城市也多与佛山有密切的商业贸易往来，使佛山与广州并肩而为岭南二元中心市场。

惠州府城在东江下游，位居珠江三角洲的东北端，距广州155公里。惠州府城与归善县城隔河相望，一条水东街将两座城市连接起来，构成东江流域府城与县城隔河相望的独特空间布局。惠州府城是东江流域的政治、军事和经济中心，有"粤东重镇"之称，由广东提督镇守。清初，惠州圩市商业贸易已逐渐恢复，在归善县治白鹤峰至董公桥一带和盐仓街已有商业贸易。东江流域的农产品先汇集于惠州府城，然后再运往广州和佛山及其他城市销售。相比于广州和肇庆，惠州的经济相对落后，这与东江的水运价值、惠州的地理位置及物产情况有关。

肇庆府城位于西江中游，为省会广州的上游屏障。肇庆府历史悠久，唐朝在此设置端州府，北宋重和元年（1118），改为肇

---

① 彭泽益著：《鸦片战争前广州新兴的轻纺工业》，《历史研究》1983 年第 3 期。

庆府，并沿袭至清。由于肇庆府的地理位置十分重要，清政府在此设置两广总督府进行治理，因此两广总督长期驻扎肇庆办公。雍正皇帝称："江宁、安徽、广东等省，督抚虽不同城……两广总督驻扎肇庆府，与广东巡抚驻扎之所，相去不远，亦皆应照旧例。"[①] 因此，就政治地位而言，肇庆府在清初至乾隆前期，与省会广州同级。嘉庆以后，由于两广总督迁驻广州，肇庆府的政治地位下降，清初肇庆、广州二元政治中心格局回归到广州一元政治中心格局。

清代肇庆府的水陆交通十分发达。陆路以肇庆城区为中心，东路经黄岗、四会，接广宁和三水；南路经清湾、南安、白沙等地达东安；西路经三榕、小湘、禄步等地达德庆，再转达封川、开建及广西的梧州等地；有"八州通衢要地"[②] 之称。肇庆府最重要的水路交通路线是西江水道，西江、贺江、罗定江、新兴江、绥江各支流，已有木帆船经营客货运输，最多时每天可达千余艘。清朝前期，肇庆府还是粤盐的重要集散地。康熙五十五年（1716），肇庆府设盐埠，每年销盐 2.4 万余包。乾隆三十四年（1769），肇庆府盐货除销高要外，还调往封川、兴宁、始兴、和平等县销售。另外，康熙二十五年（1686），两广总督在肇庆府设铸钱局，肇庆一度成为岭南两广钱币的铸造及发行中心。

罗定州城在地理位置上与广西及肇庆府接壤，同属广府方言区。在政治级别上，与府同级，下辖西宁和东安两县。州城通过西江水运与肇庆、广州、佛山有商贸往来。清朝前期，罗定州冶铁规模较大，冶炼技术大为提高，一处铁矿炉场，有矿工不下

---

① 《清世宗宪皇帝实录》卷三十七，北京：中华书局，1985 年，第 546～547 页。

② 肇庆市地方志编纂委员会编：《肇庆市志》，广州：广东人民出版社，1999 年，第 429 页。

1000 人。[①] 生产的大量生铁，通过水路直接运销佛山。

佛冈和赤溪分别于嘉庆十八年（1813）和同治六年（1867）析置为厅，属于清政府析置的散厅。两厅城的政治级别和建筑规模，与省内其他州县城市规模大体相当。[②] 佛冈厅在广州府最北端，赤溪厅在最南端，反映出清朝后期对珠江三角洲地区治理的强化，标志着该地域政治中心城市密度加大。

粤中地区三府一州所辖县数，几乎占清代广东 89 个（州）县总数的一半，构成了广东的核心城市体系。广州和肇庆成为清朝前期双核心行政中心城市。惠州府城、罗定州城为次级行政城市。其余散州、散厅和各县城等，共同构成了第三级城市层级。圩镇为城市体系的最基层单位。由于粤中是以西江、北江和东江三条河流构成的扇形水系地区，因此，除驿道为陆上交通外，河流航运成为沟通城市政治、经济和军事联系的有效纽带，三大河流将珠江三角洲地区核心区域城市紧密地联系在一起。

纵观中国古代城市发展史，城市以政治和军事功能为主，经济功能为辅，经济层级城市体系与行政层级城市体系是基本吻合的。清朝前期，由于佛山的崛起，在粤中地区形成了以广州和佛山为首的二元中心市场。[③] 佛山的手工业商品以国内市场为主，广州以海外市场和国内沿海市场为依托，两个巨型市场之间又有密切的商业贸易联系。因此，广州和佛山为粤中地区经济中心城市。这样，经济中心城市与政治中心城市就出现了一定程度的分离。佛山距离省会广州很近，表明清朝前期粤中区域行政中心城市与经济中心城市在地理分布格局上基本是一致的。

---

① 蒋祖缘等主编：《简明广东史》，广州：广东人民出版社，1993 年，第 361页。

② 戴逸主编：《简明清史》，北京：人民出版社，1980 年，第 278 页。

③ 罗一星著：《清代前期岭南二元中心市场说》，《广东社会科学》1987 年第 4期。

二、粤中区行政城市中心体系与经济城市中心体系的演变

1840 年至 1842 年爆发了中英鸦片战争，清政府战败，被迫与侵略者签订了《南京条约》等一系列不平等条约，割让香港岛给英国，赔款 2100 万元（西班牙银元），开放广州、厦门、福州、宁波、上海等五口通商，中国开始沦为半殖民地半封建社会。鸦片战争对广东影响颇大，使粤中地区原有城市体系发生了一定程度的变化。单就行政中心城市体系来说，新的变化就是由广州和肇庆构成的二元行政中心格局回归到以广州为中心的一元中心格局。粤中地区其他府、州、县城市的政治地位依然保持原状，因此，粤中地区行政中心城市体系没有发生大的变化。

晚清，粤中地区行政中心和经济中心大体吻合的城市体系格局已一去不返。

一是广州所拥有的由国家赋予的外贸垄断权不复存在。中英《南京条约》明文规定，开放广州、厦门、福州、宁波、上海为五口通商城市，标志着清政府长期推行的闭关锁国政策被强行终止。由一口通商变为五口通商，广州的外贸垄断权被打破。一旦失去这一优势，广州外贸的地域劣势就开始暴露出来（主要是城市体系所依托的内陆腹地不广）。于是中国北部地区的货物在五口通商后便选择通过长江航运直达上海出口。失去了全国外贸垄断地位后，广东城市自身依托的经济腹地和广西的商品货物都不足以支撑广州外贸的正常运转。

二是上海的崛起。由于上海地处中国大陆海岸线的中段，位居长江下游的出海口，以长江主干河流为依托，可以辐射大半个中国，进而与广大的内陆腹地建立起直接的经济联系。因此，19世纪 60 年代以后，上海逐步取代了广州全国外贸中心的地位。上海开埠通商后，江浙一带原来由广州出口的丝、茶，有很多都

转移到上海出口。

三是广东地区在 19 世纪 50 年代前后成为中外矛盾冲突的焦点地区。第二次鸦片战争时期，广州城被英法联军占领达四年之久。围绕着入城与反入城的斗争，广东政府、绅民与英法侵略军，在广州城周围进行了激烈的政治、经济、军事和文化斗争，持续动荡的社会局势使得广州对外贸易受到极大的冲击。寄居广州城的中外商人和大量资金纷纷向香港或上海转移，广州商业贸易受到很大的挫折。同时，太平天国起义爆发后，战事在湖南、湖北和江西等省激烈进行，"华南内地商路，因之亦多阻断。广州逐渐与外界隔绝，除五岭以南毗连该埠之腹地外，商贾咸裹足不前"①。"1854 年因广州发生叛乱（陈开、李文茂领导的红巾军起义）和佛山镇制造工场的被破坏，广州的贸易受到更为严重的干扰。1856 年发生'亚罗号'快船的争论，同年 12 月外国商馆的被焚，1857 年西江被联军封锁，广州城也被联军占领：这一连串的不幸事件和前述广州的缺点并在一起，遂使广州商业趋于衰落。"②

四是香港的影响。1842 年香港岛被割让给英国后，英国随即在此建立了殖民机构，并宣布香港为自由港，免征港口税和关税，船上所载货品亦无须通报。在英国殖民统治下，"香港已成为鸦片的主要集散地。……在 1843 年的条约完全生效之后，香港没有一个时候不是同样的作为鸦片及其他货物的一个自由的仓库"③。香港由此成为华南地区和中国南方的转运贸易中心，广

① （英）班思德编：《最近百年中国对外贸易史》，海关总税务司统计科编译，民国二十年（1931）译印本，第 35 页。

② 姚贤镐编：《中国近代对外贸易史资料》第一册，北京：中华书局，1962 年，第 547 页。

③ （英）马士著，张汇文等译：《中华帝国对外关系史》第一卷，北京：生活·读书·新知三联书店，1957 年，第 611 页。

州则沦落为次一级经济中心城市。

与广州遭受相同命运的是手工业巨镇佛山。两次鸦片战争和 1854 年的红巾军起义，同样给佛山手工业和经济带来了沉重打击。之后，随着外来洋货的大量输入，佛山的棉纺织业首先受到冲击而迅速衰落。此外，佛山周围铁矿资源的枯竭，铸造业和陶瓷业相继陷入衰落，造成大量工人失业，经济进一步萧条，佛山不复往日之盛。

由此可见，随着广州和佛山经济地位的急剧衰落，清前期岭南城市体系二元中心市场的格局不复存在。广州丧失了全国外贸中心地位并进一步沦为香港的转口贸易城市。清朝后期粤中地区城市经济层级体系由此发生了较大变化。

第三节　清代粤东地区和粤西四府城市体系的变迁

一、粤东地区城市体系的变迁

粤东地区包括潮州府和嘉应州。粤东城市体系的形成，有其独特原因。一是潮州府城"由水路抵省一千六百四十里，由陆路抵省一千零六十里"[①]，距离省城广州比较远，难以受其经济辐射；二是潮汕平原与福建省毗邻，与福建经济联系密切。

清朝前期，粤东地区潮州城和嘉应州城的政治地位最高，为行政中心城市。潮州府管辖海阳、潮阳、揭阳、惠来、普宁、澄海、饶平、大埔、丰顺等九个县，嘉应州管辖镇平、兴宁、长乐、平远四个县，构成次一级行政中心城市。由于潮州和嘉应地区是粤、闽、赣三省交界地区，军事战略地位极为重要。潮州紧

---

① （清）周硕勋纂修：《潮州府志》卷四《疆界》，清光绪十九年（1893）重刊本。

邻福建，和台湾隔海相望，清初厉行海禁，城市经济发展受到较大影响，如澄海县城，在三次迁界中全部被毁。1683 年，清政府收复台湾之后，潮州地区经济社会秩序才得以恢复和发展。潮州和嘉应地区人多地少，有大量移民迁往东南亚地区谋生。潮州地区成为广东海外华侨最多的地区之一。潮州地区为广东海防重地，海岸炮台密度为全省之最。嘉应州地区则是晚清时期太平天国余部汪海洋的活动范围。

粤东地区经济中心城市为潮州城。它与嘉应州属各县以及潮州本府属各县的商业往来构成了经济层级城市体系的互动网络。由于粤东地区与福建、江西接壤，三者物候条件和文化背景相同，早在唐宋时期就有贸易往来。潮州滨海，素富鱼盐之利，潮州输往韩江上游山区各县的主要商品为盐，潮州之盐源源不断地运往汀赣地区。清代前期，潮州府属潮阳、潮安、揭阳等县，巨商众多，商业发达。如潮阳县，"巨商逐海洋之利，往来燕、齐、吴越，号富室者颇多"。[①] 揭阳县盛产蔗糖，商人将蔗糖运销中国北部获取厚利，"白糖即糖霜……惟揭中制造为佳，棉湖所出者白而香，江苏人重之。今栽种益繁，每年运出之糖包，多至数十万，遂为出口货物一大宗"。[②] 潮州各县商业贸易繁盛，促进了潮州工商业的发展。在清朝前期，潮州地区政治中心和经济中心是吻合的。

嘉应州地区多高山峻岭，城市建筑和经济发展深受地形地貌制约，经济发展较为落后。嘉应地区仰给于外来商品，商品要进入嘉应必须经潮州中转，再溯韩江而上，以各县城为集散地，再转输各地圩市进行交易。兴宁县是嘉应州地区贸易枢纽之一。明

---

① （清）周恒重修，张其翧纂：《潮阳县志》卷十一《风俗》，清光绪十年（1884）刊本。

② （清）王崧修，李星辉纂：《揭阳县续志》卷四《物产·甘蔗》，清光绪十六年（1890）修，民国二十六年（1937）重印本。

末清初，兴宁县城成为潮州食盐运销各地的中转地。潮盐溯韩江而上至兴宁县城，再转运粤北曲江、南雄、乐昌及江西赣南的全南、定南、寻乌等十三个县，每年内销和转运食盐达六七百万斤。[①] 兴宁县虽四面环山，但外出经商或工作的人很多，足迹遍布全国各地乃至世界几十个国家，是有名的"华侨之乡"。清代兴宁县城有"小南京"之称，广东、福建、江西各地则有"无兴不成市"之说。[②] 这样，嘉应州有嘉应州城和兴宁县城两个经济中心城市，其行政中心城市与经济中心城市不完全吻合。

清朝后期，随着汕头开埠通商和迅速崛起，潮州经济中心地位被汕头取代，标志着粤东地区原有的经济层级城市体系发生了转移和分离。

汕头位于韩江、榕江、练江的出海口，原为一大渔村。清康熙五十六年（1717），因海防需要，政府建立烟墩，修筑炮台，称为"沙汕头"。雍正八年（1730）至乾隆年间，因沿海一带居民陆续迁到这里捕鱼、晒盐，垦殖者日多，经济日渐繁荣，常有商贩将当地之盐运销内地，清政府遂在此设站抽税，曾简称为"汕头"。[③] 1861 年，开埠通商后，汕头对外贸易发展很快。国际方面，与日本、美国、暹罗（今泰国）、新加坡、安南（今越南）等国都有贸易往来；国内则与厦门、福州、上海、镇江、汉口、烟台、天津、广州等有频繁的商品运输业务。嘉应州和潮州府属各县出产的黄糖、白糖、柑橙等土特产，外来洋货如煤油、火柴、棉纱、棉布等，源源不断地进出汕头港。同时，大量鸦片也

---

① 兴宁县地方志编修委员会编：《兴宁县志》，广州：广东人民出版社，1992年，第 348~349 页。

② 兴宁县地方志编修委员会编：《兴宁县志》，广州：广东人民出版社，1992年，序一、序二。

③ 广东省汕头市地方志编纂委员会编：《汕头市志》卷二，北京：新华出版社，1999 年，第 291 页。

通过汕头港口输往内地。汕头经济地位逐渐超过潮州，成为新兴的港口城市和地区性经济中心城市。

汕头取代潮州成为新兴经济中心城市，使潮汕地区原有经济层级城市体系发生了新的变化。这既是外力强加给清政府，使其被迫开放汕头作为通商口岸的结果，同时亦是粤东地区城市体系由传统的内陆封闭型经济向近代的海洋开放型经济转变的结果。潮州地区由于地震频繁，陆地不断抬升，加之韩江流域水土流失严重，泥沙淤积速度过快，潮汕平原不断扩大并向南延伸。到了近代，潮州城逐渐由原先的滨海城市转为内陆沿江城市。[①]

与潮州相同处境的还有澄海县的樟林古港。樟林港崛起于康熙七年（1668），到 18 世纪中叶，樟林港商业进入全盛时期，其航线北通福建、台湾、上海、山东、天津，甚至可达日本国，南达广州、雷州、琼州，远者可达安南、暹罗、马来西亚等国。历史上，潮汕地区不少先民曾从这里漂洋过海到东南亚各国侨居和经商贸易，樟林港是汕头开埠前粤东地区第一大港。樟林港是一个河口港，由于上游泥沙长期冲积，河床上升，港湾淤浅，航道不通，逐渐衰落，最终被汕头港取代。可以看出，潮州城和樟林古港经济中心地位的丧失，是粤东地区自然环境变迁和近代以来国内外政治因素共同作用的结果。

二、粤西地区四府城市体系的发展嬗变

清代广东的高州、雷州、廉州和琼州四府，习惯上称为"下

---

① "隋开皇十一年（591）置潮州，因临大海，潮流往复，故名。"（参见《简明广东省地图册》，广州：广东省地图出版社，2006 年，第 147 页。）可以推断隋唐时期潮州还是一个滨海港口城市。降至明清时期，由于韩江流域移民增多，经济开发进入快速增长期，加之嘉应州与福建交界一带战事频繁，使得韩江上游森林植被被破坏严重，水土流失加剧，冲积平原向海洋延伸，潮州城慢慢远离海岸，并逐渐演变成为一个内陆沿江城市。

四府"。四府统辖区域，地形以沿海台地为主，海岸线长，港口众多，海南岛是广东西部最大的岛屿。北部湾是粤西最大的港湾，与越南接壤，在国防上具有重要战略地位。根据粤西地区的地形地貌，这一区域的城市体系，又可具体划分为高、雷、廉三府沿海台地型和琼州府海岛型两种城市体系。

其一，高、雷、廉三府城市体系。从行政层级城市体系来看，高州府城、雷州府城和廉州府城，政治地位较高，既是行政中心城市，也是经济、文化中心城市。但从军事和政治地位来看，因高廉镇驻扎高州，又因分巡高廉道驻扎高州，故在粤西三府（州）中，高州的军事和政治地位最高。三府共统辖两州，10 县，除去 3 个府县同城的县城，剩余 9 个州县城市，构成了次级行政中心城市体系。数量庞大的圩市，则与府城、县城共同构成了金字塔形的城市层级体系。

高、雷、廉三府地区行政中心城市体系与经济中心城市体系是分散的。主要原因与区域内多为台地与丘陵的地形构造有关，区域内的河流（如漠阳江、鉴江、廉江等），流域面积不广，河流长度不长。一般而言，城镇规模的大小与河流流域面积以及流程长短成正比。河流越长，贸易腹地越广，城镇规模就越大；反之，河流越短，贸易腹地越小，城镇规模越小。因此，阳江、雷州和合浦城市建筑规模都不大。

降至晚清，三府属地区域城市体系随着外力楔入发生了较大变迁。北海和广州湾（湛江）分别于 1876 年和 1899 年开埠。北海开埠后，云南和贵州的农林土特产经过左江和右江顺流直达南宁，由陆路挑运转道北海，运往香港。广西郁林（玉林）地区的农产品也经过南流江或廉江运往北海出口。由香港运往北海的洋货有棉纱、棉布、煤油、火柴等工业品，从北海输出黄糖、八角、桂皮、花生油、八角油等农林土特产。北海开埠通商后，发展成为粤西和云、桂、黔、川等西南地区货物的集散转运中心。

在梧州和广州湾开埠之前，北海一直是广东粤西地区的进出口中心，形成了覆盖桂、滇、黔、川等西南地区的商业贸易网络。北海的兴起使得府城合浦的经济地位下降，其经济中心城市位置让位于北海，沦为次一级经济中心城市。

其二，琼州府海岛型城市体系。清代广东琼州府的行政管辖范围为海南岛东沙、西沙、南沙群岛，领 3 州 10 县。海南岛开发最初在岛屿四周的沿海地区，其后逐步向海岛的中部山区依次推进，沿海地区最先设置州县，并初步形成环岛行政城市体系格局。有学者指出，在海南岛地区，市场中心地呈项链型分布。[①]海南岛中央地区为五指山脉，圩市寥寥无几。岛的东南边缘和北缘圩市分布密集，岛的西缘圩市分布稀疏。据道光《广东通志》记载，琼州府 13 个州县共有圩市 306 个，地处东南边缘的文昌、会同、乐会、万州和海岛北缘的琼山、澄迈、临高等 7 个州县就有圩市 213 个，占全岛圩市的 70％。[②]

清代前期，琼州府城一直是海南岛的政治、军事、经济和文化中心城市。而海口所城原来为"琼山县县丞、琼州水师协副将及右营守备驻扎所，在郡城北十里"[③]。1876 年，英国在海口设立琼州海关，海口与国外商业贸易由此开始并逐渐发达。设关后，从香港输入海口的商品有棉纱、棉布、煤油、铁条、日本火柴、染料和鸦片等；从海南岛内输出商品有砂糖、牛皮、椰布、土布、槟榔和椰制品等土特产。随着对外贸易兴盛，海口城市的基础设施有所发展，经商的外来人口逐渐增多，海口经济地位上

---

① 罗一星著：《试论清前期岭南市场中心地的分布特点》，叶显恩主编：《清代区域社会经济研究》，北京：中华书局，1992 年，第 647～648 页。

② 罗一星著：《试论清前期岭南市场中心地的分布特点》，叶显恩主编：《清代区域社会经济研究》，北京：中华书局，1992 年，第 647～648 页。

③ （清）阮元修，陈昌齐等总纂：《广东通志》卷一百二十八《建置略四·城池四》，清道光二年（1822）刻本。《广东历代方志集成》，广州：岭南美术出版社，2006 年影印本。

升，逐步发展成为海南岛最大的港口城市，原来以琼州府城为经济中心的城市体系发生了变化。

19世纪末，广东环北部湾地区又增加了一个新的港口城市。广州湾的崛起使得由我国海口、北海以及越南海防组成的稳定的三角经济贸易圈发生了变化。主要原因是广州湾的开放加剧了环北部湾港口城市之间的贸易竞争，分割了城市之间的市场贸易腹地，货物分流趋势增强。特别是广州湾更靠近广州、香港、澳门，使得部分原本运往北海地区的货物（如广西郁林州属商品货物）改运广州湾，不再经北海港转运。广州湾的开放分割了北海大部分市场腹地，也使海口的对外贸易受到了一定影响。19世纪末20世纪初，随着梧州、南宁、龙州等广西西江沿线城市的开埠通商，北海的进出口贸易因为失去桂、滇、黔等西南省区内陆腹地市场而逐渐走向衰落。

综上，环北部湾的三个开放港口城市北海、海口和广州湾逐渐成为高、雷、廉、琼四府地区新的经济增长极，逐步形成了新的以沿海贸易为主的经济中心层级城市体系。高、雷、廉、琼四府属三个通商港口城市的开放和对外贸易的发展，对清代广东粤西区域城市体系的格局变迁产生了深远影响。

小　结

本章分前后两个时期对清代广东城市体系的构成和变迁进行了探讨。粤北地区城市体系呈树状布局，以河流为主干，通过水运和驿道建立起城市体系之间的政治、经济、军事联系。粤中地区为广东城市体系的核心区域。清前期，粤中地区形成了以广州和佛山为核心的二元城市体系；粤东地区形成了以韩江流域为核心的树状城市体系；高、雷、廉三府地区，城市体系呈现发散型布局；而海南岛是环岛项链型的城市体系格局。在清代前期，广东行政中心城市体系与经济中心城市体系是吻合的。

　　清朝后期，随着外力的楔入，除粤北地区城市体系依然维持传统格局外，其他四个区域的经济中心城市都发生了变化。粤中区佛山和广州同时陷入衰落，香港崛起为新的中心城市。粤东地区随着汕头的开放，经济地位迅速超过潮州，成为新的港口经贸中心城市。高州和雷州地区，广州湾逐渐发展成为新兴的经济中心城市；北海开埠后，迅速发展成为广东西部以及桂、黔、滇、川货物集散和转运中心。在海南岛，海口在开埠和设立海关之后，商业贸易地位进一步抬升，逐步取代了琼州府城的经济中心地位。

　　纵观清代广东地区城市体系格局的变化，从政治层面上说，广东行政中心城市体系相对稳定，在清代基本维持原有城市政治地位；经济中心城市体系因受到内外双重因素影响发生较大嬗变。因商而兴、因内外贸易而繁荣是清代广东沿海港口型经济中心城市体系的共同特点。

第三章　清代广东城市
内部空间结构的演变

　　城市空间是人类社会生产活动和市民家居生活的载体。城市空间孕育并脱胎于乡村空间，具有时间上的连续性和空间上的开放性，有外边界和内边界之分。外边界是指城市发展中形成的自然边界，通常表现为与乡村接壤的交界点。内边界通常是指城市内部空间之分割。① 清代广东城市空间形态是由三维实体构建的有形空间，具有一定的人文属性和社会文化内涵。

第一节　省会城市广州内部空间结构及变迁

　　清代广东省会广州，是一座具有 2000 多年历史的岭南文化名城，是广东的政治、军事、经济和文化中心。广州城市内部空间结构由中心向外围逐步拓展，呈现出"叠合式"的演变轨迹。

一、清朝前期——以城墙之内的传统建筑格局为主

　　公元前 214 年，秦始皇派尉屠睢率 50 万大军平定岭南地区后，在广东设立南海郡。南海郡尉任嚣建"任嚣城"，又名番禺

---

　　① 陈宇光著：《城市空间要素及其结构》，《华东理工大学学报》（社会科学版）2007 年第 4 期。

城，是一座规模很小的城池，为南海郡治所。赵佗建立南越国后，以此为都，扩建了番禺城。唐代重修广州城垣，以番禺城为子城，城市规模扩大。其时，广州城为岭南道经略使、节度使的治所。城西置番坊，建有番巷、怀圣寺和光塔，其南即番舶码头。宋代重修城池，分中、东、西三城，将唐代旧城、番坊包在城中。明初将宋代三城合而为一，并将北城墙扩建到越秀山上。由此可见，清朝以前广州城市内部空间是以任嚣城为中心，不断向东、西、南三个方向拓建。

　　清初平定岭南之后，修复了遭受战争破坏的广州城池：周二十一里三十二步，高二丈八尺。为门七。外城长一千一百二十四丈，高二丈八尺，周三千七百八十六丈。为门八，是为新城。[①]可见，清朝初期，广州城北限于越秀山，南阻于珠江，东西阻于濠水，城池规模变化不大。随着珠江北岸继续淤积成陆，逐步开发、建设成为新兴商业区。为保护商旅往来，清朝顺治四年（1647）冬，广东总督佟养甲筑广州东西两翼城，"各长二十余丈，直至河旁，高二丈，厚一丈五尺，各为门一"[②]，将城墙南伸至珠江岸边，如鸡之两翼，称为"鸡翼城"。尽管其建筑规模不大，但成为清代初期广州城市新的组成部分。

　　清代广州城市空间变化之二就是满城的建立。清朝统治者为了加强统治和镇压各族人民的反抗，先后在西安、成都、福州、广州等有八旗驻防的城市实行满人城与汉人城并置的制度。[③] 广州满城的建立，成为清初广州最有特色的城市空间景观。满城以

　　① （清）阮元修，陈昌齐等总纂：《广东通志》卷一百二十五《建置略一·城池》，清道光二年（1822）刻本。《广东历代方志集成》，广州：岭南美术出版社，2006 年。

　　② （清）瑞麟、戴肇辰等修，史澄等纂：《广州府志》卷六十四《城池》，清光绪五年（1879）刊本。

　　③ 刘凤云著：《明清城市的坊巷与社区——兼论传统文化在城市空间的折射》，《中国人民大学学报》2001 年第 2 期。

大北直街为界，东边以居民为主，西边以驻军为主。驻军场所内，又分为"汉军属"和"满军属"南北两部，"省垣自大北门至归德门止，直街以西概为旗境；自九眼井街以东至长泰里，复西至直街以东，则属民居。旗境旧分八段，乾隆丙子（1756），满汉合驻，遂分为十六段"①。也就是说，广州满城东西线东自四牌楼街中心起，西至西门城墙止；南北线南至大德街归德门城墙起，北至光塔街中心止。满城既是军事城，也是居住城。当时驻防广东的八旗子弟，人数达六千余人，均驻满城，且不得从事商业活动。② 在清政府的保护下，满城在行政管理上自成系统，由广州将军统辖，汉族民众不能入内，形成了一个封闭性城堡。清前期满族与广州城内其他各族居民隔绝，成为特殊的食利阶层。

明末，清军进攻广州时曾遭到伊斯兰教"教门三忠"羽凤麒、撒之浮、马承祖的坚决抵抗。清军占领广州后对穆斯林进行迫害和种种限制，使得其人数下降，居住面积缩小。③ 回族居住特点为环寺（清真寺）而居，在广州城内原蕃坊区形成了四个小的回族聚居区，分布在广州濠畔街一带。

清初，官署衙门为广州城墙之内的主要建筑。广州巡抚部

<hr>

① 黄佛颐编纂，仇江、郑力民、迟以武点注：《广州城坊志》卷一，广州：广东人民出版社，1994 年。

② 邓奕、毛其智著：《北京旧城社区形态构成的量化分析：对〈乾隆京城全图〉的解读》，《城市规划》2004 年第 28 期。另据《越秀区满族志》记载，"乾隆二十一年（1756 年），满洲八旗兵 1500 名携眷分六批从北京、天津来粤驻防，驻地是广州西隅今越秀区范围内的'旗民区'。道光五年（1825 年），因'八旗生计'日趋严重，清政府只得准许八旗余丁外出谋生，但驻广东八旗官员仍限制八旗子弟不准离城十里，不准经营工商业。清光绪四年（1878 年），核计在册的驻粤满洲八旗男妇老幼共6113 名。"参见广州市越秀区满族志编写组编印：《越秀区满族志·大事记》，广州市华苑印刷公司印装，1994 年，第 6～7 页。

③ 马强著：《民国时期广州穆斯林文人的忧患意识》，《西北民族研究》2003 年第 4 期。

院、按察司、广州府、布政司、番禺县等官衙，广府学宫、贡院、羊城书院、番禺学宫、禺山书院、应元书院等均位于大北门—五仙门的南北轴线以东的城区，构成东城的主要建筑空间。广州著名书院，如应元书院、学海堂和菊坡精舍，以及粤秀、越华、西湖等书院，均以广州府衙为中心，形成了一个多层次的书院群。在中国等级观念极为盛行的封建时期，广州东城被赋予了特殊的社会意义，"广州城东半部是缙绅的据点。旧贡院，府、县孔庙及许多书院都在那边"[1]。可见，广州东城区形成的以官署衙门及其附属部门为主的空间布局，目的在于依托政治特权和城墙保护缙绅人身安全。

二、清代中期——城市空间开始出现分化

清代中期以后，随着一口通商政策的实施，广州成为全国对外贸易中心，城市手工业和商业高度发达，城市人口近百万。随着社会的稳定和城市工商业的繁荣，广州城的社会空间开始向外扩展和分化。由于城墙之内的有限空间不能容纳数量庞大的城市人口和日益发展的商业贸易活动的需求，于是，人类活动逐渐突破城墙的空间限制，开始向广州城外拓展。广州城墙西面的西关为城市空间拓展的主要方向。商人、外侨以及帮工、学徒等多聚居在这里，"广州商人与缙绅之间的分界，实际上可在城市地图上画出来，大部分商业和手工业、大部分商人，都集中于该城西半部，特别是西郊"[2]。广州正西门以西的地区是宽广肥沃的西

---

① Edward J. M. Rhoads，*Merchant Associations in Canton*，1895—1911. Mark Elun，William Skinner，*The Chinese city Between Two Worlds*. Stanford：Stanford University Press，1974，p. 102.

② Edward J. M. Rhoads，*Merchant Associations in Canton*，1895—1911. Mark Elun，William Skinner，*The Chinese city Between Two Worlds*. Stanford：Stanford University Press，1974，p. 101.

关平原，随着城市商业的繁盛，逐步发展为新的商贸活动聚集地，是清代广州城墙之外的主要开发区，形成了清代中期广州城"西商—东官"的总体城市社会空间格局（如图1）。

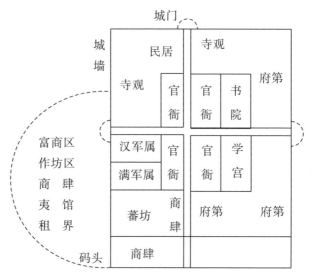

图1 清代中期广州城市社会空间格局①

清朝中期，广州城市空间另一个大的变化就是西关地区十三夷馆的建立。乾隆二十二年（1757），清政府下令封闭福建、浙江和江苏三个海关，广州成为全国唯一对外通商口岸。由清政府指定的十三行垄断了全国对外贸易。为便于管理外商，康熙、乾隆年间，英国、法国、荷兰、丹麦、瑞典等国商人陆续被清政府允许在明代的怀远驿旧址设立商馆，称为十三夷馆，"结构备极华丽，墙垣亦甚高厚"②。其范围北至十三行街，南至珠江，东

---

① 参见魏立华等著：《清代广州城市社会空间结构研究》，《地理学报》2008 年第 6 期。

② 梁嘉彬著：《广东十三行考》，《民国丛书》第一编，第 37 册，上海：上海书店出版社，1989 年。

以西濠为界，西至联兴街。当时夷馆全在十三行街。各夷馆之间由小街隔开，内部设有小杂货店、钱店、故衣店之类，专为外国商人兑换银钱及购买零星物品而设。外国洋行也多设在十三行街一带。按照当时清政府规定，外国商人只能在十三夷馆居住，不准进城，不准携带家眷及武器。活动范围受到严格控制。此外，十三夷馆临珠江，便于商船装卸货物。十三夷馆集中在广州城墙西南之外，既方便了清政府对其集中管理的需要，洋式风格的建筑群又成为广州城外一道独特的景观，在清代中期广州城市空间发展史上占据重要地位。此后，围绕夷馆和珠江岸边的码头修建的住宅区逐渐增多，西关一带珠江两岸商船林立，广州组团式的城市空间格局开始初步显现。

三、晚清以来的新变化——组团式空间格局的最终形成

晚清以来，随着西方列强外力的楔入，广州城市商业在曲折中缓慢地恢复发展，城市空间的变化是重点向西、南两个方向拓展。西关地区在晚清咸丰年间就形成了纺织工业区，随着商业的发展，又陆续兴建住宅区；河南地区也开始大规模的开发，珠江两岸的平原区几乎被尽数开辟，最终完成省会广州组团式空间格局的定型。

从清道光年间开始，广州西关大片良田成为房地产商投资开发的重点地区，富商们大规模置地、建房、修路。珠江北岸的南关及西关工商业发展迅速，降至清末，该地区人口已接近广州城市总人口的一半。据 1910 年广东省咨议局《编查录》记载，西关区人口总数达 233144 人，占省会人口总数的 45.04%。西关地区的微观空间结构，可分为纺织机房区、上下西关涌间的高级住宅区、西濠口的洋商区等三种社区类型。

其一，纺织机房区。从 19 世纪 80 年代开始，广州机器缫

丝业迅速发展，到 20 世纪 20 年代，蚕丝加工出口一直是广州城市商业的命脉。蚕丝生产于顺德、南海两地，但经营蚕丝出口业务的丝庄设在广州市。机房选择建设在西关平原的农村，先后有 26 个村被开辟为机房区。主要地区为第六甫、第七甫、第八甫，转西上九甫、长寿里、青紫坊、芦排巷等。机房鼎盛的时候，达到 2500 多家，每家工人平均达 20 人，共计人数达到 5 万余。纺织业的兴盛带旺了十八甫银庄，以及印染、制衣、机具、制帽等相关行业，使纺织机房区成为广州近代产业工人的主要聚居地。

其二，新兴的高级住宅区。广州上、下西关涌之间原来有大片农田，后来发展成为高级住宅区，有街有市，十字交叉，整齐划一，成为广州新城区，"光绪中叶，绅富相率购地建屋，数十年来，甲第云连，鱼鳞栉比，菱塘莲渚，悉作民居，直与泮塘等处，壤地相接，仅隔一水。生齿日增，可谓盛已"[1]。可见，随着广州城市空间向西关郊区的逐步拓展，在西关郊区兴建豪华宽敞住宅成为绅士富商们的首选。其房屋多为汉族正堂房式，用料及设计别具特色，被称为"西关大屋"，居住者多为官僚望族、商贾巨富。广东省 72 县陈姓宗祠的陈氏书院（陈家祠），建于清光绪十六年至二十年（1890—1894），就位于广州西关住宅区，在一定程度上说明西关在富商巨贾心目中的地位。

其三，以沙面租界为核心的西濠口洋商区。第一次鸦片战争后，以英国为首的西方资本主义国家的侨商急于改变清中期规定的限制其只能于十三行商馆区赁屋居住的状况，急欲扩大租借地面积。1843 年，清政府划定东至西濠口、西到新豆栏

---

① 黄佛颐编纂，仇江、郑力民、迟以武点注：《广州城坊志》卷五，广州：广东人民出版社，1994 年，第 534 页。

街、北到十三行街、南到珠江边的地块租给英国等外商，租期
25 年。1856 年 12 月，十三行洋人商馆区被焚毁。1861 年，
英法两国强迫清政府签订了《沙面租界条约》。规定以沙面一
街为界，东为法国租借地，西为英国租借地，租借期为 99 年。
当时沙面租界地理范围很小，面积仅为 330 亩。① 沙面租界建
立后，经过数十年的规划建设，沙面形成了风格迥异的西方建
筑群，至 19 世纪末，"沙面租界俨然是独立于广州城之外的另
一个外国城市"。为适应日益增多的西方侨民和外商居住的需
要，各方在沙面租界周围兴建了众多具有西洋风格的教堂、长
堤邮电大楼、粤海关大楼等重要建筑物。教会学校如培英书
院、培英女子中学、格致书院等也在沙面租界及其附近地方拔
地而起，其中以沙基最为集中。

　　由上观之，广州西关城市空间呈扇形分布，租界、码头居于
内核；外围则是"一般商业区""洋商区""富商居住区"，再往
外就是"作坊区"和"贫民区"。它们是晚清广州城市组团式空
间格局的重要组成部分。

　　与广州城隔河相望的珠江南岸，又称为河南。清初河南地区
原为茶叶产区，屈大均云："珠江之南有三十三村，谓之河
南。……其土沃而人勤，多业艺茶。……每晨茶估涉珠江以鬻于
城，是曰河南茶。"② 清代前期，政府曾在河南建立官营造船厂，
为广东省内最大的船厂。晚清时期，河南地区日渐发展为新兴工
业区。首先是造船业继续得到发展。"造船以河南为聚处，工厂
八十间；另鲤缆桨橹约四十间。"其次，草席、家具等行业也次
第兴起。"席庄虽仅十余间，而所办洋庄席行销于外洋。""葵蓬

---

① 隗瀛涛主编：《中国近代不同类型城市综合研究》，成都：四川大学出版社，
1998 年，第 222~223 页。
② （清）屈大均撰：《广东新语》卷十四《食语》，北京：中华书局，1985 年，
第 384 页。

葵蕈约二十间。"① 进入清末,河南一带兴起草席加工业,成为草席加工和转运出口基地。同时,花梨家具业也在这里兴起,家具厂商"设肆于河南者共百余间,颇有名"②。再次,织造机房和机器厂也在此建立起来,牙刷业、澄面业、焙鸭业也先后在河南地区立足。最后,这里还建有士敏土厂和东雅印刷工场等两家官办和商办企业。③ 可见,随着广州城市工商业发展和人口大量聚集,珠江南岸的河南地区成为继西关之外的又一片投资热土,各种企业在此兴办,发展成为广州新兴的城市商业区和居住区。

纵观清代广州城市内部空间结构的发展嬗变可以发现,在清代前期,广州内部空间结构以满城和鸡翼城的修筑为代表。进入康乾盛世后,随着广州商业繁盛和大量人口聚集,西关平原发展成为新型开发区。围绕着十三夷馆的建立及其附近的商业建筑和民用住宅区的兴起,西关平原成为清代中期广州城市拓展外部空间的主体。清末以来,西关平原的开发进入高潮阶段,形成了完整的生产区、住宅区和以沙面租界为核心的洋商建筑群区。与此同时,河南地区的开发也逐渐步入正轨,造船业、建筑业、印刷业等近代工业企业相继建立,成为清末广州空间拓展的新区域。标志着广州城市组团式空间格局的最终定型。

第二节 清代广东府州县城内部空间结构的演变

清代广东境内府、州、县城的数量没有发生大的变化。清初

---

① 梁鼎芬修,丁仁长等纂:《番禺县续志》卷十二《实业志》,民国二十年(1931)刊本。

② 梁鼎芬修,丁仁长等纂:《番禺县续志》卷十二《实业志》,民国二十年(1931)刊本。

③ 梁鼎芬修,丁仁长等纂:《番禺县续志》卷十二《实业志》,民国二十年(1931)刊本。

平定岭南地区后，广东行政区划进行了小范围调整：新增了花县、陆丰、丰顺、开平、鹤山等 5 个县和佛冈厅、赤溪厅两个散厅。据清同治年间重刊本《广东通志》之《建置志》统计，清代广东下辖 10 府 3 直隶州，共计 80 个县，7 个散州。[①] 本节按照粤北区、粤中区、粤东区和高雷廉琼 4 府等 4 个部分，分别从府州城和县城两个层次揭示清代广东城市内部空间结构演变规律及其特征。

一、粤北区府州县城内部空间结构的嬗变

（一）韶州、南雄和连州城的内部空间结构及变化

韶州府城是粤北地区政治中心城市："周围九里三十步，高二丈五尺。北倚笔锋山，西临武水。"[②] 辖内曲江城地势险要："左挟东江，右带武水，仪凤镇其南，韶石峙其北，重关横锁，万壑环趋，当江楚水陆之冲……昔称湖湘唇齿，交广咽喉。"[③] 由于政治、军事价值兼备，韶州成为粤北地区的军事中心。曲江城池在明清两朝进行过多次修缮。[④] 明清两朝在此设立税关，成为全国四大税关之一。通过北江交通大动脉，韶州府城与广州等城市体系被紧密联系在一起。

韶州府城城市内部空间结构呈不规则形状，官府建筑构成了城池的主体部分：南韶连道署在西城内西丰街，知府署在武水

---

① 章生道：《城治的形态与结构研究》，（美）施坚雅主编，叶光庭等译，陈桥驿校：《中华帝国晚期的城市》，北京：中华书局，2000 年，第 90 页；按照清同治三年重刊本《广东通志》记载，当时广东县城数为 80 个，散州 7 个，假如将佛冈、赤溪两个直隶厅包括在内，总数当为 89 个。如果仅以县城为基准，必须排除与广州省会附郭的南海和番禺两个县，如此计算，则广东当时的县城数为 78 个。

② （清）阮元修，陈昌齐等总纂：《广东通志》卷一百二十五《建置略一·城池》，清道光二年（1822）刻本。《广东历代方志集成》，广州：岭南美术出版社，2006 年影印本。

③ （清）张希京修，欧樾华等纂：《曲江县志》卷三《舆地书一·形势》，清光绪元年（1875）刊本。

④ 参见道光《广东通志》和《韶州府志》"城池"一项。

西，训导署在崇圣祠左，经历司署在府署左，司狱司署在府署右，试院在武城街，南韶连镇署在城东武镇街，城守署在武镇街，知县署在府治西南。①

清朝前期，士民工商南来北往，交通多凭水路。韶州府城北门一带设有三个水陆税关，浈江河畔有数座码头，店铺和人口相对集中，为城区商品货物集散中心。韶州城街道十分逼窄，最宽处不过 4.57 米，最窄处仅有 2.29 米。街道铺有青石板，排水主要靠明沟暗渠和自然渗透。② 韶州城主要作为货物水陆转运枢纽。广州一口通商时期，全国南来北往的客货运输促进了曲江城市交通运输和商品转运的繁盛，商业活动空间逐渐向浈江河畔拓展。晚清时期，随着五口通商的开辟，粤北地区商业贸易和交通地位急剧下降，加速了韶关城市商业贸易的衰落。

南雄州城，位居韶关东北，辖保昌、始兴两县。南雄清初时沿明制，为府，嘉庆十一年改为直隶州。南雄州的地理位置也较为重要，据史志记载："南雄地当南北之冲，为粤东门户。"③ 与韶州城相比，其城池建筑格局是旧城、新城三城相套：旧城有二，一曰斗城，斗城外为顾城。斗城、顾城今称老城，周围广七百二十七丈，高二丈五尺五寸。门五。新城高与老城同，广一千一百三十一丈七尺，为门十一。④ 由于南雄州城选址靠近浈江河畔，洪水经常危害城池；加上军事地位重要，州城又成为兵事较多的地方。明清两代，南雄州城进行了多次修缮。

① （清）林述训等修，欧樾华等纂：《韶州府志》卷十五《建置略·廨署·曲江》，清同治十三年（1874）刊本。

② 韶关市地方志编纂委员会编：《韶关市志》，北京：中华书局，2001 年，第 172 页。

③ （清）余纯保等修，黄其勤纂：《直隶南雄州志》卷之十一《建置略·城池》，清道光四年（1824）刊本。

④ （清）余纯保等修，黄其勤纂：《直隶南雄州志》卷之十一《建置略·城池》，清道光四年（1824）刊本。

南雄州城内，斗城、顾城和新城交错连为一体，构成特殊的城中套城的空间布局，是广东府城中空间结构比较特殊的城池。斗城始建于宋皇祐四年（1052）。城墙周长 2286.60 米，墙基厚 15.00 米，高 8.33 米。顾城始建年月不详，明成化二年（1466），南雄知府罗俊将土城墙改为砖石，加固完善，设有五门。新城于明成化五年（1469）扩建而成，正德三年（1508），改建为砖城。官署衙门和庙宇集中在斗城北部和东部。新城是军事机关和教育机构所在地，构成新城内部空间的主要建筑。新城城门面向浈水，商业区和住宅区集中在新城和浈水南岸，反映了中转运输在南雄州城商贸经济发展中的特殊地位。

南雄州城的主要街道集中于新城东部，老城和新城西部街道较为稀疏。城中主要街道与浈水垂直并与城门相接，有利于客货上下往来。斗城原有三条街道，后来斗城和新城增加到 38 条巷。① 这是南雄州城商业繁盛的标志。州城北面有仁和街和世显街，东门外有宾阳街，浈水南岸有河南街，勾栏门外有水西街，反映了商业街道逐步向州城外拓展的趋势。

连州城，位居连江上游，是一座具有 1300 多年历史的古老城镇，为粤、湘、桂三省交界的重要城市。连州城也有老城和新城之分。老城即内城，筑于刘宋元徽年间（473—475），历来为县治所在地。北宋皇祐四年，广西侬智高起兵反宋，守将窦彤乃恢复旧有城址。新城历经宋绍兴年间的窦庆之乱，先后经过 3 次增筑。② 明清两朝对连州城池进行了多次维修。③ 连州城周围地

---

① 南雄县地方志编纂委员会编：《南雄县志》，广州：广东人民出版社，1991年，第 325 页。

② （清）阮元修，陈昌齐等总纂：《广东通志》卷一百二十八《建置略四·城池四》，清道光二年（1822）刻本。《广东历代方志集成》，广州：岭南美术出版社，2006 年影印本。

③ 据笔者统计，明清两朝，连州城共计进行了 38 次维修。参见《连山绥猺厅志》《阳山县志》和道光《广东通志》"城池"一项。

势险峻，建筑规模比韶州城和南雄州城规模略小。城市空间布局有"九街十八巷"之说。九街包括香云街、墩头街、天街、青石街、高第街等；十八巷包括红锡巷、石灰巷、土地巷、华光巷等。① 从街道名称可以看出连州城市空间布局特点。如高第街因其为高官品第之人居住区而得名。万兴街则是连州城内最繁华地带，这里店铺兴旺，商贾云集。一些巷名与连州城军事功能有关，如"东横巷"连接着州城南门，是作战时运输弹药的要道。又如"东山巷"，巷尾近山脚，石壁耸立，地势险要，民国时期，兵匪、军阀常在此混战。

连州为连江上游的重要城镇。连州往返清远、广州的商旅货物，主要依靠连江水路运输。由连州运往湖南道州、蓝山、宁远、嘉禾等地的商品，主要靠肩挑、扛抬；运往广西各地的货物，除肩挑外，还可以用独轮手推小车。清代，瑶族群众经常凭借险峻地势举行反抗封建统治的起义，连州城市建设和经济功能受到影响。

（二）粤北地区县城内部空间结构及其演变

粤北地区地形地貌以崇山峻岭为主，受山地及河流谷地等因素制约，粤北地区县城的建筑规模都不大。这也与该地区经济落后、人口较少有一定关系。粤北地区较大的县城为乐昌、翁源和英德；最小县城为乳源县城，城墙周长仅 183 丈，仅两座城门。

清代广东粤北地区的县级城市大都沿袭了明朝遗制，没有进行大规模的新筑，只是对城墙损坏部分进行了修补。如康熙二十三年（1684），谕令全国各地对城池"概行修葺，文武各

---

① 谢桂洲著：《连州九街十八巷》，《连县文史资料》第 9 辑，1990 年，第143~145 页。

官量力捐助"①。粤北县级城市对城池的修缮，既是维系封建统
治的需要，同时也是城池内部空间结构得以延续和发展的重要
措施。

　　笔者认为，图 2 所揭示的有 4 座城门的城市街道网模式，对
于分析清代广东粤北地区县城的内部空间构成具有普遍意义。

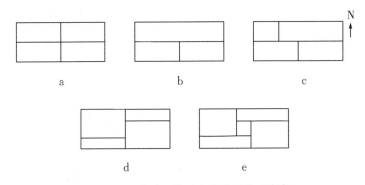

图 2　有四座城门的城市街道网模式图②

　　英德县城内部街道布局大致属于 e 型模式。西门内大道直通
县署边，与东门在县署旁边交错。北门与西门大街相接。乐昌县
城大致属于 c 型模式图，东门和西门对应，但南门和北门则不在
同一直线上。县城一般开 4 座城门，这是中国绝大多数县城的建
城模式。英德县城和乐昌县城的内部空间结构体现了"大多数城
市的规划明白地显示出一种避免在两座城门之间形成毫无阻碍的
直通大道的倾向。这种选择无疑是既同防御的考虑有关，又同民
间关于鬼只沿直线行走的迷信有关"③。清道光年间的英德县城，

---

　　①　陈及时等纂修：《始兴县志》卷之六《建置略·城池》，民国十五年（1926）
刊本。

　　②　章生道著：《城治的形态与结构研究》，（美）施坚雅主编，叶光庭等译，陈
桥驿校：《中华帝国晚期的城市》，北京：中华书局，2000 年，第 105 页。

　　③　章生道著：《城治的形态与结构研究》，（美）施坚雅主编，叶光庭等译，陈
桥驿校：《中华帝国晚期的城市》，北京：中华书局，2000 年，第 107 页。

商业发展超出了城墙的限制，街道和商业区在西门和南门外沿河一带拓展。尤其是以西门外大街为主轴线，南北纵向交错的街道有新市街、西街、郑家巷等 6 条街道；与西门大街平行的，在北面有塘底街等；南面沿北江岸边扩展的街道有南门街、海边街、卖麻街、水边学前街等 5 条街道。据方志记载，当时英德县城内外形成了 7 个交易市场，① 反映了英德县城商业贸易发展达到了较高的水平。

英德和乐昌两座县城的内部空间结构之所以具有典型意义，在于其城池建筑受粤北区域地形地貌的较大影响。在城池的选址上，既要考虑军事防御价值和政治统治的需要，又要兼顾风水思想和筑城等级秩序。因此，粤北地区县城外在轮廓很少如中国北方一样是方形的或矩形的，而是不规则形状。尽管为军政型城市，但县城内部都有一定数量的街道和商业交易场所。

综上，清代粤北地区县城内部空间，随着社会变迁和县域经济发展，经济功能逐渐增强。表现为街道增多，市场交易空间逐步向城外拓展。但是，受到以山地为主的地形限制，粤北地区县城普遍偏小，所在区域经济发展又相对落后，县城的经济功能受到很大制约，多为消费型城镇。

二、粤中区府州县城内部空间结构的变迁

清代广东粤中区的地理范围比较广。以广州府为核心区域，以惠州府为东翼，以肇庆府和罗定州为西翼。由于粤中区地形以平原、丘陵和台地为主，农业生产较为发达，人口众多，城市工商业和内外贸易发展水平较高，故城市建筑规模较大。

---

① （清）刘济宽修，陆殿邦纂：《英德县志》卷六《建置略下·圩市》，清道光二十三年（1843）刻本。

（一）肇庆和惠州府城内部空间结构的变化

1. 肇庆府城内部空间结构的嬗变

肇庆是一座历史文化名城，位居西江中游，广东省中西部，东距省会广州 90 公里。府城扼两广咽喉，军事战略地位重要。肇庆作为历代兵家争夺的重要据点，曾经五次成为岭南或大西南各地军事指挥中心。[①]

肇庆府城沿端江而建，城池形状大体呈矩形。官署衙门构成了空间结构的主体：两广总督署在城东门内元廉坊司旧址；提督学院署在东门外府学宫东；按察司行署在睦民里街西；盐运司行署在城东门外桥龙社；肇罗道署在总督署西；肇庆府署在城南门内。[②] 可以看出，政府机构集中在府城东半部。在乾隆二十二年（1757）之前，两广总督一直驻肇庆，节制两广军事行动，城内官署衙门和军事机关众多。嘉庆以后，官署与军事指挥机构陆续随两广总督迁驻广州，肇庆府城的政治地位明显下降。[③] 清末光绪年间，清政府裁撤绿营兵，兵营与官廨或变卖为民居，或为天主教、基督教团体购领，或改为仓库、学堂。官署衙门空间面积逐渐缩小。

清康熙年间，肇庆府城除南门市、西关市、东关市外，还新增了北门市、府学前市、崇禧塔市。另外，市区排水与道路系统进行了整修。迁丰济仓于城南门内，变明代监军道左渠为暗渠，暗渠上筑张衙巷，开通南门河旁街，开辟新街。康熙十二年（1673）《高要县志》记载城内有府前街、县前街等 14 条石街，

---

① 肇庆市地方志编纂委员会编：《肇庆市志》，广州：广东人民出版社，1999年，概述第 3 页。

② （清）马呈图纂辑：宣统《高要县志》卷六《营建篇·廨署》，民国二十七年（1938）重刊本。

③ 政协肇庆文史资料委员会编辑部编：《肇庆古城建设述略》，《肇庆文史》第12 辑《城建专辑》，1997 年，第 185~187 页。

另有龙坛巷、东华巷等 11 条小巷。

道光年间，肇庆城市内部以官署衙门为主的空间结构发生了新变化。街道及市场不断向肇庆府城外拓展。社会空间发展以东门外为主要方向，面积几乎与府城相等。这里建有水师参府之类的官署衙门，也有关帝庙、天后庙等寺庙建筑，还有镇南街、西街、水街、横街等几十条街道。北门和西门为次要拓展方向。南门因受限于端江，没有向外发展空间。肇庆府城以水运为主要运输方式，使得市区内街道大多与端江垂直，以利于船舶的停靠及客货的上下分流。清末宣统年间，肇庆城区东至塔脚街尾，南至河旁，西至厂前街，北至朝龙里，面积约为 3.5 平方公里。城内有大小街道 27 条，城外有街道 103 条。① 清末，随着广西西江沿岸梧州、南宁的开埠通商，肇庆府城经济功能进一步增强，城墙外端江沿岸逐步发展成为商业贸易区和人口集中区，府城的经济中心转移到城外。

2. 惠州府城内部空间结构的演变

惠州府城，在广州东南 150 公里，是东江中游的一座重要城市。府城地势较高，有天然的山水屏障，易守难攻，为东江流域的政治、军事、经济和文化中心。惠州历史上曾经称为循州、祯州。明初称惠州府，清朝因之。惠州府城是沿江兴筑的城市，"周围一千三百二十六丈，高二丈二尺"。由于地处东江中游，惠州府城的城池建筑规模比粤北地区的韶关等中心城市要大得多。明清时期，由于洪水和战争等原因，惠州府城曾多次维修。②

惠州府城的城墙轮廓呈南北狭长、东西窄短的近似椭圆形的

---

① 肇庆市地方志编纂委员会编：《肇庆市志》，广州：广东人民出版社，1999年，第 467 页。

② （清）阮元修、陈昌齐等总纂：《广东通志》卷一百二十六《建置略二·城池二》，清道光二年（1822）刻本。《广东历代方志集成》，广州：岭南美术出版社，2006 年影印本。

空间分布格局。官署衙门仍然是城市内部空间的主体部分：提督学政行署在水门内武安坊；府署建于桧木山之阜；教授署在学宫大成殿左；训导署在崇圣殿左；守备署在府城内北门街。① 惠州府城既有山又有湖，形成独特的空间布局。

从宏观空间上审视，惠州城（含惠州府城及归善县城）位于东江和西枝江的交汇处，以东新桥为界，分桥东和桥西两片。桥西以江湖为屏障，筑御敌城池，也就是惠州府城；桥东白鹤峰下依山傍水筑归善县城。两城以西枝江相隔，形成两叶组团式格局。按照西方学者的观点，这种由两个或两个以上筑有城墙的独立部分组成的城市，为复式城市。② 惠州府城和归善县城属于滨河集合城市。

惠州府城有 8 个下水道涵洞口，高约 2 米，宽约 1.3 米，从而形成了完善的排水设施。惠州府城有府前街、高第街等 13 条街道，18 条巷；归善县城有水东街、西门直街等 16 条街道，29 条巷。③ 但是这些街道都很狭窄，宽约 1.7 米至 2.0 米，被喻为"合掌街"。惠州城街道多与河流垂直，便于船舶停靠和起卸货物，方便旅客上下船舶。由于桥东归善县城两江相夹，江岸沿线较长，水路交通极其方便，所以商业中心在桥东。水东街是惠州城最繁华的贸易场所，也是晚清以来惠州城向外拓展的新方向。清末惠州开埠以后，城市商业得到进一步发展，以水东街为中心的商业贸易活动区域逐步发展成为新的城市空间。

惠州府城西门外西湖，为著名旅游胜地。宋绍圣初（1094），

---

① （清）刘溎年修，邓抡斌等纂：《惠州府志》卷七《建置·廨署》，清光绪七年（1881）刊本。

② 章生道著：《城治的形态与结构研究》，（美）施坚雅主编，叶光庭等译，陈桥驿校：《中华帝国晚期的城市》，北京：中华书局，2000 年，第 100 页。

③ 朱铁畅主编：《惠州市城市建设志》，河源：紫金县印刷工业公司印刷，1992年，第 52 页图表。

苏东坡贬居惠州，写了大量诗文赞颂惠州山水，于是惠州西湖遂与杭州西湖、颍州西湖齐名。据史料记载，西湖有史可查的历史名迹，明代以前约82项。清代修筑了西湖书院、惠阳书院等27项建筑。[①] 清代陈恭尹有诗云，"丰湖之水曲若环，扁舟一去何时还"，道出了惠州西湖美妙之处。惠州既为东江流域军事重镇，城外又有西湖秀丽的风景，集政治、军事、经济、文化、旅游等功能于一体，是清代广东一座独特的府级城市。

（二）粤中区县城内部空间结构的变迁

粤中区包括广州府、肇庆府、罗定州和惠州府等4个府（州）管辖的2州34个县。粤中地区县城的城门大多为4座，也有3座或5座的，最大的是新会县城，有城门11座，仅次于省会广州府和潮州府。清代，粤中地区的县城进行了多次修缮。[②] 我们先来探讨新会县城的内部空间结构。

新会县城在广州府西南113公里处。东晋元熙二年（420）建新会郡，隋开皇九年（589）改为新会县。降至清代，新会县的政治地位没有发生大的变化。由于新会县城具有重要军事价值，城池规模较大：故城周六百六十八丈，高一丈九尺。新城九百六十丈，厚一丈，高一丈八尺。新旧两城周围计十里零一百五十七丈。[③] 故当时论者说："粤东城之大者，自省会外，潮郡为大，次则新会，他郡县皆不及。"以上两则材料真实地道出了新会城市的建筑特点和地位。新会县城有大小水门8座，因北面靠山，无发展余地，故转向东、西、南三个方向拓展。

---

① 朱铁畅主编：《惠州市城市建设志》，河源：紫金县印刷工业公司印刷，1992年，第97页图表。

② 据笔者统计，清代广州府属县城维修105次，惠州府55次，肇庆府116次，罗定州24次。

③ （清）林星章修，黄培芳等纂：《新会县志》卷三《建置上·城池》，清道光二十一年（1841）刊本。

新会县城的官署衙门集中在旧城中部：知县署设于伐门外土地祠前，县丞署在县堂左；典史署在县仪门左；教谕署在明伦堂右；训导署在戟门右更衣亭旧址；参将署在县治左；左营守备在县治金紫街；义仓在城内花园巷紫水义学之右①。清朝晚期，随着社会发展和变迁，新会县城内部空间结构发生了较大变化。城市内部街道纵横，商业贸易场所增多，经济文化功能逐步增强。据史料记载，道光年间，新会县城宣化坊在城内，街九十一；源清坊，在城内街五十四，在城外街三十五；礼仪坊，在城外街七十四。② 城内街道 145 条，城外街道 109 条。清朝咸丰四年（1854），新会县城有居民 13 万人，城区人口 5 万，城郊人口 8 万，形成县前、东门、南门、西门、十字等 8 个菜肉市场。③

新会县城街道呈扇形分布，众多街道构成了新会城内的主体空间结构。清朝晚期，县城内部空间结构不再局限于城墙内的狭小范围，随着经济功能日益增强，街道和交易市场开始向城外拓展，并发展成新的商业中心。

鹤山县，地处珠江三角洲西部，全县地势中部较高，东南低平，东部西江沿岸为冲积平原。鹤山县在清朝雍正十年（1732）才开始筑城，因县城北有山形似鹤而得名。据史志记载，鹤山县城"始建于雍正十年……采三宝黄沙之石，垒址山麓，形如荷叶"④。从城池的空间结构上看，鹤山县城确实如一张平铺在大地上的美丽荷叶，这是鹤山县城空间结构较为独特的地方。

鹤山县城内部空间构成以官署衙门为主。县署、捕署等主要

---

① （清）林星章修，黄培芳等纂：《新会县志》卷三《建置上·公署》，清道光二十一年（1841）刊本。

② （清）林星章修，黄培芳等纂：《新会县志》卷二《舆地·都里》，清道光二十一年（1841）刊本。

③ 新会县地方志编纂委员会编：《新会县志》，广州：广东人民出版社，1995年，第533页。

④ （清）刘继纂修：《鹤山县志》卷四《城池》，清乾隆十九年（1754）刻本。

机构靠近东门；官学、儒学位于城市的东南部；关帝庙、守府和演武厅等居于城市中部；民居分布于城池西南部靠城墙的一侧。东门和南门外，围绕城墙建有数量不等的民宅。

清末，在内外双重因素作用下，鹤山县城内部空间出现了一些新变化："（县）城建成之后，神坛庙宇不断增多，稍后更增建各姓宗祠、监狱等，构成城内主要建筑群。城内不设店铺圩市，至光绪年间南门外才开始有一排极其简陋的店铺。"① 可见，鹤山县与新会县商业繁盛的景况完全不同。清末光绪年间，鹤山县城商业活动区域开始突破城墙限制，向县城南门外拓展。

增城县物产丰富，增城荔枝自古以来闻名中外。东汉建安六年（201），朝廷将南海郡番禺、博罗的部分地区划设新县，因增设一城，故名增城县。唐宋时期，增城县属广州都督府；元代属广州路；明清两朝隶属广州府。

清代增城县城大体延续了明代城池的格局。据统计，清代增城县城修缮了 10 次。② 县城外部空间结构颇似一个带有两耳的铜鼎。内部空间结构属于前文划分的 e 型城市街道网模式。官署衙门仍然是城内空间结构的主角：县署左为县丞衙，右为主簿衙；东偏稍南为典史衙；左营守备行署在北门大街右；儒学署在县署西北。③ 商业活动场所集中在县城东部，如高桂铺在东门大街北侧，会仙铺位于东门大街南侧。

清末，增城县手工业和商业有了较大发展。经济作物甘蔗、荔枝等生产规模有了较大增长，由此带动了制陶、织布、造船、

---

① 鹤城镇委办公室：《鹤城镇市政建设古今谈》，《鹤山文史资料》第 15 辑，1991 年，第 1 页。

② （清）熊学源修，李宝中纂：《增城县志》卷四《建置·城池》，清嘉庆二十五年（1820）刊本。

③ （清）熊学源修，李宝中纂：《增城县志》卷四《建置·公署》，清嘉庆二十五年（1820）刊本。

竹木器等 20 多个手工业行业发展，全县有大小圩镇集市 29 个。县城外靠东北城墙处有东雷铺、接龙铺；南门外沿护城河一带则逐步发展成为新的商业活动场所，这里不仅建有武庙，还有庆隆铺、高隆铺、槎冈铺和韩塘铺等，反映了清朝末期增城县城商业贸易场所和新城区逐步向城外扩展的趋势。

永安县在惠州府东北。县城建筑较有特点："随山势为之。东、北狭西广，南稍平衍。周六百四十丈，高一丈九尺五寸，北不及二尺，东、北枕紫金山之半。"① 可以看出，整座县城的建筑依山而建，东、北狭小，南面宽大，呈三角形布局。官署衙门集中在东门直街和南门直街附近。由于地理位置偏僻，永安县城的选址和空间布局更多的是考虑维护政治统治和军事防卫需要。由于是边远县，永安县城内部空间在清代前后期基本没有发生大的变化，属于消费型城镇。

总之，粤中地区县城内部空间结构呈现出不平衡发展态势。处于珠三角核心区域的县城，由于水陆交通便利，农业生产发达，人口密集，县城经济功能较强。随着西方外力的楔入，农村自然经济结构逐步走向解体，城市空间不断向城外拓展，逐步发展为新的人口聚居区和商业活动中心。在偏远地区的县城，城市内部空间格局直至清朝末期都没有发生太大的变化，主体空间仍然是官署衙门，多为消费型城市。

（三）佛山内部空间结构的变迁

佛山镇位于南海县西南 20 公里处，《大清一统志》云："当八府孔道，为县大镇。"《广州府志》云："佛山镇为南韶孔道，南通梧桂，东达会城，商贾辐辏，帆樯云集，亦南海剧地也。"优越的地理位置，是佛山镇兴起的必要条件之一。清初在佛山有

---

① （清）宋如楠修，赖朝侣纂：《永安县三志》卷二《建置一·城池》，清道光二年（1822）刻本。

文武四衙驻防：都司衙位于西北角；分府衙在西南部；千总衙在东南部；而五斗口巡司署"在县南平洲堡……皆僦民舍，以居无定所"①。佛山没有行政中心城市的主要标志城墙等，城市内部空间主体是铺和街道，这是佛山镇明显不同于县级城市的地方。佛山是因商而兴、因交通而兴的手工业城镇。清道光十年（1830）佛山户数 10 万，以一家六口计，佛山总人口约 60 万。②

清代，佛山镇的城市布局依照地形而发展。随着手工业发展和商业繁盛，各行业逐渐分类聚集。从乾隆至嘉庆年间（1736—1820），行业趋向集中，出现手工业区和商业区的专业区划。冶铁业沿洛水集中在西部和南部地区，以莺岗、走马路一带为中心，后又逐渐南移至栅下一带。纺织业集中在东部和东南部的乐安里、舒步街、仙涌街一带。北部、中部地区是街巷纵横、人口密集的闹市商业区。同时，许多工商业集中的街巷散布在各铺，不少手工业作坊和商业店铺、居民住宅交织在一起。很多街巷以行业命名，如铸砧巷、铸犁街、布巷、花衫街等。此外，西北部的上沙、北部的文昌沙、东北部的大基尾、西南部的通济桥等，都是较大的工商业和居民集中点。③ 受地形所限，佛山镇内横街窄巷多弯曲不直。吴震方在《岭南杂记》中记载："街道甚窄，仅容两人交臂而行。"部分较为整齐的街巷，多是庄宅内部通道或名门大族聚居的地方，如东华里、培德里、任围、任映坊、区巷等。

晚清两次鸦片战争和咸丰年间陈开、李文茂起义，使佛山城市建筑受到较大程度破坏。鸦片战争后，外来洋货大量冲击佛山

---

① （清）冼沂总纂：《佛山忠义乡志》卷三《衙署》，清道光十年（1830）刊本。
② 佛山市地方志办公室、佛山市计划生育办公室合编：《佛山市人口志》，广州：广东科技出版社，1990 年，第 6 页。
③ 佛山市地方志编纂委员会编：《佛山市志》（下），广州：广东人民出版社，1994 年，第 1509 页。

市场，佛山经济受到重创逐步走向衰落。不少手工业作坊破产、倒闭，大量工人失业，昔日"人稠地广，烟户十余万家"的城市繁华景象不复存在。同时，沙口、汾江河道等主要货物运输通道逐渐淤涸，使佛山逐步失去了作为华南地区货物集散中心的地理优势。清末广（州）三（水）铁路建成，又使佛山大量工商业向广州转移。上述诸因素，导致闻名全国的佛山最终走向衰落。

三、粤东区府州县城内部空间结构的变化

（一）嘉应州城和潮州府城内部空间结构的演变

清代广东的粤东包括嘉应州和潮州府统辖区域。就城市建筑规模、内部结构以及综合功能等方面而言，潮州城最大，嘉应州城次之。

1. 嘉应州城内部空间结构的变化

嘉应州城原为程乡县城所在地。南齐中兴元年（501）设立程乡县（隶属义安郡），为梅县建置之始。元朝至元十六年设置梅州路总管府，属广东道宣慰司。明朝时，程乡县隶属潮州府。降至清代，"雍正十一年，总督鄂弥达奏请改程乡县为直隶嘉应州，领兴、长、平、镇四县，而县城即为州城"①。可见，嘉应州城筑城历史较短。由于嘉应州城是以程乡县城为基础发展而来，城池建设规模不大，"周九百八十五丈，高二丈六尺，厚二丈"②。

明清易代，嘉应州城受到一定程度毁坏，但仍然承袭了明代城池的规模，并没有进行彻底改建或重修，只是在原有基础上进

---

① （清）吴宗焯修，温仲和纂：《嘉应州志》卷九《城池》，清光绪二十四年（1898）刊本。

② （清）阮元修，陈昌齐等总纂：《广东通志》卷一百二十八《建置略四·城池四》，清道光二年（1822）刻本。广东省地方史志办公室辑：《广东历代方志集成》，广州：岭南美术出版社，2006年影印本。

行了几次大的修缮。[1]

从嘉应州城内部空间结构上看，官署衙门仍然是城市空间的主体建筑：知州署在城中；吏目署在州署东；试院在城西南；驻防潮州镇标左营游击署在城北；千总署在城东南。[2] 从南汉大宝八年（965）到清末光绪二十九年（1903），嘉应州除了修建城池，设州署、县衙外，先后建修慧寺，铸千佛塔，辟梅城书院，筑孔子庙，建社稷坛，辟东门外校场，创东山书院，改嘉应城内双忠书院为培风书院等。据统计，嘉应州城内建有寺、庙、院、坛、场、堂等祠宇 85 所，庙宇多建在城外，城内面积 0.75 平方公里。[3] 城内寺庙祠宇众多，是客家地区城市内部空间格局的典型代表。

降至清末，嘉应州城内有 3 条街道，路 3 条，巷 11 条。[4] 随着外力楔入和嘉应州地区社会经济发展，州城经济功能逐步增强，商业活动和交易中心向州城西门外梅江岸边迁移和拓展。当时西门外有上市新街和下市街等街道，街道两旁设有店铺千余间，[5] 为嘉应州城新的商业中心和人口聚集地。

2. 潮州府城内部空间结构的演变

潮州府城是广东著名的历史文化名城。清代，潮州府城是仅次于省会广州的第二大城市。

汉元鼎六年（前 111）始置揭阳县，这是潮州历史上最早的

---

[1] 据笔者初步统计，嘉应州城在明朝修葺了 5 次，在清朝维修了 8 次。

[2] （清）吴宗焯修，温仲和纂：《嘉应州志》卷十《廨署》，清光绪二十四年（1898）刊本。

[3] 梅州市地方志编纂委员会编：《梅州市志》，广州：广东人民出版社，1999年，第 1096 页。

[4] 梅州市地方志编纂委员会编：《梅州市志》，广州：广东人民出版社，1999年，第 1096 页。

[5] 梅州市地方志编纂委员会编：《梅州市志》，广州：广东人民出版社，1999年，第 1145 页。

行政建置。隋开皇十一年（591）废郡设州，并以"潮水往复"之故，改名为"潮州"。潮州城历经宋、元、明、清各朝，先后为郡、州、路、府治所，是粤东地区政治、军事、经济和文化中心。潮州府城建筑规模较大："城高二丈五尺，基阔二丈二尺，城面一丈五尺，周围一千七百六十三丈。"① 可见，潮州城建筑依山傍水，地势险要。明清时期，城池遭受比较严重的破坏，两朝地方政府组织了多次维修。②

潮州府城内部空间组合有其自身特点。潮州府城依江而筑，形成了一个略为狭长的空间格局。由于潮州府城是滨河型城市，地势北高南低，东西略微倾斜，韩江依河道从府城北面和东面流过，临韩江一面开有 4 座城门，城内街道和小巷也多呈东西走向，充分反映了韩江水运对潮州城市空间格局和社会经济发展的影响。由南门进去有一条直达镇署的太平大街，将府城分为东西两部分，另外还有两条与南北大街平行的街道，即西街和东街。

潮州府城功能分区按传统职业划分，士、农、工、商各有居处，动静分明。城北为衙署区，是统治权力的象征，因而"贵"；城南为富商大贾们的豪华住宅居住区，因而凸显出"富"；城东面向韩江，成为主要商业区，这里店铺林立，会馆丛集，因而成为聚"财"之区；城西为手工业区和平民区，手工业作坊大都集中在这一带，人口密集，为全城人口最多的地方。因此，潮州府城空间布局突出地体现了"北贵南富东财西丁"的内部空间布局特点。③

清代前期，潮州府城城内设坊，城外设厢。城内设 11 坊，

---

① （清）周硕勋纂修：《潮州府志》卷六《城池》，清光绪十九年（1893）重刊本。

② 据笔者初步统计，潮州府城在明朝维修了 4 次，清朝修葺了 7 次。

③ 罗亚蒙主编：《中国历史文化名城大辞典》（上），北京：人民日报出版社，1998 年，第 656 页。

至清雍正五年（1727），又将 11 坊改为 7 坊。街坊布局以民居为组合单元，横向排列。全城有 90 多个街坊，256 条街巷。[①] 城南有猷、灶、义、兴、甲等 10 街坊，每个街坊长约 300 米，宽30～60 米，为潮州府城较大的街坊。城东、城北和中部街坊，是商业、衙署、寺庙和民居的混合区，客货量较大，各街坊比城南的要小一些，一般长 100～200 米，宽约 50 米，既利于交通，又便于防火。城西地势复杂，人口众多，池塘也较多。府城内街道宽 3～6 米不等，巷道一般宽 1～3 米。清代，潮州古城逐步形成了一套由城墙、城壕、涵洞、排水渠、池塘和三利溪为主干的防洪排涝系统。城墙既是军事防御主体，又是防洪堤坝。毗邻韩江的东面城墙，各城门均设水闸，置涵洞，其余城墙外皆城壕。平时引韩江水入城冲洗污物，雨季排涝。府城有 3 条排水干渠，起到了蓄水制流和消防双重作用。

由于潮州府城东面濒临韩江，城市商业活动中心在沿江东部。港口、码头等均在城市东郭，集市也以街市和桥市形式分布于城区东面和沿江一带。连接着木门街、东门街和下水门街的太平路为潮州府城主干道，并据此构成街市。广济桥两侧商旅云集，买卖繁盛，形成桥市。[②] 清末，随着汕头对外开放，商人和资金纷纷流向汕头，潮州府城经济中心地位被汕头取代，沦为次一级经济中心城市。城市商业衰落影响了潮州城东部和湘子桥一带商业活动空间的巩固和扩大，使潮州府城近代化进程受到阻碍。

（二）粤东地区县城内部空间结构的嬗变

粤东地区两府（州）共辖 12 县。潮州府属县城建筑规模普

---

① （清）卢蔚猷修，吴道镕纂：《海阳县志》卷三《舆地略二·都图》，清光绪二十六年（1900）刊本。

② 潮州市地方志编纂委员会编：《潮州市志》，广州：广东人民出版社，1995年，第 1080 页。

遍要比嘉应州属县城大。嘉应州属县城均为 4 个城门，潮州府属各县有 3 座城门的县城达到 5 个。粤东潮汕地区以平原和丘陵地形为主，这种自然地理环境，有利于农业生产和商业贸易发展，县城接近于粤中地区各县城的建筑规模。嘉应州属各县城的规模偏小。

笔者选取揭阳、澄海和长乐 3 座县城，对粤东地区县城内部空间结构进行剖析。

从城池外在空间轮廓来看，澄海县城最规整，它是一个近似正方形的空间结构；揭阳县城次之，长乐县城又次之。粤东地区各县城在选址、规划和建设方面，都受到中国传统城市建筑思想影响。从县城内部街道网络布局看，长乐县城属于上文所划分的 a 型模式，即十字交叉型，连接南北门和东西门大街纵横交错；澄海县城和揭阳县属于 d 型模式，即连接南北城门的街道在一条直线上，而连接东西门的街道则相互错开。

从长乐县城内部空间构成看：万寿宫在县署东，县署在城之偏北，教谕署在学宫左，训导署在学宫右，城守千总署在城内十字街东。[①] 官署衙门等行政机关构成城内建筑空间主体。城内主要有十字街、辰字街、乙字街和元字街等。明清时期，城内外宫、亭、殿、庙、祠有 70 多座，[②] 属于典型客家地区城市。长乐县城内部空间结构在嘉应州属各县具有代表性。

潮州府属澄海县，县署在城中，枕北面；县狱在县署右；教谕署在学宫明伦堂东南；训导署在学宫乡贤祠西南。[③] 揭阳县，

---

① （清）侯坤元修，温训等纂：《长乐县志》卷五《建置略·廨署》，清道光年间（1821～1850）刻本。

② 梅州市地方志编纂委员会编：《梅州市志》，广州：广东人民出版社，1999年，第 1097 页。

③ （清）李书吉等修，蔡继绅等纂：《澄海县志》卷四《廨署》，清嘉庆二十年（1815）刊本。

在府城西，至府七十五里，至省一千八百七十里。[①] 县署和学宫居于城北。[②] 揭阳县城有宣化街、打铜街、学前街等 6 条街道。7 个城坊。城内有大街市、新街市等 4 个市场，城外有 2 个市场。[③] 可见，在乾隆时期，揭阳县城内已有一定商贸活动场所，市场也有逐步向县城外拓展的趋势。与此同时，潮州府属其他县城也有类似情况，如大埔县城内有学前街、十字街，城外有 6 条街道；[④] 惠来县城有南门、西门和东门等 3 个交易市场，另外还有 8 条巷；[⑤] 饶平县城有 2 个市场；[⑥] 普宁县城内有县前左畔东街等 4 条街道。[⑦]

由此观之，粤东地区各县城内部空间都有一定经济贸易活动区。在清代后期，随着外力楔入以及府级行政中心城市经济功能增强，原有城墙之内社会空间已经容纳不下数量庞大的城市人口和日益发展的工商业活动的需要，城市商业活动空间逐渐转移到城墙之外，逐步演变为新的城市区域。必须注意的是，粤东地区所属 12 个县城，由于所处地理区域、资源禀赋的差异，原有社会经济基础不同，受地区中心城市辐射差异也不同，各城市商业空间发展的规模和质量是明显不同的，反映出粤东区域城市内部

---

① （清）刘业勤纂修：《揭阳县正续志》卷一《疆域》，清乾隆四十四年（1779）修，民国二十六年（1937）重刊本。

② （清）刘业勤纂修：《揭阳县正续志》卷二《公署》，清乾隆四十四年（1779）修，民国二十六年（1937）重刊本。

③ （清）刘业勤纂修：《揭阳县正续志》卷一《都图·城坊街巷》，清乾隆四十四年（1779）修，民国二十六年（1937）重刊本。

④ 梅州市地方志编纂委员会编：《梅州市志》，广州：广东人民出版社，1999年，第 1097 页。

⑤ （清）张珽美纂修：《惠来县志》卷二《疆域》，清雍正九年（1731）刊本，民国十九年（1930）重印本。

⑥ （清）刘抃原本，惠登甲增修：《饶平县志》卷二《城池·市》，清光绪九年（1883）增刻本，有缺佚。

⑦ （清）萧麟趾修，梅奕绍纂：《普宁县志》卷一《街路》，清乾隆十年（1745）修，民国二十三年（1934）铅字重印本。

空间结构拓展的不平衡性。

四、粤西地区高雷廉琼 4 府城市内部空间结构的演变

清代广东粤西地区包括高州、雷州、廉州和琼州 4 府，由于 4 地所处自然地理区域缺乏有效整合而显得零碎和分散，故粤西城市体系经济腹地受到一定制约，城市规模不大。我们将粤西各城市分府城和县城两个层次进行探讨。

（一）4 座府城内部空间结构的演变

粤西地区 4 座府城均为府县同城。其中，琼州府城规模最大，统治者拱卫边疆的政治和军事意图十分明显；廉州府城所辖区域与越南接壤，防城下辖的东兴与越南辖地仅隔一条北仑河，军事战略地位非常重要，城池规模仅次于琼州府城。高州和雷州府城在建筑规模上相对较小。清代，高、雷、廉、琼 4 座府城均因改朝换代等原因受到一定程度损坏，主政者先后组织了多次维修。[①]

1. 琼州府城内部空间结构的演变

琼州府城位于海南岛北部。秦始皇征服岭南百越后，设置桂林、南海、象郡 3 郡。唐贞观元年（627），析舍城县置琼山县。北宋开宝四年（971），时琼山县移治，并沿用至清末（后为琼州府城）。明代统治者将乾宁安抚司升为琼州府，统辖全岛州县。清代沿袭明制，将西沙群岛和南沙群岛归其管辖。北宋以后，琼山一直是琼州府治所在地，府城因此得名，发展成为琼州府政治、军事、经济和文化中心。

---

① 据笔者初步统计，粤西地区 4 座府城在明朝修葺了 57 次，清朝维修了 47 次。

琼州府城"城周一千二百五十三丈，高二丈七尺"[①]，城墙的外部轮廓，形似一个热水袋，城市空间形状呈现不规整性。东门和西门外都建有子城。行政机关如琼州府署、雷琼道署、琼府学宫等设置在城市北部，以北为尊的空间布局思想没有改变。总镇府和军器局位居城西一带；琼山县署、县城隍、院宫和义学位于府城西南部；学院署、琼山学宫、雁峰书院、东关帝庙等文化宗教机构位于府城东南部。可见，在琼州府城内，官署两级机构和其他行政机构依然占据了城内主要空间，政治、军事功能仍然是府城主要功能。

第二次鸦片战争后，根据《天津条约》规定，琼州被辟为通商口岸。随着琼州海关在海口设立，海口港很快成为海南对外贸易主要港口，带动了琼州府城经济发展。降至清末，琼山县有圩市38处，琼州府城有店铺近百家，城内有"七井八巷十三街"之称。[②]这表明，在外来冲击和海南自身经济发展推动下，琼州府城内部空间格局发生了一定程度的变化，城内有一定数量的街道和巷子，商业繁荣，促进了府城经济发展和经济贸易功能的增强。

2. 雷州府城内部空间结构的演变

雷州是一座历史文化名城，位于粤西雷州半岛腹地，南海之滨。清代雷州东临雷州湾，西濒北部湾，南邻徐闻县，北界遂溪县，是祖国内陆地区通往海南岛的必经之地。[③]清康熙《海康县志》记载："峤服尽域，溟海滨圻，浩淼前临，清淑内溢，真岭南名郡、北海奇观也。"[④]今雷州地区战国属楚界，秦属象郡。

---

① （清）明谊修，张岳崧纂：《琼州府志》卷六《建置·城池》，清道光二十一年（1841）修，清光绪十六年（1890）补刊本。

② 海南省琼山市地方志编纂委员会编：《琼山县志》，北京：中华书局，1999年，第327页。

③ 余石著：《历史文化名城雷州》，广州：广东人民出版社，2006年，第1页。

④ （清）郑俊修，宋绍启纂：《海康县志》卷二《形胜》，清康熙二十六年（1687）修，民国十八年（1929）铅印本。

西汉元鼎六年（前 111）在今雷州置徐闻县，为合浦郡治。隋开皇九年（589），复名合州，改齐康县为海康县并沿用至今。唐太宗贞观八年（634），置雷州。明洪武元年（1368），改雷州路为雷州府，沿用至 1913 年。千余年间，雷州城均为郡、州、军、路、府、县治所，是雷州半岛政治、经济和文化中心。

雷州府城"周围五里三百步……通高二丈五尺"①，府城外在空间轮廓是不规整的，近似于椭圆形。就建筑规模来说，雷州府城在粤西地区府城中规模较小。官署衙门是城市内部建筑主体：府治，即今参府署；贡院，在参府署后；府儒学署，学宫后；经历署，府署之左；参将署，在府治东。②据嘉庆《海康县志》记载，雷州府城自明代开始，城内就有坊的划分，关内 17 坊，关外 12 坊。③清朝康熙年间，商业区逐渐南移至南亭街、二桥街。曲街是由码头进城必由之路，会馆、客栈逐渐汇聚于此。

进入清末，雷州很快被纳入世界资本主义市场。随着洋务运动的开展和海外华侨陆续回家乡投资创办近代企业，雷州经济贸易十分活跃，城市建设进入了新发展阶段。主要街道沿街兴建了许多具有南洋风格的骑楼住宅，骑楼互相毗邻，风格统一。如曲街、南亭街等繁华街道，宽约 8 米，建筑以 1~2 层为主。同时，里巷民居建筑也颇具特色。可见，清末以来，雷州府城商业贸易活动空间有了较大范围拓展，经济功能进一步增强。

3. 高州府城内部空间结构的演变

今高州市，秦朝时属于南海郡管辖地，两汉时期属于合浦郡

---

① （清）郑俊修，宋绍启纂：《海康县志》卷二《建置·城池》，清康熙二十六（1687）年修，民国十八年（1929）铅印本。

② （清）刘邦柄修，陈昌齐纂：《海康县志》卷八《建置·公署》，清嘉庆十七年（1812）刻本。

③ （清）刘邦柄修，陈昌齐纂：《海康县志》卷八《建置·公署》，清嘉庆十七年（1812）刻本。

高凉县。隋朝废高州郡,分其地为高凉、永熙二郡。唐天宝初,改高州为高凉郡,潘州为南潘郡,属于岭南道。宋开宝五年(972),省潘州改归高州,仍为高凉郡,属广南西路。明朝改为高州府,属广东布政司。清朝沿袭明制。[①]

高州府城周七百三十四丈,高约一丈八尺。[②]从清代高州府城区图看,城池依山傍水,鉴江从城西流过,城墙外部轮廓略近于矩形。官署衙门位于府城西部靠近鉴江一侧。府署等机构在城西门大街一字排列。文化教育机构集中在府城南部和东南部。武庙、县城隍庙建在府城的西北部。由于分巡高廉道署设在高州城内,故高州府城政治地位比雷州府城要高。

清末光绪年间,随着西学东渐影响和社会经济发展,高州府城内部空间结构发生了一些新变化。府城内部街道增多,市场逐步向城外沿鉴江岸边拓展的趋势非常明显。府城内部南北走向街道有升平东街、常平街和马蹄巷等6条,东西走向有北街等5条。大街连接西城门和东城门,将官署衙门与教育机构连为一体。府城西门外沿鉴江一带有人和街、观善街。由北门出去,与北街相连有怀柔中街、楼前后街;由小南门出去,沿鉴江南岸南北向有南关上街、兴贤街和南关下街。南北走向的新街、东西走向的勒古巷,将新街与兴贤街连为一体,打铁巷则将南关上街与新街连接起来。

可以看出,清末高州府城空间结构主要向城外鉴江沿岸拓展,特别是南、北和东北3个方向为重要拓展空间。沿着鉴江岸边发展的街道,将府城包围起来,形成府城内外两层街道布局。这充分表明,高州府城内部空间结构,突破了传统以府城为中心

---

① (清)郑业崇等修,杨颐纂:《茂名县志》卷一《舆地·沿革》,清光绪十四年(1888)刊本。

② (清)杨霁修,陈兰彬等纂:《高州府志》卷八《建置一·城池》,清光绪十六年(1890)刊本。

的固有空间格局，城墙内为政治中心，商业贸易中心逐步转移到城墙外。府城商业中心向城外扩展并成为新市区，是晚清广东城市体系发展变迁的一个显著特点。

4. 廉州府城内部空间结构的演变

廉州府城是清广东西部最偏远城市。廉州府西南部与越南接壤，南濒北部湾，西与雷州府相连，在省治西南，自府治至省城一千四百九十里。[①] 廉州府建置沿革较为悠久，秦朝时为象郡地，东汉为合浦郡治，唐贞观八年（634）改曰廉州。宋咸平初复置廉州，属广南西路。元至元十七年（1280）置廉州路总管府。明洪武元年（1368）改廉州府。清沿袭明制。[②] 可见，自秦汉至明清，廉州府名和行政级别曾经过多次改易和反复，反映出历朝统治者对这一地区治理政策在不断调整。

廉州府城城周八百零二丈，高三丈二尺，厚一丈五尺。[③] 内部建筑主体空间为官署以及其他行政机构：府署，即汉合浦郡旧址；府学教授署在学宫左；府训导署在教授署东；廉州营游击署在城内东门；合浦县署旧在府治东；东为县丞署，又前为典史署。[④] 廉州府城外部结构呈矩形，是粤西地区 4 座府城中建筑空间格局较为规范的一个。

清初，廉州城区只限于方城之内，最大的府前街只有 5 米多宽，其余街道大都宽 3 米左右。[⑤] 城市内部街道狭窄，反映了城

---

① （清）张堉春修，陈治昌纂：《廉州府志》卷一《舆地一·沿革》，清道光十三年（1833）刻本。

② （清）张堉春修，陈治昌纂：《廉州府志》卷一《舆地一·沿革》，清道光十三年（1833）刻本。

③ （清）张堉春修，陈治昌纂：《廉州府志》卷七《建置·城池》，清道光十三年（1833）刻本。

④ （清）张堉春修，陈治昌纂：《廉州府志》卷七《建置·公署》，清道光十三年（1833）刻本。

⑤ 合浦县志编纂委员会编：《合浦县志》，南宁：广西人民出版社，1994 年，第 598~599 页。

区商业发展的有限性。清代中叶至民国年间，府城外街道向西门外发展，主要有槟榔街、沙尾街、下街、圩地街、卖鱼街等。《合浦县志》记载，明末，城内外有里巷、承宣街等22条街。清道光年间，城外有玑屯街、卫民街、十字街、头甲街、钦州巷。[①] 清中叶至民国年间，"今阜民南、北路，惠爱桥头至中山路为繁华街区，商店及客衙多集中于此"[②]。以上记载反映了府城内部空间不能满足商贸活动日益发展的需求，府城外廉江沿岸逐步发展成为新兴商业区，城市社会空间进一步扩大。

综上所述，粤西地区尽管远离省会广州，但由于地处边塞要冲，在国防战略地位上极为重要。鸦片战争后，粤西地区先后开放了琼州、北海和广州湾，在内外双重因素作用下，3个港口逐步发展成为新兴经济中心城市。由于廉州府城拥有政治和地理区位优势，仍然作为通商港口中转城市在经济贸易中起承接作用。府城的经济功能在传承中有先天优势，又在承接中得到逐步拓展，于是商业区域突破原有城市空间向城外扩展，这成为粤西4座府城的普遍现象。但是，粤西城市空间向城外拓展梯度是有差异的。高、雷、廉3府城由于地处大陆板块，与珠三角经济核心区有陆上通道，拥有海运、陆路双重优势，便于接受珠三角经济核心区域的辐射和拉动，因此，府城经济功能较强，向城外拓展步伐较快。琼州府城受制于海南岛狭小的市场空间，与省内经济发达区只有海路联系，府城外部空间几乎没有得到拓展开发，商业交易场所扩大仅仅表现为城市内部街道增多而已。

（二）4 府所辖各县城内部空间结构的变化

粤西地区高、雷、廉、琼4府，辖25座县城。从城池规模

---

① 合浦县志编纂委员会编：《合浦县志》，南宁：广西人民出版社，1994年，第599页。

② 合浦县志编纂委员会编：《合浦县志》，南宁：广西人民出版社，1994年，第598页。

上看，廉州府属县城最大，高州府属县城除电白县城达千丈以上规模外，其余都在 500 丈至 600 丈之间。雷州府属次之，琼州府属县城规模最小。粤西地区有 3 个城门的县城达到 7 座，占县城总数近三分之一，反映了县城规模普遍偏小的状况。我们选取遂溪、临高、化州 3 座县城为代表，探讨其内部空间结构的特点及其演变情况。

遂溪县地处雷州半岛西北部，东西部临海，辖区内地势平坦。据《遂溪县志》记载：唐天宝二年（743）建置遂溪县。宋属雷州军，元属雷州路，明清属雷州府。① 遂溪县城近似矩形，这与县境地势平坦有密切关系。从县城内部空间布局看，县署等机构集中在县城东北部，西南部仅有城守署和两座寺庙。遂溪县城内街道有县前大街、东门街等 5 条街道，有 6 座坊亭。从这些纵横交错的街道和 4 座城门具体位置来看，县城空间布局属于 e 型模式。县城还有两处圩市：东门圩市和南门圩市，附郭城北门外还有北门市。②

从遂溪出产货物可看出，县城经济在清代末期逐步增强：布之品有帛布、踏匾布、苎麻布、青麻布、黄麻布；食之品有茶、油、酒、酱、醋、盐、糖；糖有五色片糖、白糖、冰糖、洋糖、赤砂糖，通天津等各处。③ 遂溪是粤西地区著名蔗糖生产县，所产蔗糖远销天津等地，随着经济贸易繁盛，遂溪县经济活动空间逐步往县城东、南和北门外拓展。

临高县在琼州府西 90 公里。唐武德间始置临机县，属崖州，

---

① 遂溪县地方志编纂委员会编：《遂溪县志》，北京：中华书局，2002 年，第 79 页。

② （清）喻炳荣，赵钧谟等纂：《遂溪县志》卷四《圩市》，清道光二十八年（1848）刊本。

③ （清）喻炳荣，赵钧谟等纂：《遂溪县志》卷十《物产》，清道光二十八年（1848）刊本。

唐贞观五年（631）割属琼州。唐开元初更名临高。元明仍旧，清朝沿袭。① 从外部轮廓看，临高县城颇似一个椭圆形巨型鹅蛋横卧于大地上。县署位于县城北部，体现了以北为尊的官署建筑思想。高山庙、神山庙和武营布局在县城西北部。城隍庙、文庙、书院、捕署等位于县城东北部。可以看出，官署衙门占据县城内部主要空间。

清代前期，临高县城仅有一个商品交易市场，即东门市。东门市"旧在临江桥之东……然皆露处，遇暑雨辄无以避。康熙四十二年，知县樊庶捐盖市房，商民便之"②。清末，临高县城这种情况没有多大改变。受经济落后制约，尽管有琼州（海口）开埠刺激和带动，但由于海南岛已沦为西方资本主义列强商品倾销市场和原料供应地，整座岛屿县域经济发展受阻，人口向岛外迁移，县城仍然维持着消费型城镇的传统格局。

化州位于粤桂两省交界之地，地处云开大山余脉南侧鉴江腹地，中部为低山丘陵，南部为台地平原，境域南北长而东西短，地理位置重要。秦朝时，其地与茂名、吴川、石城同属象郡。两汉时属合浦郡高凉县地。宋太平兴国五年（980）改辩州为化州，此名化州之始。明洪武元年（1368）改化州路为化州府，属广东。七年（1374），降为州。九年（1376），改州为县，属高州府。十四年（1381）复为州，仍属高州府。清沿袭之。③ 可见，自隋至清代，化州行政地位屡有更易。明清两朝化州隶属广东，其行政级别逐渐降低，反映出化州地区由于地理位置特殊，历朝

① （清）明谊修，张岳崧纂：《琼州府志》卷一《舆地·沿革》，清道光二十一年（1841）修，清光绪十六年（1890）补刊本。

② （清）聂缉庆修，桂文炽纂：《临高县志》卷六《圩市》，清光绪十八年（1892）刊本。

③ （清）彭贻荪修，彭步瀛纂：《化州志》卷一《沿革》，清光绪十六年（1890）修本。

封建统治者对该地治理措施有一个不断调整和整合的过程。

从化州州治图来看，外部空间轮廓近似圆形。州城北临鉴江，东门月城外与鉴江紧邻。从内部空间看，官署位于城北，还有右堂、福德祠等建筑。义仓位于州城西城墙边。武庙和城守署位于州城东部。文庙和书院建在南门外西南部。化州城外部空间主要向东门和南门外拓展。东门外有东关街和南关街，两条街道垂直相对，出东门可直通鉴江岸边辩仙门，便于水运货物上下及起运。民居也依江而建，使鉴江岸形成了人口密集区和商业区。东门外沙头街有沙头圩，南门外有南门圩。①

化州物产丰富，货之属有葛布、棉布、苎麻布、青麻布等。② 橘红为化州特产，是化痰止咳珍品，为朝廷贡品，"化州药属……惟橘红最为佳品。……家用以利气化痰，功倍他药"③。可见，橘红为化州交易市场上的大宗产品。化州物产丰富，依托鉴江水运，大力发展对外贸易，促进了社会经济的发展。清末，广州湾被法国强租并对外开放，北海、琼州等部分货物都改走广州湾转运香港和澳门，因此，与广州湾紧邻的化州城直接处于其经济腹地及市场辐射范围之内，化州城市经济商贸功能得到进一步发展和增强。

小　结

本章按照府城、州（县）城两个层次，探讨了广东府、州（县）城内部空间结构在清代前后各个时期的变迁情况。

---

① （清）彭贻荪修，彭步瀛纂：《化州志》卷二《市集》，清光绪十六（1890）修本。

② （清）彭贻荪修，彭步瀛纂：《化州志》卷二《物产》，清光绪十六（1890）修本。

③ （清）彭贻荪修，彭步瀛纂：《化州志》卷二《物产》，清光绪十六（1890）修本。

粤北地区，各层级的城市内部空间结构明显受商路转运格局的影响，城市商业空间往往集中于河道一侧，城市拓展的外部空间也沿着河流两岸发展。鸦片战争后，随着五口通商格局形成，粤北地区城市商业陷入衰落之中。

粤中地区是清代广东经济重心，府州（县）城不仅规模较大，而且经济商贸功能较强，城市空间呈现出明显向城外拓展趋势。鸦片战争后，城外成为新兴商业发达区，初步具有了近代城市空间雏形。

粤东地区城市，清代前期以潮州为代表，晚清时期以汕头为代表。潮汕下属各县城内部空间结构多与珠三角城市一样，城内街道纵横交错，商业贸易空间逐步转移到城外。嘉应州地区受到潮汕地区中心城市强烈辐射，街道增多，贸易范围扩大，城市内部空间格局也有一定变化。

粤西地区各城市，由于地区地形较为复杂，又远离省会政治和经济中心，城市建筑规模均不大，内部空间结构多呈现出不规则状，街道数量不多。

清代广东府州（县）城内部空间结构呈现出两个显著特点。第一，发展的不平衡性。珠三角地区和粤东潮汕地区的城市不仅建筑规模大，而且经济基础雄厚，人口众多。城内街道密集，具有较强商贸功能，较早地向城外拓展商业空间。粤北、粤西地区各府州（县）城，城市内部商业活动空间有限，城墙之外经济开发较晚，城市空间向外拓展速度较为缓慢。第二，空间拓展的时差性。清前期广东各府州县城空间拓展速度较慢；进入清末，各府州县城商业活动空间向城外拓展速度加快，逐渐成为新兴人口聚集区和城市商业活动中心。

第四章 清代广东城市经济的发展变迁

广东地处中国东南沿海发达地区，很早就有外贸经济。进入清代，尽管政治军事功能居主导地位，但随着农业、手工业和商业发展，广东城市的经济功能进一步增强。

第一节 清代广东城市经济行业的成长和演变

一、以海外贸易为特色的广东城市商业的繁荣和衰落

（一）清朝以前广州外贸的历史追溯

广东地处东南沿海地区，很早就与海外各国进行贸易往来，是古代南方"海上丝绸之路"的起点。对外贸易是广东城市的主要功能和特色之一。早在三国之前，粤西地区徐闻、合浦是海上贸易的重要港口。三国东吴以后，随着航海技术进步和地理环境的优势，广州逐步取代徐闻、合浦等港口的商业贸易地位，发展成为海外贸易主要港口。

隋唐盛世，封建统治者十分重视发展海外贸易。隋朝大业三年（607），隋炀帝招募人员从广州出发到达赤土国。唐朝在广州设置市舶司，专门管理对外贸易。据日本商人楠顺次郎的考证，唐朝时广

州至海外航线主要有 6 条。[①] 其中以广州至波斯航线最为著名。

宋代，随着航海技术不断提高，中国海外贸易进一步发展。当时广州通往海外的航线主要有 7 条，除往来于东南亚地区外，最远可航行到非洲东部的桑给巴尔和欧洲的西班牙等地。

元朝时期，福建泉州超过广州成为当时全国第一大港口。尽管如此，广州仍然是一个重要外贸港口。

明代郑和下西洋后，广州对外贸易进一步发展。明朝统治者十分重视发展对外贸易，广州逐步取代福建泉州，成为新的对外贸易中心。

（二）清代广东海外贸易的曲折发展

1. 以广州为起点的众多海外贸易航线

清朝时期，广州有以下 6 条主要海外贸易航线。

（1）欧洲航线。从欧洲西南部葡萄牙的里斯本或英国伦敦启航，沿非洲西海岸南下，绕过南端的好望角，横渡印度洋，经过苏门答腊直航广州。

（2）北美航线。1784 年 2 月，美国商船"中国皇后"号载货360 吨，从纽约港出发，横渡大西洋，绕道好望角，经印度洋，于同年 8 月底抵达广州黄埔港。[②] 这是中美两国直接贸易的开始。清朝嘉庆五年（1800），又开辟了美国至广州的太平洋航线。

（3）印度洋航线。从印度南部港口启航，经过印度洋进入马六甲海峡，再穿过新加坡海域，北上经越南到广州。

（4）东南亚航线。古代称之为南洋航线。开辟了广州到越南、柬埔寨、暹罗（泰国）、马来半岛、新加坡、爪哇等 7 条航线。

---

① 《新民丛报》1905 年第 15 号《世界史上广东之位置》，转引王长庆著：《以广州为起点的海上"丝绸之路"航线》，广州市国家历史文化名城发展中心、广州历史文化名城研究会、广州古都学会编：《论广州与海上丝绸之路》，广州：中山大学出版社，1993 年。

② 吴玉成著：《"中国皇后"号远航广州前后》，《羊城古今》1990 年第 3 期。

（5）大洋洲航线。在鸦片战争以前，广州与大洋洲之间已经通航，但具体航线不清楚。

（6）俄罗斯至广州航线。嘉庆八年（1803），俄罗斯商船"希望号"和"涅瓦号"开始环球旅行，1805年冬抵达广州，要求与中国进行贸易。由于清朝统治者拒绝俄罗斯商人来广州开展贸易的要求，俄国人的目的没有达到。

综上可见，清朝时期广州对外贸易范围遍及五大洲，与东南亚地区客货往来频繁。在清代前期，对外贸易发展并非一帆风顺，特别是封建统治者推行闭关锁国政策，将中外贸易限制在一定范围之内，妨碍了广东城市对外贸易全方位拓展。

2. 广东城市朝贡贸易的发展及其衰落

清代的朝贡贸易，西方学者费正清和邓嗣禹曾作过详细考察。从经济角度看，贡、赐之间是一种以物易物的商品交换关系。朝贡贸易还包括朝贡制度下的互市在内，这是朝贡贸易的主体部分。如清顺治初年规定："凡外国贡使来京，颁赏后，在会同馆开市，或三日或五日。……由部移文户部，先拨库使收买，咨复到部，方出示差官监视，令公平交易。又定外国船，非正贡时，无故私来贸易者，该督抚即行阻逐。又定正贡船未到，护贡、探贡等船不许交易。"[①] 这些记载表明，清初中央朝廷秉承明朝朝贡贸易政策。

清初，经由广东进行朝贡贸易的有暹罗、荷兰、英国、意大利、葡萄牙等5个国家。[②] 最早进贡的国家是暹罗。《南海县志》引《恭岩札记》云："顺治十年（1653），暹罗国有番舶至广州，表请入贡。……遂咨部允行。乃修明市舶司故馆以居贡使。"清

①　（清）昆冈等纂：《钦定大清会典事例》卷五百一十，台北：新文丰出版股份有限公司，1976年。

②　（清）梁廷枏总纂，袁钟仁校注：《粤海关志》卷二十一至二十三《贡舶》，广州：广东人民出版社，2002年。

朝前期，暹罗国与清廷保持着密切的朝贡关系。据统计，从1689至1702年，从中国港口到暹罗的船只数量共有51艘，朝贡船只数量应该与此相等。

针对暹罗的朝贡，清政府制定了详细的规章制度："国朝定贡期，三年一贡，由两广总督、广东巡抚代题，敕部议准后，知照该督、抚令其入贡。其贡使来……赴京者，不得过二十六人。"[①] 暹罗贡道经由虎门至广州。广州是当时各朝贡国家贡使聚集的中心。清政府在广州修葺明朝旧怀远驿，作为招待贡使和停放货物场所。

《粤海关志》对会验贡物仪式有详细记载："是日辰刻，南海、番禺两县委河泊所大使赴驿馆护送贡物，同贡使、通事由西门进城，至巡抚西辕门安放……候巡抚开门升堂……通事带领贡使……行一跪三叩礼，赐坐，赐茶。各官即起坐验贡毕……将贡物点交通事、行商、贡使同送回驿馆贮放。"[②] 可见，广州官方对查验进贡方物有一套严格程序。为了取得朝贡货物之外的贸易利益，暹罗等朝贡国家还是愿意接受此类礼仪约束。

朝贡贸易有着严格的注意事项。[③] 朝贡使者由广州起程赴京，必须由文武官员派专人分段护送。广州至韶关一段，由分巡广州府督粮道派人护送。韶关北上出省境，由南韶连道派人护送。溯北江而上，清远、英德、韶关、始兴、南雄等沿线城市官府衙门必须按规格接待，确保使者路途安全。使者进京朝贡毕，再依原路返回广州。将贡舶所携带货物，由番商在广州明代旧有

---

① （清）梁廷枏总纂，袁钟仁校注：《粤海关志》卷二十一《贡舶一》，广州：广东人民出版社，2002年。

② （清）梁廷枏总纂，袁钟仁校注：《粤海关志》卷二十一《贡舶一》，广州：广东人民出版社，2002年。

③ 参见（清）梁廷枏总纂，袁钟仁校注：《粤海关志》卷二十一《贡舶一》，广州：广东人民出版社，2002年。

"市舶馆地"临时"招商发卖",买办所需货物,然后扬帆回国。

清代,暹罗是来中国朝贡最频繁的国家。清初,朝廷对朝贡贸易有诸多限制,后应暹罗请求,加之海禁政策废止,相关规定有所放宽。因贡船压舱货物可享受免税待遇,至乾隆年间,暹罗朝贡贸易规模进一步扩大。可见,对暹罗而言,朝贡不过是从事对华贸易的代名词和牟取商业利润的合法渠道。暹罗通过频繁朝贡,示好于清廷,通过压舱货物扩大贸易,或通过免税特权获取商业利润。

清初,荷兰也以贡舶面目出现,由藩王尚可喜接待至怀远驿进行贸易。顺治十二年(1655),荷兰复请来贡。当时进贡货物有哔叽缎、西洋布、琥珀等货物。清廷赏赐给大蟒缎、绫、纺丝等传统产品。清政府要求荷兰:"八年一次来朝,员役不过百人,止令二十人到京,所携货物在馆交易,不得于广东海上私自货卖。"① 康熙五年(1666),荷兰再次贡献方物,清政府认为"荷兰国既八年一贡,其二年贸易永着停止"②。乾隆年间,荷兰多次经由广东前来进行朝贡贸易,清政府也给予荷兰贡使更多赏赐。由此可见,荷兰要求进行正常贸易,但清廷将贸易范围严格限定在朝贡贸易范围内,这种贸易的贸易额是非常有限的。

意大利,当时称意达里亚国,也与清廷保持朝贡贸易关系。康熙九年(1670)六月,国王阿丰肃遣部臣玛讷撒尔达聂等,奉表进贡金刚石、琥珀珠、伽南香、大玻璃镜等物。清廷谕旨曰:"西洋地居极边,初次进贡,具见慕义之诚,可从优赏赉。"③ 可

---

① (清)梁廷枏总纂,袁钟仁校注:《粤海关志》卷二十二《贡舶二》,广州:广东人民出版社,2002年。

② (清)梁廷枏总纂,袁钟仁校注:《粤海关志》卷二十二《贡舶二》,广州:广东人民出版社,2002年。

③ (清)梁廷枏总纂,袁钟仁校注:《粤海关志》卷二十二《贡舶二》,广州:广东人民出版社,2002年。

惜这次朝贡使者玛讷撒尔达聂等，在朝贡结束返回广东途中病故。康熙、雍正两朝，意大利还多次遣使经广州到北京朝贡。从进贡方物上看，有手工制品和军器等，尤以奢侈品居多。贡使和贡物溯北江经过清远、英德、韶州，至南雄州城。改走旱路，由挑夫将贡物挑越大庾岭，到江西境内转运水路，再长途转运京城。从广州出发至南雄州城，"一千三百里，北至京师六千七百四十五里"①。广东北江沿线 5 座城镇是贡使北上必经城市。

葡萄牙清朝时被称为"博尔都噶尔雅国"。雍正五年（1727）四月，国王若望遣陪臣麦德乐取道广东表贡方物。清政府议准"所带贡物，令其水路来京。其来使、从人愿带者，听其带来；愿留粤者，令该地方官从丰拨给房舍、食物"②。这次清朝赏赐货物有瓷器、纸张、字画、绢等。乾隆十三年（1748），又特赐葡萄牙国王龙缎、绫、纺丝、纸、茶、纱葛、香囊、药锭等物，盖"念其远来，从优赐予焉"③。

英国当时称英吉利，也在朝贡国之列。18 世纪 60 年代起，英国开始了工业革命，经济实力大增，并在全球殖民扩张。此时英国所要求的朝贡贸易，早已超出了清王朝原先设定的界限。英国所索求的是开放通商口岸，攫取贸易特权，特别是要求在中国东南沿海增加港口，以便通商。朝贡贸易制度第一次受到全面挑战。

英国在顺治十五年（1658）和康熙三年（1664），均派遣 3 艘商船来广东。因为受到葡萄牙人排挤，再加上清廷的海禁，无

---

① （清）陈志仪纂修：《保昌县志》卷三《疆域》，清乾隆十八年（1753）刻本。
② （清）梁廷枏总纂，袁钟仁校注：《粤海关志》卷二十二《贡舶二》，广州：广东人民出版社，2002 年。
③ （清）梁廷枏总纂，袁钟仁校注：《粤海关志》卷二十二《贡舶二》，广州：广东人民出版社，2002 年。

法贸易。于是北上台湾、厦门，设立商馆，改与郑氏政权通商贸易。[①] 雍正七年（1729）后，英国与中国互市频繁。乾隆初年，英国或在广东，或在浙江与中国贸易。乾隆二十二年（1757），清政府实行闭关政策，一切通商事宜改在广州进行。当时，每年夏、秋期间，英国由虎门输入大小绒哔叽、玻璃镜、钟表等货物。乾隆二十四年（1759），英吉利夷商洪任辉妄控粤海关漏弊讯，"有徽商汪圣仪者，与任辉交结，擅领其国大班银一万三百八十两，按交结外国互相买卖、借贷财物例治罪"[②]。这一事件被认为是导致清政府厉行闭关政策的前奏。[③]

乾隆五十八年（1793），英国贡使请求在直隶、天津、浙江等处贸易，并恳请赏给珠山小海岛一处及广东省城附近地方一处居住，被乾隆皇帝拒绝。后来英国虽然被允许在广州进行贸易，但其不安分。对此，清政府发布谕旨说："夷商贸易往来，纳税皆有定则，西洋各国均属相同。此时自不能因尔国船只较多，征收稍有溢额，亦不便将尔国上税之例，独惟减少，惟应照例公平抽收，与别国一体办理。"[④] 后来英国又多次违反朝贡体制，以扩大与中国的贸易。

朝贡贸易促进了广州和粤北沿江城市的商业发展和兴盛。随着中英鸦片战争爆发及中国战败，传统朝贡制度最终走向了终结，这一历史变迁对广东城市体系影响深远。随着近代广东经济中心向沿海地区迁移，粤北地区城市商业的繁荣成为明日黄花。

---

① 邓端本编著：《广州港史》（古代部分），北京：海洋出版社，1986 年，第 176 页。

② （清）梁廷枏总纂，袁钟仁校注：《粤海关志》卷二十三《贡舶三》，广州：广东人民出版社，2002 年。

③ 邓端本编著：《广州港史》（古代部分），北京：海洋出版社，1986 年，第 184 页。

④ （清）梁廷枏总纂，袁钟仁校注：《粤海关志》卷二十三《贡舶三》，广州：广东人民出版社，2002 年。

清末民初修筑粤汉铁路，粤北地区再次成为货物和人流北上南下的重要陆路通道，城市地位得以重新抬升。

3. 一口通商时期广州对外贸易的繁盛

清朝一口通商政策，并非闭关政策的全部内涵。广州作为国家全力维护下的全国贸易中心，对外贸易始终没有间断过。[①] 清廷把贸易中心放到岭南之地广州，实际是想将中外政治和贸易的矛盾边缘化，根本目的是出于维护其封建统治的稳定。

一口通商时期，清朝完善了进出口贸易管理体制：在广州设立粤海关负责进出口贸易税收；设十三行负责进出口贸易事宜，居间协调官府与外商的关系；指定黄埔为外来商船停泊处，澳门为外商居住地。以广州为中枢，佛山为内港，澳门为外港，相互配合，内外贸易条件越发完善，广东城市商业得到进一步发展，而广州在外贸上处于垄断地位。据《粤海关志》卷二十四《市舶》一项统计，乾隆至道光年间，大量外国商船运载商品货物在广州港上岸，广州对外贸易繁盛一时。进口船舶的规模："洋舶之大者，曰独樯舶，能载一千婆兰，一婆兰三百斤，番语也。次牛头舶，于独樯得三之一。次三木舶，于牛头得三之二；次料河舶，于三木得三之一。……凡上舶容人千余，中者数百。"[②] 可见外来船舶，技术先进，载重量大，促进了广州对外贸易持续繁盛。

---

① 清代闭关政策的实施有一个过程，其间也有过反复。清初为了对付东南沿海郑成功的抗清势力，顺治和康熙年间厉行禁海和迁海政策，对东南沿海民众生活及其全国经济发展影响极大。康熙二十三年（1684），在平定台湾之后，清廷下令开放海禁。二十四年（1685）正式开放广东、福建、浙江、江苏四省为通商贸易地点，并在广州、福建的漳州、浙江的宁波、江苏的云台山设立四个海关，以主持对外贸易和征收关税等事宜。乾隆二十二年（1757），由于洪任辉事件，乾隆皇帝下令封闭了江苏、浙江、福建三个通商口岸，而以广州为唯一通商口岸。

② （清）屈大均撰：《广东新语》卷十八《舟语》，北京：中华书局，1985年，第481页。

从广州出发的中国商船，在数量上有较快增长。19 世纪 20 年代，每年往返暹罗与中国的船舶有 82 艘，由中国驶往越南西贡的有 30 艘，加上驶往越南其他港口的船舶，往返于中国及越南、暹罗两国的商船总计有 116（艘），共两万多吨。[①] 广州至日本开辟有航线。1715 年清廷曾规定，广东每年可以派出两艘海船往日本贸易，每船贸易额为白银 27000 两。[②]

据史料记载，从 1792 年至 1837 年，中国同英国、法国、美国、荷兰、西班牙、丹麦、瑞典等国家进出口贸易总额增长迅速，详见下表：

表 4—1 1792 至 1837 年中国对西方国家进出口贸易表

年代	进口总额	出口总额
1792	5069653 两	5490524 两
1812	12070000 余两	15100000 余两
1813	12630000 余两	12930000 余两
1837	20148000 余元（银圆）	35093000 余元（银圆）

资料来源：1792 年贸易数字采自李洵《明清史》；1812 年和 1813 年贸易数字来自《粤海关志》卷十七；1837 年贸易数字来自魏源《海国图志》卷二。

出口方面：从广州输出的主要货物是茶叶、丝绸、棉布、铁锅等。

茶叶是 18 世纪英国、法国、荷兰、葡萄牙、西班牙等国商人来中国争相抢购的热门商品。每年约有 45 万担从广州输出。1701 年至 1761 年，从广州输入英国的茶叶逐年增加。由于茶叶

① 田汝康著：《十七世纪至十九世纪中国在东南亚洲航运和商业上的地位》，《历史研究》1956 年第 8 期。

② 冯佐哲、王晓秋著：《从〈吾妻镜补〉谈到清代中日贸易》，《文史》第 15 辑，北京：中华书局，1982 年。

畅销，价格上涨。如福建名茶武夷茶，雍正十年（1732）每担价格 13 至 14 两，到乾隆十九年（1754），涨到 19 两一担。虽然英国政府对茶叶课以重税，但需求依然旺盛。据统计，从 1781 年至 1793 年 12 年间，中国输入英国的茶叶价值达 96267833 元（银圆）。[①]

丝绸在广州商品出口额中占第二位。从广州出口的丝绸中有生丝和绸缎两种。虽然中国对丝绸输出经常加以限制，"每船准其配买土丝五千斤、二蚕湖丝三千斤，以示加惠外洋至意。其头蚕湖丝及绸、绫、缎、匹，仍禁止如旧，不得影射取戾"[②]。但是，英国商人为了垄断广州丝茶市场，仍然与法、荷等国竞相争购。每担丝价格亦由康熙三十八年（1699）的 137 两上涨至康熙六十一年（1722）的 142 两。到乾隆十九年时，每担丝价格再次上扬，在 150 两至 220 两之间。乾隆年间，广州平均每年出口湖丝并绸缎等商品，有 20 余万斤至三十二三万斤不等。[③]

广州棉布也有大量输出。1741 年为 15699 匹，次年增加到 598000 匹，1796 年再增至 820000 匹，1798 年则突破了 2125000 匹。自嘉庆五年至九年（1800—1804），每年平均出口 1353400 匹。[④] 当时中国棉布的质量和配色等都胜过英国棉布，价格也比较低廉，英国商人特别想在广州市场上购得这种商品。东印度公司也特许当时的港脚船输入这些商品。

广州铁锅出口量也很大，主要为佛山所产。雍正年间，外国

---

① 邓端本编著：《广州港史》（古代部分），北京：海洋出版社，1986 年，第 192 页。

② （清）梁廷枏总纂，袁钟仁校注：《粤海关志》卷十八，广州：广东人民出版社，2002 年，第 355 页。

③ 邓端本编著：《广州港史》（古代部分），北京：海洋出版社，1986 年，第 193 页。

④ 邓端本编著：《广州港史》（古代部分），北京：海洋出版社，1986 年，第 193 页。

商船来广州贸易，百分之八九十都要购买铁锅回去，"少者自一百连二三百连不等，多者至五百连并有一千连者"[①]。按每连重20斤计算，1000连重量达到2万斤，每船买铁锅少者2000至4000斤，多者达2万斤以上，出口数量非常可观。以致后来清政府为了维护国内铁器市场稳定，下令禁止广东铁锅出口。

进口方面：输入广州商品主要有白银、棉花、毛织品等。

白银是当时西方国家为充当购买中国商品的支付货币而输入的。各国商人为了到广州抢购丝、茶等热销商品，只好用白银来支付。中国银矿开采自16世纪下半叶以后开始衰微，大约1570年以后，白银开始大量从国外流入。[②] 当时清政府对白银输入持欢迎态度。各国商人带来的银子除纹银外，还有英国双烛洋、墨西哥鹰洋、威尼斯杜加通币等。进口银与货物比例，对于康熙年间的英国船，平均是银50000镑对商品5000镑，而在乾隆年间，平均是银73000镑对商品58000镑。[③]

当时珠三角地区纺织业非常发达，本地生产棉花供不应求，需要从国外大量进口棉花。康熙四十三年（1704），由英国购进棉花1116担，雍正十三年（1735）运进605担，到了乾隆五十年（1785）已增至48000余担，次年更增至93000余担，再次年则在187000担以上。嘉庆十九年至二十年（1814—1815），从广州进口运销的商货值银约3252480两，其中棉花约值银1051708两，占进口货值32%。[④]

---

① 《清世宗宪皇帝实录》卷一百一十三（雍正九年十二月），北京：中华书局，1985年，第504页。

② 吴承明著：《中国的现代化：市场与社会》，北京：生活·读书·新知三联书店，2001年，第230页。

③ 邓端本编著：《广州港史》（古代部分），北京：海洋出版社，1986年，第194页。

④ 彭泽益著：《鸦片战争前广州新兴的轻纺工业》，《历史研究》1983年第3期。

英国毛织品，在中国难以找到销售市场。原因在于国内传统
自给自足的自然经济，对外来商品有强大抵抗力。加之广大民众
经济生活陷入困境，对毛织品之类高档消费品需求量很小。

一口通商时期广州港的进出口海外贸易，中方处于出超地
位，外国处于入超地位。为了取得中国丝、茶等商品，西方资本
主义列强不得不向中国大量输入白银。为了扭转与中国贸易的不
利状况，英国商人便开始转向罪恶的鸦片走私，在澳门和广州地
区出现了鸦片贸易。英国东印度公司从1778年至1800年，向中
国走私运入鸦片4133箱。1833年后，增至21985箱。到鸦片战
争前夕，向中国走私入境的鸦片已经达到4万余箱。从道光六年
（1826）开始，英国对外贸易由入超变为出超，"使鸦片成为19
世纪全世界最贵重的单项商品贸易"①。英、美、法等国通过鸦
片走私贸易获取巨额利润，摆脱了与中国贸易入超的不利局面。
大量鸦片输入，直接导致道光朝时国库银根枯竭，出现财政危
机。国穷民弱，使清朝统治者开始感到统治危机。

1840年爆发的中英鸦片战争，以清朝失败结束，中国一步
一步滑向半殖民地半封建社会深渊。广州一口通商变为东南沿海
五口通商，清前期广州对外贸易的繁荣景象已经成为明日黄花。

（三）五口通商之后广东城市商业的变迁

鸦片战争后，中国对外贸易格局扩大到五口通商。上海拥有
长江出海口和大陆海岸线中段两大优越地理位置，以及广阔的内
陆腹地，19世纪后期，逐渐取代广州成为全国对外贸易中心。
香港由于实行无税口岸政策，逐步发展成为中国南方对外贸易中
心。晚清以降，广东又开放了汕头、北海、琼州、三水、江门等
商埠，这些港口城市分担了广州部分转口贸易功能。

---

① 《剑桥中国晚清史》上册，中译本第184页。转引自李侃等著：《中国近代
史》（第四版），北京：中华书局，2004年，第10页。

1. 广州商业衰落及缓慢恢复

两次鸦片战争对广州城市商业贸易造成了巨大消极影响。第二次鸦片战争期间，英法联军占领广州城 3 年多。这期间广州的行商和外商们纷纷移居香港，资金也随之流向香港或转移到上海，广州城市商业贸易受到巨大打击。

（1）1843—1894 年广州对外贸易衰落与缓慢发展

1843—1856 年，广州除鸦片贸易外，对外贸易呈现明显下降趋势。请看下表：

表 4−2　1843—1856 年英国经由广州进出口货物价值表（单位：银圆）

年份	进口	出口	总值	年份	进口	出口	总值
1843—1844	15506240	17925360	33431600	1851	10000000	13200000	23200000
1845	10392934	20734018	31126952	1852	9900000	6500000	16400000
1846	9997583	15378560	25376143	1853	4000000	6500000	10500000
1847	9625760	15721940	25347700	1854	3300000	6000000	9300000
1848	6534597	8653033	15187630	1855	3600000	2900000	6500000
1849	7902244	11485935	19388179	1856	9100000	8200000	17300000
1850	5900900	9918811	15819711				

资料来源：1843—1850 年数字，姚贤镐编《中国近代对外贸易史资料》第一册，北京：中华书局，1962 年，第 630 页；1851—1856 年数字，黄苇《上海开埠初期对外贸易研究》，上海：上海人民出版社，1961 年，第 71、73 页。

表中数据表明，广州对外贸易出口方面下降明显。从 1843 至 1847 年，由最高 2000 多万银圆下降到 1500 万银圆左右，1850 年已不足千万。进口也呈下降趋势。从 1846 年至 1850 年，进口都低于 1000 万银圆。1856 年，由于通往广州的商路重开，贸易额有回升，但此时已经改变不了广州外贸中心地位丧失的大趋势。

19 世纪 60 年代后，广州已被上海超越而退居次席，不再是中国对外贸易中心。随着第二次鸦片战争结束，以及战后西方列强对中国经济掠夺加剧，广州对外贸易有所恢复和缓慢发展。据广州海关资料，我们列出下表进行分析：

表 4-3　1867—1894 年广州进出口贸易统计表（单位：两）

年份	进口	出口	年份	进口	出口
1867	7078172	9506661	1885	5706148	10500458
1870	5703550	10488393	1890	11097872	14864366
1875	4398275	11742308	1892	12494853	16608786
1880	2940449	12803056	1894	13741801	15777828

资料来源：姚贤镐编《中国近代对外贸易史资料》第三册，中华书局，1962 年，第 1612、1616 页。

从 1867 到 1885 年，广州海关统计的进口货物价值数额较小，实际上是因为其并未将来往于广州和香港、澳门之间的帆船贸易货物价值计算在内。1890 年后，广州海关统计的进口数额突然增加，乃是由于 1887 年 4 月在九龙和拱北设立海关后，这类帆船贸易大部分也被计算到海关统计中了。这充分说明，当时来往于穗、港、澳的帆船贸易数量巨大。我们注意到，如果不把数量巨大的鸦片走私计算在内，广州对外贸易一直都有较大出超。经过广州海关直接进出口的货值，在全国进出口总值中所占百分比，一直在 10%～14% 之间波动。[①] 可见，广州的商业贸易已逐步得到恢复发展。

尽管如此，广州仍具有发展对外贸易的有利条件，尤其是庞大的广东商人队伍和巨额资金发挥了积极作用。香港崛起尽管以

---

① 程浩编著：《广州港史》（近代部分），北京：海洋出版社，1985 年，第 101～102 页。

牺牲广州外贸为代价，但是香港经济发展起来后，穗港澳之间商贸联系并未中断，反而日益紧密，广州经济从与香港、澳门的转口贸易中得到实惠。同时，上海成为全国外贸中心后，与广州依然保持着传统的商业贸易联系。这是广州经济缓慢恢复并继续发展的根本原因。

（2）1895—1911年广州对外贸易的发展

从1895年到清朝灭亡，广州对外贸易继续发展。但此时国内外形势和外贸环境发生了较大变化，甲午战争后，日本通过《马关条约》取得了在华通商口岸投资设厂的特权。同时，列强通过苛刻的政治性贷款，进一步控制了中国海关。19世纪90年代，列强在中国划分"势力范围"和强租"租借地"，掀起了瓜分中国的狂潮。1899年11月，法国强租广州湾；1897年，英国强迫清政府开放西江，开辟三水、梧州为商埠；1898年6月，英国强租九龙半岛、香港附近岛屿和大鹏、深圳两湾。西江开通后，"梧州、甘竹、江门三处往来香港极便，且有子口税单，凡内地远客所买洋货，俱由洋商径运入内"[①]。尽管面临这些不利因素，19世纪90年代后，广州对外贸易仍然有所发展，逐步走出了鸦片战争之后贸易中心转移的困境。

这一时期，广州进出口贸易海关税收，1896年最低，仅占全国外贸税收总额7.3%；1901年和1903年最高，增长到9.6%和9.5%。一般维持在8%～10%。同一时期广州对外贸易额，1899年占全国8.0%，1901年占8.5%，1903年增至

---

① 杜德维（Drew）著：《光绪二十三年（1897）广州口华洋贸易情形论略》，中国第二历史档案馆、中国海关总署办公厅编：《中国旧海关史料（1859～1948）》第26分册，北京：京华出版社，2001年，第216页。

12.4％，[1]与关税收入总额在全国占比大体一致。这一时期，就贸易总额和总值来说，广州仍然居全国第二位，对外贸易一直平稳发展，没有出现大的波动。

我们再来分析同期广州进出口商品结构。

从 1894 年到 1902 年，广东蚕丝业发展较快。年平均蚕丝产量为 68792 担，比前 10 年平均产量 40642 担多 28150 担。而出口以 1910 年为最，达到 79000 余担。

茶叶是广州大宗出口商品。鸦片战争后，随着外贸中心地位丧失，广州茶叶出口急剧下降。19 世纪 80 年代以来，广州茶叶出口下降更为明显，"（茶叶）出口之数，历年递减，（光绪）十八年（1892）出口尚约有 65000 担，及至本年（1902）出口不过 24000 担"[2]。主要是因为中国东南沿海的浙江、福建等产茶区不再只有广州一个出口通道，这些产茶区多就近出口或改由上海出口，这对广州茶叶出口贸易影响极大。在当时国际市场激烈竞争下，广州茶叶贸易不可避免地走向衰落。

地席是广州传统出口商品之一，"中国地席出于农产成于工艺，不独为国内需要之物，亦为输出外国重要之品。产地之良者，首推广州"[3]。1897 年，广州出口地席多达 45 万捆。1903年，地席出口货值 414 万余海关两，成为广州地席出口的"极盛

---

① 陈华新著：《甲午战争到五四运动前广州的对外贸易》，广州市社会科学研究所编：《近代广州外贸研究》，北京：科学普及出版社广州分社，1987 年，第 123～125 页。

② 湛参著：《光绪二十八年（1902）广州口华洋贸易情形论略》，中国第二历史档案馆、中国海关总署办公厅编：《中国旧海关史料（1859～1948）》第 36 分册，北京：京华出版社，2001 年，第 261 页。

③ 《直隶实业杂志》1915 年第 5 期，第 17 页。转引陈华新著：《甲午战争到五四运动前广州的对外贸易》，广州市社会科学研究所编：《近代广州外贸研究》，北京：科学普及出版社广州分社，1987 年，第 130 页。

时代"。① 地席出口数量虽多，但其货值不高。1903 年地席出口额达到最高，却仅占这一年广州出口总值的 9％。20 世纪初，广州地席出口走向衰落。

广州是西方列强洋纱侵入最早之地。1894 年至 1903 年间，年均进口洋纱 23 万担，1894 年进口量高达 290134 担。从印度进口最多，其次是英国，再次是日本。与此同时，洋布进口也在逐年增加。1897 年粤海关报告说："洋布类进口者多"，"外洋贸易进口洋货有大宗货物数样，本年进口增多如白色洋布、原色洋布、扣布……"② 到 1903 年，洋布进口数量又有新突破。原色布进口 152731 匹，比 1902 年增加 36905 匹；扣布进口 42581 匹，比 1902 年增加 10385 匹；印花布进口 45794 匹，比 1902 年增加 27350 匹；色布进口量也比往年有所增加。③ 洋纱洋布倾销，破坏了广东农村传统手工棉纺织业，"自通商以来……妇人织纺之业，荡然无存"④。加速了广东农村自给自足自然经济的解体。

从 1904 年至清朝灭亡，在广州洋布类进口货物中，印度纱占据绝对优势。其间，日本取代英国跃居第二位。棉布进口量也是水涨船高。如 1906 年，广州白洋布进口 187000 匹，1907 年

---

① 《直隶实业杂志》1915 年第 5 期，第 17 页。转引陈华新著：《甲午战争到五四运动前广州的对外贸易》，广州市社会科学研究所编：《近代广州外贸研究》，北京：科学普及出版社广州分社，1987 年，第 130 页。

② 杜德维（Drew）著：《光绪二十三年（1897）广州口华洋贸易情形论略》，中国第二历史档案馆、中国海关总署办公厅编：《中国旧海关史料（1859～1948）》第 26 分册，北京：京华出版社，2001 年，第 215 页。

③ 卢力飞著：《光绪二十九年（1903）广州口华洋贸易情形论略》，中国第二历史档案馆、中国海关总署办公厅编：《中国旧海关史料（1859～1948）》第 38 分册，北京：京华出版社，2001 年，第 276 页。

④ 徐勤著：《拟粤东商务公司所宜行各事》，（清）麦仲华辑：《皇朝经世文新编》卷十下，上海大同译书局，光绪二十四年（1898）刊本，第 30 页。

进口增至 229000 匹。印花洋布也略有增加。① 1911 年，广州进口原色布 116788 匹，白洋布 222488 匹，② 此外，还进口粗布、细斜纹布等多种。

19 世纪 90 年代后，广东粮食缺口主要依赖进口。有学者指出，中国沿海缺粮港口城市，粮食输入首先考虑从国内其他地区调入，只有在国内其他地区不能满足的情况下，才考虑从东南亚特别是暹罗进口。③ 近代广州的粮食进口情形也是如此。④ 1902 年，粤海关报告说，"省城邻县所产米石，向不足供本地食用。惟省官与有名善堂知晚稻失收，恐饥乱继起，速即签提巨款，运买扬子江一带米石回粤接济"⑤。可见，广东粮食主要是从长江一带运买。值得注意的是，广州也有少量大米出口。1899 年，粤海关报告说，"运米入口多于出口米十倍。……土产之米由渡船载运出口者，本关无册可稽"⑥。另外，在粮食消费群体上也有区别。拱北海关报告说，"广州府所产之米凤推上品，凡侨寓外洋之华民暨本府土著小康之家，皆珍视而喜尝之。每年多运出

---

① 庆丕著：《光绪三十三年（1907）广州口华洋贸易情形论略》，中国第二历史档案馆、中国海关总署办公厅编：《中国旧海关史料（1859~1948）》第 46 分册，北京：京华出版社，2001 年，第 362 页。

② 梅乐和著：《民国元年（1912）广州口华洋贸易情形论略》，中国第二历史档案馆、中国海关总署办公厅编：《中国旧海关史料（1859~1948）》第 60 分册，北京：京华出版社，2001 年，第 394~395 页。

③ （日）滨下武志著，高淑娟、孙彬译：《中国近代经济史研究：清末海关财政与通商口岸市场圈》，南京：江苏人民出版社，2006 年，第 247 页。

④ 庆丕著：《光绪二十六年（1900）广州口华洋贸易情形论略》，中国第二历史档案馆、中国海关总署办公厅编：《中国旧海关史料（1859~1948）》第 32 分册，北京：京华出版社，2001 年，第 246 页。

⑤ 湛参：《光绪二十八年（1902）广州口华洋贸易情形论略》，中国第二历史档案馆、中国海关总署办公厅编：《中国旧海关史料（1859~1948）》第 36 分册，北京：京华出版社，2001 年，第 259 页。

⑥ 史纳机著：《光绪二十五年（1899）广州口华洋贸易情形论略》，中国第二历史档案馆、中国海关总署办公厅编：《中国旧海关史料（1859~1948）》第 30 分册，北京：京华出版社，2001 年，第 251~252 页。

洋以济华民之食……较贫民所用暹罗等处洋米，价值几贵倍蓰"①。可见，广东每年需要进口大量洋米或国内米接济，但粤省也有少量优质稻米出口，供应港澳及海外华侨，城乡贫民则食进口洋米。说明粮食质量和价格差异，是影响近代广东谷米进出口贸易的重要因素。

同一时期，鸦片以洋药名义输入广州，且占相当比重。1894年，鸦片进口 7630 担，加上走私 5000 担，鸦片实际进口 12630担，是年，全国进口鸦片 63051 担，广州鸦片进口占全国19.4％。1900 年，广州鸦片进口 6914 担；1904 年为 9451 担，1910 年为 5065 担。② 由此看出，广州鸦片进口数量占到全国20％左右。从价值上看，鸦片货值仅次于棉纱、棉布进口值，居第二位。说明广州仍然是西方列强将鸦片输入中国的重要港口。

2. 清代广州与国内贸易的发展变迁

清前期，作为一口通商城市，广州与广东省内乃至全国其他地区各大城市都有频繁贸易往来。晚清以降，随着五口通商以及一系列沿海沿江城市对外开放，广州与国内各省区经济贸易往来逐渐下降。我们分前后两个阶段进行探讨。

（1）清前期广州与国内贸易的发展

广东省内贸易。广州作为省会，清前期与省内各地都有经济贸易往来。当时省内运来广州的商品有丝、米、鱼、盐、水果、蔬菜、银、铁、珍珠、肉桂、槟榔等。与广州有直接贸易往来的有琼州、高州、雷州、廉州、潮州、惠州、澳门和江门等。此

---

① 阿理文著：《光绪二十年（1894）拱北口华洋贸易情形论略》，中国第二历史档案馆、中国海关总署办公厅编：《中国旧海关史料（1859～1948）》第 22 分册，北京：京华出版社，2001 年，第 212 页。

② 《光绪二十六至三十四年，宣统元年至三年广州口华洋贸易情形论略》，中国第二历史档案馆、中国海关总署办公厅编：《中国旧海关史料（1859～1948）》，北京：京华出版社，2001 年。

外，从东江与广州直接贸易的有东莞的石龙和嘉应州治等。粤北的韶州、南雄和连州，粤西的肇庆、罗定等府州县农副产品先以佛山为集散中心市场，然后再转运广州出口。因此，广州与这些地区府县城市的贸易为间接贸易。外来洋货也通过广州和佛山两个中心市场网络，将进口洋货输往广东省内各地。

与国内各大区域市场的贸易。清前期，从广西运来米、肉桂、铁、木材等农产品及原材料，运回其他土产和洋纱、洋布等海外货物；福建、江浙地区运来商品以红茶、丝织品、纸、扇、夏布、矿产、漆器等为主，运回毛、棉、布匹等货物；从山东、直隶等运来水果、蔬菜、酒、皮货等，运回布匹、钟表、洋杂货等；从陕西、甘肃等西北地区运来皮货、黄铜、铁、药材等，运回棉毛布匹、书籍、漆器、眼镜等货物；从云贵川等西南地区运来铜、锡、铅等矿产品以及香料、药材等，运回进口各色洋货；从湖广地区运来粗布、苎麻、瓷器、药材等产品，贩回毛织品、线装书籍、洋货等。

广州与国内长距离货物贸易，以粮食、棉布、粤盐、生铁、铁器和糖的交易量最大。

清前期，广东为缺粮大省，主要依靠外省运输调剂，从广西输入谷米为最多。雍正年间，广东每年"即丰收而乞籴于西省者犹不下一二百万石"①。乾隆、嘉庆年间是西米东运最盛时期，广西稻谷每年东运量 300 万石左右。湖南是广东谷米另一主要供应地。谷米运输从粤北和广西两路进入佛山和广州。江西、福建也有少量谷米输入广东。湘、赣、闽 3 省南运广东之米估计有四五十万石。广西谷米与广东布匹、丝绸、铁器、缸瓦器皿等货物

---

① 《世宗皇帝朱批谕旨》（清雍正八年四月二十日，云贵广西总督鄂尔泰奏），《四库全书·史部·诏令奏议类》卷一百二十五之十四，台北：台湾商务印书馆，1986 年初版。

相交换。尽管这些谷米不仅仅是输入广州一地，但作为人口超过百万的大都市，4 省谷米有相当部分流入广州消费。

棉、布运销。清前期，从外省贩至广东的棉和布以松江和湖广为多："冬布多至自吴、楚，松江之梭布、咸宁之大布，估人络绎而来，与棉花皆为正货。"① 湖北之监利布，"南走百粤，获利甚饶"。当时湖广布是循湘江南下武水而至。松江布除走由长江转入赣水过梅岭南来的传统路线外，清前期还发展了海路运输。同时，江西棉和布也大量输入广东市场，江右布商在广东棉布市场上占有重要地位。清前期，广东棉纺织业有了较大发展，广州、佛山有大量土布输往广西等地。

粤盐运销。清前期粤盐行销七省。北渡大庾，东达楚闽，溯西江而上，由广西达黔滇两省。广东有两大运盐中心：一为广州东汇关（又称省河），一为潮州广济桥（又称潮桥）。负责所有配盐批发，由埠商负责承运。广州省河总埠运销范围很广，包括本省除潮、嘉、琼三府之外的地方，广西全境，贵州的古州，云南的广南、宝宁、开化和文山四府，湖南的临武、宜章等县，江西的南安、赣州二府。另外，从乾隆年间开始，广东与云南展开铜盐互易。云南每年运滇铜，广东每年运粤盐，在广西百色所辖之剥隘交割，促进了滇、桂、粤三省商品流通。

生铁和铁器运销。清前期广东铁矿开采业有很大发展。全省铁矿产地有 31 县、102 处之多。广西贺县、临桂、富川、雒容、思恩 5 县也有不少铁矿产地。当时官府规定两广所属铁炉出产生铁必须运到佛山发卖，违者与贩私盐同罪。因此，两广所产生铁"皆输于佛山一埠"，直接促进了佛山铸铁业兴盛。佛山铁器在国内市场销路很广，同时也经广州销往外洋，雍正年间，外国船只

---

① （清）屈大均撰：《广东新语》卷十五《货语》，北京：中华书局，1985 年，第 426 页。

购买佛山铁锅，每船少者 2000~4000 斤，多者达 2 万斤。

粤糖运销。清前期，广东蔗糖业有了较大发展，"蔗田几与禾田等"，推动了制糖业商品化生产。由于蔗糖产量多，大量输往省外。清代道光年间，广东平均每年贩往外省和出口海外红白糖为 35 万担，冰糖约 4 万担。运销食糖量为各省之冠。

（2）晚清广州与省内外贸易的变迁

上海开埠后，广东以北的湘赣市场渐归于上海，鄂、晋、陕、川等省丝茶也改道上海出口。1853 年福州开埠，武夷山茶叶改道福州出口。1862 年汉口开埠，又把原来从广州出口的岭外茶叶截流到汉口出口。广州外贸持续滑坡，全国商贸中心地位遭到严重削弱，最终被上海取代。

晚清以来，广州与国内市场联系主要通过海路运输。广州至中国北方港口主要有上海、牛庄（营口）、天津等 3 条南北航线。[①] 承担营运的是招商局和外国轮船公司。第二次鸦片战争后，北海、琼州和汕头开放，其货物主要经香港中转，故其辐射区域基本上脱离了与广州的直接贸易联系。清末，江门、三水、梧州、南宁开放，其货物直接转运香港，与广州的埠际贸易进一步下降。

晚清以来，除与桂、滇、黔和湘、赣等邻近省份保持一定水路运输货物量外，粤北地区北上中原的两条主要陆路交通渐趋冷落，以上海为中心的海路运输构成了清末广州与国内贸易的主要交通格局。经广州贸易的货物，除粮食外，又增加了原煤和水泥等与城市近代工业和建筑密切相关的货物。

清末，随着轮船燃料煤需求量增加，广州近代工业和建筑业对水泥需求量增加，广州与国内贸易货物以煤炭、水泥居多。宣

---

① 广州市地方志编纂委员会编：《广州市志》卷四《交通邮电卷》，广州：广州出版社，2000 年，第 158 页。

统元年（1909）广州海关报告说，"土煤一项，以开平为多。去年共 3026 吨，本年 25362 吨；年底更有东三省所出煤运来"。1910 年，广州从北方大量进口原煤，质量几乎与洋煤不相上下，"煤斤本年增至 54554 吨……均系开平、抚顺两处运来。……土煤进步甚速，购用日多，按货质议价几可与洋煤相埒"[①]。可见，随着广州城市近代化加速，与国内各区域市场贸易的商品结构，与清代前期相比发生了根本性变化。

3. 广东其他通商口岸城市商业贸易的变化

鸦片战争后，广东开放了汕头、三水、江门、惠州、琼州、北海等城市；还自开了香洲和公益埠两个商埠。[②] 我们以汕头、北海和琼州 3 个口岸为例，分析其对外贸易状况和市场贸易圈问题。

英国于 1860 年在汕头设立海关，任命华为士为第一任海关税务司。汕头开埠后，对外贸易有了较大发展，"凡潮州出入口贸易，皆以汕头为吐纳"，逐步取代潮州的经济中心地位，形成了以汕头为中心的新贸易市场圈，并形成了包括汕头与近邻区域市场、国内沿海港口市场、国外市场等三个层级的市场体系。

（1）近邻区域市场

汕头与潮州府属各县、嘉应州等近邻市场的贸易，其中棉纱占相当大的比重，货源基本上通过香港转口。1864—1911 年汕头棉纱进口情况见下表：

以棉纱为例，从 1881 年到 1911 年，汕头棉纱进口数量呈迅速增长态势，在汕头进口货值中占 20％以上（见表 4—4）。棉纱

---

① 欧森著：《宣统元年、二年（1909~1910）广州口岸华洋贸易情形论略》，中国第二历史档案馆，中国海关总署办公厅编：《中国旧海关史料（1859~1948）》第 51、54 分册，北京：京华出版社，2001 年，第 393 页、第 416 页。

② 杨天宏著：《口岸开放与社会变革：近代中国自开商埠研究》，北京：中华书局，2002 年，第 110—112 页。

绝大部分来自印度，其次是英国和日本。汕头进口的棉纱一部分销往潮州，大部分运往兴宁加工成棉布，再转运佛山销往内地。此外，棉布、煤油、洋糖、棉花、毛料、金属、煤、鸦片等销往潮州、嘉应州、兴宁，然后再转运闽西南、赣南等内地市场，潮盐也沿着相同路径运销。潮汕地区土特产则通过海路运往厦门、台湾等地销售，这样，围绕汕头港口形成了一个近邻区域市场体系。

表 4-4 1864—1911 年汕头棉纱进口情况统计表

时间	棉纱平均进口量（担）	棉纱平均进口价值（两）	在汕头进口货值中所占比例
1864—1880	23906	687495	10.12％
1881—1895	107170	2046016	27.5％
1896—1911	144925	3179434	23.83％

资料来源：据各年海关报告统计，中国第二历史档案馆、中国海关总署办公厅编：《中国旧海关史料（1859—1948）》，北京：京华出版社，2001年。转引陈丽著：《清代后期汕头的对外贸易（1860—1911年）》，暨南大学 2005 年硕士论文第 47 页图表。

（2）国内沿海港口市场

蔗糖为汕头大宗出口产品。清前期，潮汕农村普遍种植甘蔗，用土法制糖，年产量达 200 万担以上。汕头开埠后，逐步取代广州成为广东乃至全国蔗糖批发中心。潮州府属各县皆产糖，这些蔗糖先集中于汕头，然后再运销上海、镇江、汉口、天津等口岸销售。1895 年输出蔗糖 1321000 担，运往香港者只数千担。……上海买白糖 299000 余担，……赤糖 325000 余担；汉口买白糖 109000 余担，赤糖 140000 余担；……镇江买白糖 91000 余担，赤糖 119000 余担；……天津买白糖 78000 余担，赤糖

61000 余担。①

豆饼为蔗田极好之肥料，潮商将蔗糖运往北方港口销售，又顺道采购豆饼、豆子等运回汕头销售。这样以汕头为中心，形成了北达上海、汉口、天津、烟台、牛庄，南到香港、广州、琼州，以糖、大米、豆子、豆饼等商品运销为主的国内沿海港口市场贸易圈。

（3）国外市场

东南亚地区是潮汕华侨聚居最多的地方。18 世纪的大米国际贸易，使潮州与东南亚地区的海上交通有了较大发展，许多潮州人因此定居东南亚，形成了第一次移民潮。从 1860 年起，人口压力、地方动荡等因素，推动了潮汕地区向东南亚的第二次大规模移民。② 每年约有 1.75 万人经汕头口岸移民东南亚。这些侨民每年都要寄银钱回家，形成数额巨大的侨汇。侨汇对潮汕地区商业贸易产生巨大影响。由于华侨众多，对家乡的农林土特产需求量大。由汕头输往东南亚的货物有土布、新鲜果菜、糖、纸、陶瓷等，而从暹罗、越南等地进口大米，从苏门答腊进口煤油等，形成了以汕头为中心的东南亚贸易圈。

汕头开埠后，对外贸易发展迅速，但长期处于入超状态。进口货物以消费品为主，约占进口货值 70%，生产资料只占不到 30%。在生产资料中，棉纱、棉花、金属、煤等 4 项所占比重最大。消费品中占比较大的是鸦片、棉织品、煤油、海产品、大米、糖等。海外洋货大量输入，一方面加速了潮汕地区自然经济的解体，促进了城乡商品经济发展；另一方面，洋货泛滥又严重

---

① 辛盛著：《光绪二十一年（1895）汕头口华洋贸易情形论略》，中国第二历史档案馆、中国海关总署办公厅编：《中国旧海关史料（1859～1948）》第 23 分册，北京：京华出版社，2001 年，第 199 页。

② 广东省汕头市地方志编纂委员会编：《汕头市志》，北京：新华出版社，1999 年，第 420 页。

影响了潮汕地区民族工业发展。

北海是一个以货物集散为主的港口城市。早在开埠前，北海已发展成为粤西地区商业中心。《北海杂录·原始》记载："咸丰初，红巾匪乱，西江梗塞，凡广西之北流、郁林、南宁、百色、归顺州、龙州及云南、贵州之货物，均由澳门用头艍船载运来往……因此大为兴旺。"① 据 1876 年《中英烟台条约》规定，1877 年北海正式开埠通商。自此之后，北海对外贸易进入繁荣时期。从香港、澳门输入的洋布、洋纱、煤油、火柴、面粉、五金等工业品在北海集散。货物先运销至钦州打包，再用手推车、牛车、人力肩挑运往南宁，再溯右江、左江转运云南和贵州；滇、黔两省和广西的赤糖、烟叶、八角、生牛皮、桂皮、桂圆肉等土特产，亦由南宁转运北海集中，再装船运输出口。郁林地区货物沿南流江运抵廉江达北海出口。在广州湾开埠前，高、雷地区的货物，亦由帆船运来北海集中转运出口。形成了以北海为中心地，连接廉、高、雷等粤西地区，依托桂、滇、黔等省的贸易圈。同时，由于北海紧邻越南，双方的贸易往来也比较频繁。

1858 年，根据《天津条约》，海口被辟为对外通商口岸。1876 年 4 月 1 日，设置琼州海关，正式开埠。海口港以海南岛为中心，与北海、雷州、高州、穗、港、澳及海防、东南亚等有转口贸易联系。

海口输入货物有棉纱、棉毛布、煤油、火柴和鸦片等，主要输往海南岛岛内市场销售，也有少量转运雷州和高州府地区集散。从岛内输出砂糖、牛皮、椰布、瓜果、槟榔等土特产，大部分运往香港和澳门集散。雷州也有部分土特产到海口转运。如1898 年，琼州海关报告说："今年糖收歉薄，是以由雷州凭运照

---

① 马依主编：《广西航运史》，北京：人民交通出版社，1991 年，第 89 页。

而来者只有 30000 余担，去年则有 76000 担。"①

海口出口砂糖主要运销国内北方市场。如 1889 年，"白糖出口 91581 担……赤糖出口 22830 担……土产糖质不甚精细，在香港上市较爪哇糖相形见低，故需运赴上海、宁波、天津等处，始获善价"②。海口与广州也有部分直接贸易往来。如 1909 年，海南临高出产之生盐运往省城者有 2000 海关两。海口与汕头也有直接贸易往来。如宣统元年，"由汕头进口者共有 16 艘，出口往汕头者共有 14 艘；由汕头运入四川烟土，价值达 246000 海关两。海南土产如菠萝、麻、槟榔、牛胶等也运销汕头，价值达 300000 海关两"③。海口与汕头也有土货贸易，如 1910 年，"（土货）运往汕头货值 281827 两；土货进口几乎尽由汕头而来。本年货值跌至关平银 398168 两"④。可见，以海口为中心，形成了北达天津、上海、宁波、汕头，近及广州和港澳的国内市场贸易圈。

海口与东南亚诸国有长期客货往来。海南有大批民众移居东南亚，从 1876 至 1908 年的 30 多年间，通过海口客运出洋者达 24 万多人。1902 至 1911 年到新加坡的人数也逐年增加。到越南、泰国等地的人数也较多。⑤ 这些客运大都由香港中转，有少

---

① 史纳机著：《光绪二十四年（1898）琼州口华洋贸易情形论略》，中国第二历史档案馆、中国海关总署办公厅：《中国旧海关史料（1859～1948）》第 28 分册，北京：京华出版社，2001 年，第 261 页。

② 聂务满著：《光绪十五年（1889）琼州口华洋贸易情形论略》，中国第二历史档案馆、中国海关总署办公厅编：《中国旧海关史料（1859～1948）》第 15 分册，北京：京华出版社，2001 年，第 211 页。

③ 克乐思著：《宣统元年（1909）琼州口华洋贸易情形论略》，中国第二历史档案馆、中国海关总署办公厅编：《中国旧海关史料（1859～1948）》第 51 分册，北京：京华出版社，2001 年，第 449～450 页。

④ 穆厚达著：《宣统二年（1910）琼州口华洋贸易情形论略》，中国第二历史档案馆、中国海关总署办公厅编：《中国旧海关史料（1859～1948）》第 54 分册，北京：京华出版社，2001 年，第 473 页。

⑤ 海南省地方史志办公室编：《海南省志·农业志》，海口：南海出版公司，1997 年，第 50～51 页。

量由帆船或外国商船直接运往新加坡。大量岛内侨民通过侨批业寄回侨汇，有助于平衡海口的海外贸易。

海南也是缺粮区，农业收成不好时，需从暹罗、越南等国进口大米。据琼州海关报告，光绪二十八年（1902）、三十四年（1908），宣统元年（1909）、二年（1910），海南进口大米分别占进口货物估值的 46％、4％、21.25％、30％。[①]

在海南进口的洋货中，印度棉纱占绝对优势，其余是英国和日本棉纱；煤油分别来自美国、俄罗斯和苏门答腊，大都通过香港转运。因此，以海口为核心，形成了以东南亚为内圈，美、俄等为外围的国际市场贸易圈。

二、清代广东城市手工业的发展和变迁

清前期，广东城市手工业取得了较高水平，产品畅销国内外市场。进入晚清，随着西方列强入侵和洋货大量倾销，广东城市手工业受到沉重打击。

（一）清代前期广东城市手工业的发展和繁盛

我们按照宏观地理区域，考察清代广东城市手工业发展情况。

1. 粤北地区城市手工业的发展

唐宋时期，粤北地区矿业非常有名。明清时期，随着珠三角等沿海地区经济开发加速，粤北地区经济进入缓慢发展阶段。清前期，粤北城市手工业比较落后，规模小，种类不多。

造船业。粤北地区造船业始于汉代。汉元鼎六年（前111），楼船将军杨仆率师到达南雄后，在浈江河畔建造楼船。清朝一口

---

① 穆厚达著：《宣统二年（1910）琼州口华洋贸易情形论略》，中国第二历史档案馆、中国海关总署办公厅编：《中国旧海关史料（1859~1948）》第 54 分册，北京：京华出版社，2001 年，第 473 页。

通商时期，粤北地区水路交通地位日益凸显，南来北往货物转运繁忙，促进了造船业发展。屈大均云："粤人善操舟，故有铁船纸人，纸船铁人之语。"① 由于北江以上支流滩水流急，以建造中小级别船只为主："其船食水浅，率以樟木为之。底薄而平，无横木以为骨……故曰纸船。"②

印刷业。粤北印刷业在宋代兴起。由于经济文化水平落后，印刷业在清前期无大的进步。

纺织业。粤北地区古代织物种类颇多，除棉布、丝布外，还有葛布、蕉布、竹布等。多为农村单家独户生产。城镇里的行业性生产与经营则起步较晚。

此外，粤北地区采矿、冶炼、医药、造纸、食品、制糖等手工行业都有所发展，但多为农村分散经营，集中在城镇生产的不多。

清前期，粤北地区城市手工业落后有两方面原因：其一是城市商业因广州一口通商一度繁盛，但商业发展只限于商路沿线城市，没有带动农业和手工业相应发展。其二是商路沿线地区大量劳动力仰赖于肩挑背负苦力谋生，不能积累过多的资本用于发展商品经济。总之，清前期，粤北地区城市手工业除造船业有所发展外，其余行业较为落后。

2. 粤中地区城市手工业的繁盛

粤中地区范围广，城镇众多，拥有富饶的珠江三角洲经济腹地，农业生产和商品经济发达，为手工业发展提供了优厚的物质条件，是清前期广东城市手工业发达之区。以广州和佛山为代表，行业众多，部类齐全，技艺精湛，所产产品被誉为"广货"，

---

① （清）屈大均撰：《广东新语》卷十八《舟语》，北京：中华书局，1985年，第477页。

② （清）屈大均撰：《广东新语》卷十八《舟语》，北京：中华书局，1985年，第477页。

畅销国内外市场。

（1）广州

广州手工业有船舶修造、冶铸和五金制品、纺织和工艺美术等主要行业。

船舶修造业。秦汉时期，番禺已有发达造船业。清代广州造船技术有了新发展。屈大均记载："广之蒙冲（艨艟）战舰胜于闽艚，其巨者曰横江大哨，自六橹至十六橹，皆有二桅。"[①] 可见，广州建造的船舶规模宏大，载货量大。清前期，广东有官营船厂4处，以广州河南船厂最大，能制造艨艟战舰。民营船厂亦能制造"乌艚""白艚"和船身达9丈多的大龙艇。广州造船业发达，为海外贸易繁荣提供了良好条件，海外贸易发展，又给造船业提供了新动力。在近代轮船尚未大规模用于航海前，广州帆船在贸易中发挥了重要作用。

冶铸和五金制品业。清代广州冶铸业有一定规模。铁局巷为广州城冶铁业集中地，因清初设立铁局，故得名。英国人斯当东记述说，广州铁匠在加工薄铁片方面，"本领超过欧洲工匠"[②]。清乾隆六十年（1795），顺德人何成兄弟在广州西门开设岐利打铁店，打制的双狮牌菜刀，质量上乘，成为国内市场上的名牌产品。随后各地商人在省城内庆南坊、华杰巷、正显坊等地陆续开设铜铁作坊、铁器店30多家。[③]

清朝康熙年间，广州金银首饰行业已经形成。19世纪初，

① （清）屈大均撰：《广东新语》卷十八《舟语》，北京：中华书局，1985年，第479页。

② 刘志伟著：《明清时期广州城市经济的特色》，《开放时代》（又名《广州研究》）1986年第1期。

③ 广州市地方志编纂委员会编：《广州市志》卷六《商业卷》，广州：广州出版社，1996年，第156页。

金银首饰业发展兴旺，从业人员有 3000 人。[1]屈大均记载，"闽粤银多从番舶而来。……闽、粤人多贾吕宋银至广州。揽头者就舶取之，分散于百工之肆"[2]，反映出清代前期广州银货贸易兴旺情况。18 至 19 世纪，广州经营银器商店有吉星、其昌等 10家，位于同文街、河南会所街和靖远街等街道。[3]

　　广州造钟始于清朝康熙年间。乾隆中期以后，经过长期模仿学习，广钟质量有了质的飞跃。无论是钟壳还是机芯，都可与西洋钟表相媲美。当时广州城内既有本地工匠开设的制钟作坊，也有欧洲人开办的钟表工场。乾隆时期，广州钟表制造业达到了极盛，大量钟表入宫受到皇帝青睐，与苏州制造的自鸣钟同为国内名钟。

　　纺织业。广东蚕桑业兴起于明代。清前期，广东丝织业大规模兴起。广州、佛山、兴宁成为 3 个主要基地，广州附近纺织工场有 2500 余家。李调元在《南越笔记》中说："广之线纱与牛郎绸、五丝、八丝、云缎、光缎，皆为岭外京华、东西二洋所贵。"[4] 雍正年间，广州丝织机行创立，促进了丝织业进步。丝织场主要分布在城外西关平原。全盛时期有工人三四万人。[5] 丝织业兴旺又推动了行业内部分工细密化。广州丝织行业内部有 5个行，大行内部又细分为若干小行。织工大多数计件领取工资。广州丝织品质量上乘，"粤缎之质密而匀，其色鲜华，光辉滑

---

　　① 广州市地方志编纂委员会编：《广州市志》卷五上《工业卷》，广州：广州出版社，1998 年，第 764 页。

　　② （清）屈大均撰：《广东新语》卷十五《货语》，北京：中华书局，1985 年，第 406 页。

　　③ 雷传远著：《清代走向世界的广货——十三行外销银器略说》，《学术研究》2004 年第 10 期。

　　④ （清）李调元撰：《南越笔记》卷五。（清）吴绮等撰，林子雄点校：《清代广东笔记五种》，广州：广东人民出版社，2006 年）第 270 页。

　　⑤ 蒋祖缘等主编：《简明广东史》，广州：广东人民出版社，1993 年，第 365页。

泽"，金陵、苏杭皆不及，有"广纱甲天下，缎次之"说法，反映出广州纺织技术的高超。屈大均广州竹枝词云："洋船争出是官商，十字门开向二洋。五丝八丝广缎好，银钱堆满十三行。"①

清前期，广州棉纺织业有了新进步。棉织品原料除了来自当地，还从长江下游输入。褚华的《木棉谱》记载："闽粤人于二三月载糖霜来卖，秋则不买布而买花衣（棉花）以归，楼船千百皆装布囊累累，盖彼中自能纺织也。"② 18 世纪初，英国东印度公司开始输入印度棉花。19 世纪初，印度棉花大量出口广州，为棉纺织业提供了优质原料，促进了广州地区棉纺织业兴盛。由于广东棉花产量少，主要依托国内外市场供应，容易受国内外棉花市场价格波动影响，比不上丝织业兴旺。

工艺美术业。清代广州工艺美术业，包括象牙雕刻、玉石雕刻、广绣、织金彩瓷等种类。

广州象牙雕刻历史悠久。从秦汉起始，历经唐宋元明诸朝的传承和创新，降至清代，广州象牙雕刻工艺技术和生产经营都达到了历史最高峰。一口通商时期，外国商人把大批印度象牙运来广州，获取巨额利润。广州牙雕业发展迅猛，产品从专供宫廷贵族赏玩的奢侈品扩展至民间。道光年间（1821~1851），广州牙雕业出现了行会组织。

玉石雕刻在广州有悠久历史。清初，中央政府废除"匠籍"管理制度后，各地能工巧匠集中到广州经营，民间玉器生产迅速发展。道光年间，玉石雕刻业也出现了行会组织。

广州红木雕刻业享有盛誉，历史悠久。随着西式家具传入，广州工匠充分吸收西式家具优点，融合中国传统家具雕刻长处，

---

① （清）屈大均撰：《广东新语》卷十五《货语》，北京：中华书局，1985 年，第 427 页。

② 徐俊鸣等编著：《广州史话》，上海：上海人民出版社，1984 年，第 85 页。

形成了独特的岭南广式家具风格。清朝雍正年间，广州红木家具业罗元、林彩等工匠应召进京，在养心殿造办处雕刻以紫檀酸枝、花梨木为材料的家具。

广绣是广州及府属南海、番禺、顺德等民间刺绣的工艺统称，与潮州刺绣合称为"粤绣"，是中国四大名绣之一。广绣在唐代已有较高水平。清初，英国商人把剪裁好的服饰图样拿到广州绣坊加工成刺绣，对广绣影响十分深远。乾隆年间，刺绣业形成了行业。广州有绣坊、绣庄 50 多家，从业人员 3000 多人，[①]分布在广州状元坊、新胜街、沙面一带。嘉庆、道光年间，广州刺绣业形成了洋行绣庄、作坊等生产经营机构，产品输往欧洲各国。

广州织金彩瓷，简称广彩，是在白瓷胎面描绘色彩斑斓的图案，再烘烧而成，属广州特有的彩瓷工艺品，康熙年间，西欧珐琅技术传入，广州工匠借西欧"金胎烧珐琅"技法，创制出"铜胎烧珐琅"技术，之后又将这种方法用于没釉白瓷胎上，发展成为驰名的珐琅彩，在市场上很受欢迎。18 世纪中叶至 19 世纪初，广州商人从江西景德镇大量定造白瓷胎，运来广州雇匠仿照西洋画法，加以彩绘，经烘烧成彩瓷，再销往国外。广彩瓷生产规模迅速扩大，发展成为独立行业。

（2）佛山

清代前期，佛山工商业发展到历史最高水平，形成了陶器、铸造、织造、银朱等 300 多个行业，拥有 4000 多户手工业作坊，3000 多类产品和数千家店铺。[②]铁器冶铸业、纺织业和陶瓷业是三大手工行业。

---

① 广州市地方志编纂委员会编：《广州市志》卷五上，广州：广州出版社，1998 年，第 756 页。

② 佛山市地方志编纂委员会编：《佛山市志》（上），广州：广东人民出版社，1994 年，第 749 页。

铁器冶铸业。清前期，佛山是广东铁器冶铸业的中心。乾隆十五年（1750），佛山炒铁炉发展到 40 余座，另有铸铁炉百余个。[①] 佛山铁器冶铸业分工日益细密，不断出现新的专业部门。此外，还从铁器冶铸业中分离出打刀行、铁线行和铁钉行等新的行业。[②] 铁镬行由于制作技术精良，官府特准佛山专利经营。

佛山的铁器产品，以铁锅、铁线为名牌产品，材料多取于罗定等地的优质生铁，加上制造精良，远销国内外市场，时称"佛山之冶遍天下"。[③] 如铁钉行"道咸时为最盛。工人多至数千。每日午后，附近乡民多挑钉到佛，挑炭铁回乡，即俗称替钉者，不绝于道"[④]。冶铸行业在城市空间分布上形成了自己的特色，出现"春风走马满街红，打铁炉过接打铜"的盛况。[⑤] 清代佛山铁器冶铸业呈专门化的细密分工，仅铁锅一项就有 12 个品种。清末光绪年间，铁锅每年"往新嘉（加）坡、新旧金山等处由佛山贩去者约五十余万口"[⑥]。此外，铁线也有 5 个品种。佛山还能铸造几千斤重的大炮。鸦片战争期间，佛山制造的大炮被清军广泛用来抗击英军入侵，为保卫祖国领土作出了贡献。

纺织业。随着珠三角经济发展，佛山的纺织业也有了迅猛发展。例如清初，佛山丝织业就已经有八丝缎行、什色缎行、绸绫

---

① （清）郑荣修，桂坫纂：《续修南海县志》卷四《舆地略三》，清宣统二年（1910）刻本。

② 冼宝干总纂：《佛山忠义乡志》卷六《实业志·工业》，民国十年（1921）刊本。

③ （清）屈大均撰：《广东新语》卷十六《器语》，北京：中华书局，1985 年，第 458 页。

④ 冼宝干总纂：《佛山忠义乡志》卷六《实业志·工业》，民国十年（1921）刊本。

⑤ 佛山市地方志编纂委员会编：《佛山市志》，广州：广东人民出版社，1994年，第 750 页。

⑥ 张之洞著：《张文襄公奏稿》卷二十七《筹设炼铁厂折》，《张文襄公全集》，文华斋 1920 年铅印本。

行等 18 个丝行。

陶瓷业。清代佛山陶瓷业生产集中在石湾区。石湾陶瓷自唐代开始，日用陶瓷已有出口。明代，佛山的陶瓷出口得到了较大发展。清代石湾陶瓷业又有了进一步发展。随着两广地区中小城市迅速发展，市场需求不断扩大，刺激了石湾陶瓷生产迅速发展。乾隆年间，其已发展成为综合性的陶瓷生产基地。产品分为日用陶瓷、美术陶瓷、园林陶瓷等五大类，品种约 1000 种。①到嘉庆二十三年（1818），石湾有缸瓦窑 40 余处。由于陶窑多，所以"石湾六七千户，业陶者十居五六"②。

此外，粤中地区城市手工业还有新会的蒲葵业，肇庆和罗定的草席业等，都有一定的生产规模，成为出口的重要商品。

3. 粤东地区和粤西地区城市手工业发展概况

（1）粤东地区城市手工业发展概况

潮州是清前期粤东地区著名的手工业城市。有陶瓷、刺绣、工艺美术和食品工业等四大行业。

陶瓷业。潮州陶瓷业生产历史悠久。枫溪镇一带盛产陶瓷土，促进了陶瓷业发展。清康熙年间，枫溪陶瓷手工业作坊达30 多家。③ 与佛山石湾陶瓷相比，潮州陶瓷在清前期技术相对落后，"制作不甚精进，难向外地行销"④。

刺绣业。明清时期，随着潮州地区经济文化快速发展，装饰于庙堂、寺宇刺绣制品也随之不断发展。绣品技艺逐渐完善和提

---

① 蒋祖缘等主编：《简明广东史》，广州：广东人民出版社，1993 年，第 364 页。

② （清）潘尚楫等修，邓士宪等纂：《南海县志》卷七，清道光十五年（1835）修，清同治八年（1869）重刊本。

③ 潮州市地方志编纂委员会编：《潮州市志》，广州：广东人民出版社，1995 年，第 280 页。

④ 饶宗颐纂修：《潮州志·实业志·矿业》，民国三十五年（1946）修，民国三十八年（1949）铅印本。

高，称为潮绣，与广绣齐名。清乾隆时期，在潮州城西门地坛、布梳街及开元寺附近，潮州绣庄有 20 多家。潮绣品出口新加坡、泰国等东南亚一带。

工艺美术。明清时期，潮州木雕作为建筑与器具装饰在城乡越来越普遍，家具制作广泛运用木雕工艺。乾隆年间，潮州金漆木雕有了很大发展，木雕品也被民间广泛使用。此外，潮州玉器雕刻技术也有很大进步。在潮州城内形成"琢玉街"，汇集了各种玉器作坊，可谓五步一作坊，十步一商户。

食品工业。清前期潮州食品工业也很有名。府城桥东、东津、文祠，府城南面的庵埠镇，凉果作坊林立。这些凉果色香味俱佳，有"潮式"凉果雅称。

兴宁的手工业。兴宁为嘉应州手工业发达县份，由于交通位置便利，成为闽、粤、赣三省潮盐及各种商品集散地。清中叶，兴宁的土布、纸扇、毛笔、墨等手工业兴起，以纺织业最为著名。

粤东地区城市手工业发展水平仅次于粤中地区。除兴宁纺织业具备较强生产能力外，其余行业多为小型作坊生产。

（2）粤西地区城市手工业发展概况

清代广东粤西地区由于地理位置偏僻，远离全省政治、经济中心，城市规模小，经济腹地不广，城市手工业发展受到诸多限制。

琼州府。海南岛古崖州为中国棉纺织技术起源地，植棉及棉纺织历史悠久。[1] 元代，著名女纺织改革家黄道婆流落崖州 40 年。晚年回到家乡，传播和改进棉纺织技术，使乌泥泾及松江地区成为全国棉纺中心。清前期，海南纺织技术依然比较发达。儋崖二帐、黎锦、黎单、黎幕、黎布、绒毡等纺织品驰

---

① 徐日霖著：《走进古崖州》，北京：中国文联出版社，2006 年，第 20 页。

名全国，"崖州多织绵，儋州多织生丝"①。此外，琼山、澄迈、临高、乐会的织布业也很发达，所织之葛布轻而细，名"美人葛"②。

雷州府。清初，雷州的纺织技术高超，以葛布最著名。屈大均云："今雷葛盛行天下。雷人善织葛。其葛产高凉、硇洲，而织于雷。……粤故多葛，而雷葛为正葛。"③ 可见，清前期，雷州葛布纺织技术达到较高水平，形成了原料和加工的地域分工。

高州府。清前期，高州城乡手工业有一定程度发展，产品有棉布和麻布。茧布，由山蚕丝织成，茂名、电白、吴川等皆有生产。豆油咸丰以来发展较快，获利较多。此外，还有糖、茶、酒、熟烟、香等手工业产品。④ 清代高州府纺织业和印染业主要为农家自纺自织自染自用，属于小农经济生产状态。

廉州府。合浦采珠在历史上非常有名。进入清初，采珠业已趋衰落。清前期，廉州地区有陶瓷、铸造、制糖等少数手工业行业，但品种不全，规模较小，处于落后状态。

清前期，粤西地区手工业有一定程度发展，但手工业没有在城市聚集并形成专业化生产。

纵观清前期广东城市手工业发展概况，粤中和粤东地区为城市手工业核心区，行业众多，生产技术水平较高。粤北和粤西地区城市手工业种类少，大都以农村分散生产经营为特点，呈现出地域差异性和发展不平衡性。

---

① （清）屈大均撰：《广东新语》卷十五《货语》，北京：中华书局，1985年，第421页。

② （清）屈大均撰：《广东新语》卷十五《货语》，北京：中华书局，1985年，第423页。

③ （清）屈大均撰：《广东新语》卷十五《货语》，北京：中华书局，1985年，第423页。

④ （清）杨霁修，陈兰彬等纂：《高州府志》卷七《舆地七·物产》，清光绪十六年（1890）刊本。

（二）清代后期广东城市手工业的衰落和变迁

进入晚清，广东城市手工业在西方列强外来洋货强烈冲击下，或趋于衰落，或依违于传统轨道，或向近代机器工业转化。以粤中核心区遭受冲击最为严重，粤东次之，粤北和粤西又次之。

1. 粤中地区

广州棉纺织业、丝织业、茶叶加工业受到沉重打击。如顺德由于洋布贱售，土机织布衰落，"女工几停其半"[①]。番禺、花县纺织女工，因洋纱质佳价贱，"遂多失业"[②]。又如，随着十三行结束，上海的"上海式"银器和香港的"清式"银器取代了广州银器地位。

鸦片战争后，由于外来洋货持续冲击，佛山铸铁业在与洋铁器竞争中落败。佛山纺织业亦受大量洋货冲击，1854 年后，纺业停顿。[③] 佛山石湾陶瓷生产也遭受相同的命运。19 世纪后期，欧洲陶瓷生产普遍采用机器生产，把中国陶瓷挤出国际市场。20世纪初，日本陶瓷业迅速崛起，石湾陶瓷抵挡不住日货倾销，急剧衰落。

但是，粤中地区城市手工业并非所有行业都陷入衰落。如广州的广彩，在鸦片战争后，随着对外贸易扩大，销路迅速扩展。其他如家具业、工艺美术业等，积极吸收西方先进工艺，走仿制和推陈出新发展之路，取得了生存和发展空间。

任何事物发展都具有两面性。洋货物美价廉，客观上带来了示范效应，促使城市传统手工业向近代机器生产转型。如 1872

---

① （清）郭汝诚修，冯奉初等纂：《顺德县志》卷三，清咸丰三年（1853）刻本。

② （清）李福泰修，史澄等纂：《番禺县志》卷七，清同治十年（1871）光霁堂刻本。

③ 彭泽益著：《中国近代手工业史资料（1840—1949）》（一），北京：生活·读书·新知三联书店，1957 年，第 496 页。

年，华侨商人陈启源在家乡南海创办继昌隆缫丝厂，以机器缫丝代替手工缫丝，产品质量和数量有很大提高，促进了广东蚕丝出口贸易迅速发展，标志着珠三角地区近代缫丝工业出现。

2. 粤东地区

晚清时期，兴宁县纺织业以进口洋棉纱代替土纱，加工输出棉布，织布业并没有衰落。[①] 光绪末年，兴宁县城有商户三四百家。在各类经销商中，以经营布业和棉纱业的商人为最多。[②] 成为嘉应地区手工业和商业发达之区。

同治年间，潮州瓷塑技术不断提高，生产日用瓷、玩具瓷。清末光绪年间，又发展了彩瓷工艺，有"潮彩"之称。枫溪和府城的彩瓷加工作坊有 12 家，产品远销东南亚、非洲和美洲各国。国内销往上海和广州等地。刺绣业在晚清继续得以发展，咸丰年间，潮绣品出口值在 1000 万元（银圆）以上。[③]

3. 粤北地区

清末光绪年间，粤北地区造船业有了很大发展。南雄建造的上方船每艘可载货 10 吨，始兴船可载货 30 吨，石马船每艘载货 30 至 50 吨。[④] 韶州印刷业有一定发展。同治十三年（1874），由韶城万竹园印刷的《韶州府志》，字体工整，笔画清晰，着墨均匀。宣统二年（1910），粤北绅士刘石樵在韶州府城开办宝元书局，承担书籍印刷业务。粤北纺织业也得到发展。光绪三十二年（1906），湖南人周回生在连县星子圩开设家庭织布作坊，雇工 2

①　罗怀铎整理：《兴宁土布业发展情况》，《梅州文史》第 3 辑，1990 年，第 116~121 页。

②　兴宁县地方志编修委员会编：《兴宁县志》，广州：广东人民出版社，1992 年，第 153 页，第 349 页。

③　潮州市地方志编纂委员会编：《潮州市志》，广州：广东人民出版社，1995 年，第 280 页，第 312 页。

④　韶关市地方志编纂委员会编：《韶关市志》，北京：中华书局，2001 年，第 690 页。

人，用 3 台黄道婆织机生产家机布，在集镇销售。

4. 粤西地区

晚清以来，粤西地区城市手工业出现不同发展趋势。一些门类受到冲击走向衰落，另一些门类则继续缓慢发展。如著名的雷州葛布在清末以后，社会对葛布需求逐步减少，雷州葛布进入萎缩时期。与此同时，雷州蒲草编织技术取得了较大进步，编织的蒲包专供出口："综计全年出口约有三千余艇。其于销售地点，运销日本者十之四，运销各国者十之六。"①

北海开埠后，随着渔业和海运发展，出现了生产船钉、舵箍、船锚等的手工作坊，铁丝、刨刀、锯条、铜锁等五金商品也可以生产，产品以自产自销为主。② 同时，外来洋布输入，刺激了北海当地纺织手工业生产发展。夹纱布、粗布、平板布也供应上市，但是数量不多。

清后期，高州府属织布机由拉推梭发展为脚踏，织布效率有一定提高。1910 年，高州府巡道王良弼、籍人周廷劢拨用官款 10000 多银圆，在北街校场筹建贫民习艺所。购有织布机，织造各种土布出售，这是官办纺织业之始。③

纵观上述，晚清时期广东城市手工业，在内外双重因素作用下，呈现整体衰落态势。粤中地区城市手工业发达，受到外力冲击最大。重新调整策略后，部分行业如缫丝业等迅速完成向近代机器工业的转化。粤北和粤西地区，由于地理位置和经济文化落后等原因，城市手工业整体水平落后，而个别传统行业出现迅速

---

① 梁成久纂修，陈景荣续修：《海康县续志》卷二《地理·物产》，民国二十七年（1938）铅印本。

② 北海市地方志编纂委员会编：《北海市志》（上），南宁：广西人民出版社，2002 年，第 733 页。

③ 刘启英著：《高州纺织印染业史话》，《高州文史》总第 11 期，1992 年，第 26～27 页。

发展态势，一些行业直到清末才开始出现。

三、城市金融业的发展转型

清代，广东城市金融业取得了较大发展。粤中和粤东城市金融业较为发达，粤北和粤西南地区，金融业比较落后。进入晚清，随着城市工商业发展以及西方列强的银行竞争和带动作用，粤中和粤东地区城市金融业完成了由传统向近代化的转型。

（一）票号业的发展

票号又称为票庄，出现于 19 世纪 20 年代初期。据资料记载，山西票号大约在清朝道光年间进入广州设立分支机构，大多设在濠畔街。当时有 19 家，它们分别是平遥帮、祁县帮、云南帮、江浙帮和安徽帮。[①] 在广东经营票号业务的各省帮派当中，山西帮占绝对优势。就城市分布来说，以广州最为集中，潮州和汕头也开设有分号。

票号开展的主要业务之一是经营汇兑。后来汇兑业务发展为专为广东省关上缴京饷。太平天国起义期间，清朝京饷来源，一度靠广东和山西两省支持。山西票号为广东粤海关解送京饷中的垫款数额，在 1860 年代，大约每年 60 万至 70 万两；到 1870 年代后期，常常超过 100 万两。1880 年代后，在关税征不敷解情况下，京饷解送更是无法离开票号支持。

票号开展的第二个业务是经营存放款业务。票号把广东视作"储蓄要地"，积极开展存款业务。山西票号注意与广东地方大员搞好关系，将公款暂存票号，不收利息。票号又将这些大宗公款转放图利，调剂市面金融。官吏存款也是一种大宗营业，当时广东官僚和贵族的私蓄多存票庄。如两广总督叶名琛在票号的存款

---

① 广东省地方志编纂委员会编：《广东省志·金融志》，广州：广东人民出版社，1999 年，第 253 页。

就有 60 万两。① 据 1911 年《广东财政说明书》记载，从 1906 到 1908 年，放款给广东善后局的票号有天顺祥、协同庆、日升昌等 10 家，总金额高达 63 万两白银以上。② 在广东的山西票号还兼营丝、茶等土特产购销业务。

票号是适应商品经济发展需要而产生的金融机构，在便利商人、调剂社会金融、促进广东和内地城市间长途物资流转等方面起了积极作用。19 世纪末 20 世纪初，随着广东新式银行的兴起，票号业务大受影响，逐渐失去赖以生存的社会基础。1911 年辛亥革命爆发，清朝被推翻，票号放给官署和官吏的巨额款项无法收回，加上存款被挤提，纷纷倒闭，从此票号便在广东消失。

（二）银号业的发展

钱庄在广东又叫作银号，在粤东汕头又称为银庄。广州是广东银号发源地，明末清初开始出现。清中叶后，发展成为初具规模的独立行业。坐家银号分布在灯笼街、打钢街、浆栏路、西荣巷和余庆里等处。广州银号经营者多来自顺德和四邑（开平、新会、新宁和恩平，现属江门）。广东银号早期主要经营存款和汇款，不做兑换和买卖证券业务。随着城市工商业发展，业务扩大，银号也加强了行业之间的联合。银号业适应了广州内外贸易发展所带来的货币种类多、汇兑复杂、手续日益繁杂的需要，对维持城市金融秩序稳定，确保城市商业贸易正常发展起到了积极作用。

汕头开埠后，商业贸易进一步兴盛，成为粤东地区金融中

---

① 广东省地方志编纂委员会编：《广东省志·金融志》，广州：广东人民出版社，1999 年，第 256 页。

② 广东省地方志编纂委员会编：《广东省志·金融志》，广州：广东人民出版社，1999 年，第 256～259 页。

心。汕头银庄分为银庄和收找店两种。经营银庄者有潮阳、普宁、揭阳和潮安、澄海、饶平两帮。最初的汇兑庄是澄海人创设的诚敬信庄。到1900年，汕头银庄发展到12家。①汕头银庄最初只专营汇兑和吸收存款，后来发展到吸收定期、活期和往来存款、买卖港汇、申汇汇票以及发行纸币等业务。随着内外贸易迅速发展，汕头银庄也加强了行业联合，于光绪二十六年（1900）在漳湖会馆成立行业组织——汇兑公所，作为同业理事的场所。初步具备了近代银行的某些功能。

鸦片战争后，江门、北海、海口、嘉应等城市也陆续开设了银号，这些银号的组织和业务多是仿效广州。②江门银钱业有银业同业公会和忠信堂两个组织。南海县的银号集中于佛山的九江、西樵、平洲等圩镇。新宁为广州府侨乡重镇，银钱业经营者众多，在全县各圩市均有设立，经营者多为归国华侨。嘉应州各县银号具有侨乡特点，主要经营侨汇，同时也办理存放款业务。

可见，清代广东各地城市银号的出现和业务的日益拓展，与城市贸易增长有密切关系。它们的发展和行业间的联合，适应了清代广东城市商业繁盛和内外贸易拓展以及国际金融汇兑业务日趋复杂的需要，在一定程度上弥补了清政府对于金融市场调控和监管的不力。

（三）典当业的发展

广东典当业历史悠久。到了清代，典当业有了进一步发展。典当业分为当、按、押以及小押等4种，等级设置相当细致。1858年，因清政府军费开支浩大，官帑息重，出现了私押。咸

---

① 广东省地方志编纂委员会编：《广东省志·金融志》，广州：广东人民出版社，1999年，第273页。

② 广东省地方志编纂委员会编：《广东省志·金融志》，广州：广东人民出版社，1999年，第274页。

丰初年，广东城市典当业大盛。当时多采取合股的新型经营方式。自押店兴起后，当店的营业受到冲击而衰落。1885 年，广东全省有当店 1964 家。1910 年，剩下 1271 家。^① 随着广东政治、经济形势的急剧变化，当、按店不得不主动改为经营 1 年期限的押店。当时押店断赎物品期限为 1 年，时间比较合适，而小押多为半年及半年以下，期限太短，利息很重，市民们多向大押典当。当时广东省内各城镇的当押店亦以大押店居多。典当业在调剂资金、抑制高利贷等方面，起过积极作用，弥补了广东近代银行业刚刚兴起时金融市场的空白。随着广东近代工商业日益发展，市场交易日益活跃，需要与之相适应的近代化金融机构，古老典当业的消失和近代银行业的崛起是清代广东城市金融近代化发展的必然结果。

（四）侨批业的发展

侨批业是指专门经营侨汇业务的行业，主要满足南洋各地与粤闽口岸之间的通信和金融需求。随着大量华侨出国谋生，每年都有数额巨大的侨汇和物品寄送回家乡，为侨批业发展奠定了坚实的物质基础。

清代广东侨批业比较发达，分布在如下城市：一是广州。1900 年创办的余仁生侨批局是广州最早的侨批局。后来有永昌叻庄、广利、何广昌、兰茂等几家，但专营侨批者少，实际兼营的多。二是潮汕地区。汕头辟为通商口岸后，侨批业比较发达，先后有星马森峰、暹京曾万成等 23 家。^② 三是嘉应州地区。清代嘉应各县都有代理或亲送派解，每年解汇达百万港元以上。它

---

① 欧季鸾编述：《广东之典当业》，《民国丛书》第四编第 35 册，上海：上海书店出版社，1992 年，第 218 页。

② 广东省地方志编纂委员会编：《广东省志·金融志》，广州：广东人民出版社，1999 年，第 289 页。

们都以香港为转口城市，各批局都在香港设庄或指定代理人。四是四邑地区。新宁的仁安药房在1890年就开始兼营侨汇业务，资本100万元。在香港设立总行，分行联号在广州等地。江门市的多由银号兼营。五是海南地区。清末光绪年间，文昌人张远吉、庄家讯等坐帆船来往于海南与暹罗、新加坡等地做走私生意，兼收侨汇。清末民初，侨批员的流动经营被商店固定经营取代。海口有元成利、泰兴号等侨批局。

侨批业经营侨汇数量巨大，是清代广东侨乡地区一项重要经济收入。对促进侨属地区城市对外贸易，刺激侨属地区城乡消费，引领侨属地区城乡经济发展，促进中外文化交流等起了非常重要的作用。

（五）近代新式银行的兴办

晚清以来，随着广东港口城市逐步开放，国际贸易日益发展，对金融市场提出了更高要求。为城市工商业服务的近代金融机构应运而生。

第一是外国银行在广东城市的兴办。鸦片战争后，外国银行很快在广州开办银行，借以控制广东城市的金融业。1845年，英资丽如银行在广州设立分行。1851年和1854年，英资汇隆银行、有利银行先后进驻广州。1902年，法资东方汇理银行在广州设立分行。1906年6月，英商汇丰银行在广州和汕头设立分行。此后，麦加利银行、万国宝通银行、横滨正金银行、德华银行等外国银行分别在广州设立机构。[①]

这些外国银行在广州等城市设立后，发行钞票，吸收存款，垄断国际汇兑，控制了广东的财政和金融。清代广东是外国银圆最早流入之区。随着外国银行的设立，外国钱币大量流入广东城

---

① 广东省地方志编纂委员会编：《广东省志·金融志》，广州：广东人民出版社，1999年，第203页。

市。如英国汇丰银行发行五种钞票、四种银两券，在广州流通。据统计，鸦片战争前后至清末，流入广东的外国银圆约有 4.7 亿元，约占全国总数的 40%。①

第二是中国国家银行的创办。1906 年 1 月，广东筹设大清银行分行。至 1909 年 4 月，大清银行广州分行正式成立，行址设在广州三府前街。6 月，在汕头、香港设立分号，隶属广州分行。② 大清银行广州分行经营的业务，包括办理自广东省汇解至北京、上海各处的公家款项以及存储本省一切国家款项。光绪三十四年（1908）4 月，交通银行广州分行成立，行址设在广州太平南路 31 号。在香港和汕头设立分行和分号，在广州市内设立 5 个临时办事处和 1 个简易储蓄所。③ 广东官银钱局于 1904 年 11 月在广州濠畔街成立，是广东地方性质的银行。广东官银钱局成立后，在粤海关、琼海关、北海关等下属海关分别成立官银号。

第三是商业银行的创办。1908 年，南洋归侨集资 50 万元，在广州成立大信银行。这是清末广东最早由华侨经营的商业银行。

可以看出，晚清以来广东城市出现的近代银行，属于官办和官督商办性质。这些新式银行适应了近代以来广东城市经济贸易发展的需要，发行钞票，推出种类繁多的金融业务，满足了不同层次人们的生产生活需要。同时，也在吸收清末广东城市社会大量余资，融通资金，活跃商业贸易，稳定金融秩序等方面起了积极作用，有利于维护国家权益，抵制外来经济侵略。

---

① 曾涛：《广东近代金融的发展及其基本特征》，《学术研究》1990 年第 4 期。
② 广东省地方志编纂委员会编：《广东省志·金融志》，广州：广东人民出版社，1999 年，第 132 页。
③ 广东省地方志编纂委员会编：《广东省志·金融志》，广州：广东人民出版社，1999 年，第 133 页。

四、城市新式机器工业的创办

晚清以来，广东出现新式机器工业，有官办和民营等类型，成为近代中国创办新式工业最早的地区之一。新式工业集中在粤中和粤东两个经济发达区。

（一）粤中地区城市近代工业的兴办

1. 省会广州近代工业的兴办

（1）外资工业

第一次鸦片战争后，外国资本开始在广州投资开办工厂。1845 年，英国人柯拜在广州黄埔建立了"柯拜船坞"，这是外国资本家在中国经营的第一家近代船舶修造厂。[①] 柯拜之后，外国商人相继在黄埔建立了 12 座船坞，这批船坞在 1870 年被香港黄埔船坞公司兼并。这些船厂都装备有新式机器设备。1871 年，美国商人在广州创办了一家纱厂；1883 年，英国商人在广州建立了一家机器制冰厂。

（2）官办工业

广州机器局于 1873 年由两广总督瑞麟创办，厂址设于文明门外聚贤坊，专事洋枪及其他军用工具的制造，是近代广州最早的机器局。1876 年，粤督刘坤一以 8 万两银从英商手中购买黄埔船坞作为机器厂的造船厂。1884 年，张之洞督粤，对该局进行整顿，并入军火局，称为制造东局。另在石井创办枪弹厂。1904 年岑春煊督粤，又对机器局进行调整扩充。全盛时有工人2000 多人，生产子弹、步枪、轻机枪和手榴弹等军用产品。[②] 晚

---

① 广州市地方志编纂委员会编：《广州市志》卷五上《工业卷》，广州：广州出版社，1998 年，第 6 页。

② 广州市地方志编纂委员会编：《广州市志》卷五上《工业卷》，广州：广州出版社，1998 年，第 7 页。

清广东钱局筹办于 1887 年，竣工于 1889 年。每月可铸铜钱 260 万枚，兼铸银圆 10 万枚，开创了近代中国机器铸造钱币的先河。

（3）民营工业

有缫丝、造船、茶叶加工、造纸等新式工业。

机器缫丝业。清同治十一年（1872），华侨商人陈启源在广州附近南海县创办继昌隆蒸汽缫丝厂，这是近代广东第一家商办新式企业。此后，机器缫丝业在珠江三角洲迅速发展。到 1894 年，顺德有 50 家，南海约 20 家，三水等县也有 1 至 2 家，总计约 75 家。创办资本约 100 万两，雇工 25000 人。[①] 珠三角地区近代蒸汽缫丝业的发展，促进了近代广州对外贸易发展。1882～1883 年，在出口生丝总量中，厂丝占 13.12％；1894～1895 年，出口厂丝高达 89.38％。[②]

机器造船业。鸦片战争后，广州民间商人也逐步介入机器造船业。当时有两家民营船舶企业，一家是陈联泰机器厂，1839 年，顺德人陈淡浦在广州十三行新豆栏上街创建了家庭手工业作坊，之后业务不断扩大。1882 年，改名为陈联泰机器厂，这是近代广东第一家由家庭手工作坊发展成为近代工厂的企业。[③] 另一家是和安机器厂，乃陈淡浦次子陈桃川于 1886 年在十三行附近创办，以生产缫丝机、修理蒸汽机为业。之后陆续建造"均利""均兴"等船，航行于广州附近的佛山—陈村等地。

机器造纸业。19 世纪 80 年代，广州开始出现以稻草为原料的机器造纸工业。商人钟星溪于 1882 年集股筹设，1890 年投产

---

① 徐新吾主编：《中国近代缫丝工业史》，上海：上海人民出版社，1990 年，第 116～117 页。

② 隗瀛涛主编：《中国近代不同类型城市综合研究》，成都：四川大学出版社，1998 年，第 549 页。

③ 广州市地方志编纂委员会编：《广州市志》卷五下，广州：广州出版社，2000 年，第 146 页。

设立宏远堂机器造纸公司，这是继上海之后国内第二家机器造纸厂。1906 年改为官商合办，更名为增源纸厂。[①]

其他近代工业。1882 年，旅美归侨罗开泰在广州仁济西路开办泰安大药房，这是国人开办的第一间西药房，也是西药制剂民族工业生产的肇始。1890 年，美洲华侨黄秉常在广州创办了中国民族资本第一家电灯公司。1893 年，中国最早的广州广茂香罐头厂建立，生产果、菜、鱼等罐头食品。1905 年，广州第一家引进国外石印业设备的关东雅印刷局创办，推动了彩印工业发展。1907 年，广州华兴织造总公司创办，这是广东针织史上第一家可全程加工的规模较大的手工场，有机器40 台。[②]

广州近代企业以官办和民营为主，以轻工业为主，没有大型近代化企业。海外华侨回广州投资办厂成为广东近代企业兴起的关键之一。而外资企业少，使广州地区近代工业缺乏外国先进企业的生产技术和管理示范效应，致使市场竞争力不足。

2. 佛山的近代工业

鸦片战争后，内外因素导致佛山传统手工业走向衰落。我国第一家民族资本火柴厂是 1879 年由卫省轩在佛山创办。卫氏为肇庆旅日华侨，回国后于 1879 年在佛山文昌沙开办巧明火柴厂，日产火柴 1000 多盒，后来迁至瓦罐栏，生产"舞龙牌"火柴。到 1908 年火柴厂抵卖给另一旅日华侨黄寿铭，并吸收日资，成为中日合资企业。[③]

---

① 隗瀛涛主编：《中国近代不同类型城市综合研究》，成都：四川大学出版社，1998 年，第 550 页。

② 广州市地方志编纂委员会编：《广州市志》卷五上《工业卷》，广州：广州出版社，1998 年，第 7 页。

③ 蒋祖缘等主编：《简明广东史》，广州：广东人民出版社，1993 年，第 515页。

(二) 粤东地区城市近代工业的创办

汕头豆饼厂和汕头糖厂是潮汕地区最早的两家近代企业。1879 年，汕头创办了第一家豆饼厂，该厂使用蒸汽机榨油，并将豆渣压制成扁平的圆饼，作为肥料使用。日产豆饼 200 块，后增至 400 块。从 1883 到 1893 年，汕头又开办了数家豆饼厂。原因在于 1887 年后，豆油逐年提价，豆饼也随之提价，开办豆饼厂可以获取高额利润。同时，潮汕地区农民种植农作物喜用豆饼做肥料，市场需求量大，刺激了豆饼生产。鸦片战争后，汕头地区蔗糖生产发展迅猛，年产蔗糖 200 万担以上。[①] 1880 年，香港英商怡和洋行中华火车糖局在汕头创办机器糖厂，雇佣工人 100 余人。1883 年扩建后工人增至 250 名，糖厂使用机器榨糖，这是汕头第一家现代化糖厂。[②]

综上看出，晚清广东各地城市，兴办了较多近代工业企业，城市经济逐步向近代化转型。由于多数是海外归侨回乡投资的新式企业，规模小，资金少，生存发展艰难。清末广东近代化企业集中在珠三角发达地区，而粤北和粤西地区没有出现一家新式企业，表现出广东城市经济发展的不平衡性。

第二节　清代广东城市经济的运行秩序

清代是中国城市发展史上承前启后的重要时期。经济发展模式转换，对城市经济运行秩序产生了不容忽视的影响。本节从官方机构与民间组织两个方面，考察清代广东城市经济运行秩序的

---

① 周正庆著：《清代广东糖业国内营销网络试析》，《广东社会科学》2000 年第 4 期。

② 汕头市地方志编纂委员会编：《汕头市志·大事记》，北京：新华出版社，1999 年，第 82 页。

作用和影响。

一、官方机构对广东城市经济运行秩序的调控

自古至今，政府机构在城市社会经济运行中扮演着重要角色，直接决定和影响着社会经济运行质量，并从征收捐税、规范市场管理、整治社会环境等方面对城市经济运行秩序产生直接影响。

（一）征收捐税

广东是清代全国富庶省区之一，"金山珠海，天子南库"[①]。清前期，封建统治者实行一口通商政策，广州成为全国对外贸易中心城市。清政府设立粤海关，负责征收内外贸易的税收，"一切商民货物，俱由海上船运，自康熙二十四年起，商人俱赴（海关）监督纳税"[②]。粤海关有省城大关、澳门、庵埠等总口 7 处，各口之下又设有 60 多个小口岸。[③] 粤海关税收，1785 到 1795 年，平均每年为 102 万两；1796 至 1820 年，平均每年为 137 万两；1821 到 1837 年，平均每年为 153 万两。[④] 成为中央政府财政收入的重要来源。鸦片战争后，海关主权操于英国人之手。连续的战败赔款，加剧了清政府财政危机，只能不断向外国借款以度时日："海关税的征收，从中央政府来看……直接成为地方的财源。……然而海关税所发挥的最大作用，是以其为担保而大量

---

① （清）屈大均撰：《广东新语》卷九《事语》，北京：中华书局，1985 年，第 304 页。

② （清）李士桢撰：《抚粤政略》卷二，沈云龙主编：《近代中国史料丛刊三编》第 39 辑，台北：台湾文海出版社，1989 年，第 250 页。

③ （清）梁廷枏总纂，袁钟仁校注：《粤海关志》卷五《口岸》、卷六《口岸二》，广州：广东人民出版社，2002 年，第 59~60 页，第 81~82 页。

④ （清）梁廷枏总纂，袁钟仁校注：《粤海关志》卷十《税则三》，广州：广东人民出版社，2002 年，第 198~206 页。

引入外国借款。"① 中央政府对城市经济秩序调控只能通过厘金和盐税等项税收来实现。

1858 年，广东推行厘金制度。广东抽厘机关称厂，厂下设分厂分卡。在各贸易口岸设厘金局，对过往货物抽税。厘金分两种，一是行商货物通过税，即对转运中的货物征税；一是坐商的交易税，即对固定商铺的交易征税。厘金制度初期。税率约为 1‰（值百抽一），随着时间的推移，税率逐渐提高，广东厘金税率为 7.5‰。全省共有抽厘机关 21 厂。② 据统计，在光绪十二年（1886）以前，广东全省厘金收入在 100 万两上下；1886 年以后，每年约为 150 万至 160 万两。光绪三十四年（1908）收入最高，达到 277 万余两。厘金制度是一种沉重的经济勒索，它增加了人民的负担，阻碍了商品经济的发展。③ 广东作为富庶之区，内外商品交易量大，厘金对城市之间货物流通产生了较大的负面影响。广东厘金的巨额收入是晚清政府财政收入的重要来源。当时厘金收入主要用于解户部之款（包括京饷、东北边防经费等）、国家行政费、皇室费用、海防经费等。加上广东本省的费用开支，每年支出 100 万两左右，后来又增加到 150 万至 160 万两。

清代广东海岸线长，境内有数十处盐场，粤盐产量大，行销桂、湘、赣、滇等七省。广东巨额盐业税收成为清政府财政收入一大来源。清代广东盐场达到 35 个，盐场年产量增至 2.729 亿斤，比明朝增加 1 倍多。④ 清政府对广东盐税征收十分重视，规定兼理盐务的州县官如果没有征足额定的盐税，将会受到处罚。

---

① （日）滨下武志著，高淑娟、孙彬译：《中国近代史研究：清末海关财政与通商口岸市场圈》，南京：江苏人民出版社，2006 年，第 74～75 页。

② 罗玉东著：《中国厘金史》，沈云龙主编：《近代中国史料丛刊续编》第 62 辑，台北：台湾文海出版社，1984 年，第 347 页。

③ 李侃等编著：《中国近代史》第四版，北京：中华书局，2004 年，第 56 页。

④ 周琍著：《清代广东盐业与地方社会》，华中师范大学，2005 年度博士论文，第 42 页。

州县官要对任何未经允许的制盐、走私、非法售盐等行为承担责任。若未能觉察食盐的非法制造和销售行为，处罚为降三级调用。从乾隆元年（1736）至道光二十年（1840）的100多年中，广东盐税银收入从30多万两增加到60多万两，增加了将近一倍。清朝后期，"粤盐行销东西两省，旁跨江右三楚闽黔，地广引繁，综计每年经征正杂各款至三百余万"①，远远超过田赋收入。清政府通过充分发挥政府主导盐业生产、运销等方面的作用，将盐业纳入国家调控范围内。改革盐引制度，增加了财政收入。

然而，清代广东盐业生产和运销过程中走私现象依然比较严重，这反映了官府在调控市场运行秩序方面的能力缺陷。如私盐生产猖獗一直是广东盐业发展的特点。尽管清政府一再严厉打击私盐，但无法遏制其势头，且愈来愈严重。据统计，乾隆五十五年（1790）后，广东私盐数量一直呈上升趋势。按官方统计数据，道光二十年（1840）广东私盐数量占食盐需求总量的31.9%。除去官引未销隐匿的比例，则道光二十年私盐所占比例高达75.4%。② 这一方面与清政府控制盐业生产，在管理和制度约束等方面存在明显漏洞有关；另一方面与广东地方官府腐败，某些官员参与走私牟利，私盐走私渠道畅通等密不可分。清代广东城市商业贸易繁盛，走私盛行，不仅发生在盐业生产领域，在其他经济领域也存在此现象，反映了清朝官府在调控城市经济运行秩序方面的能力严重不足。

（二）规范市场管理

清代以来，中央和地方政府在很大程度上参与了对城市经济

---

① （清）广东清理财政局编：《广东财政说明书》卷四《盐课税厘》，清宣统二年（1910）铅印本。

② 周琍著：《清代广东盐业与地方社会》，华中师范大学，2005年度博士论文，第40页。

运行秩序进行宏观调控的活动。包括维护市场规则、统制经营和金融调控等，对广东城市经济运行产生了积极影响。

1. 维护市场规则

清代广东地方政府对民间经济活动的干预多数属于宏观性调控。清代律令规定，列肆经营事先必须得到地方政府的批准许可，并发给相关的凭帖方准开业经营，否则予以重罚。康熙年间，在粤北地区韶州府的圩市，地方官府制订了一套市场管理规则。如规定上市的农副、土特产品必须分行摆卖；对肩挑赴圩摆卖者，豁免杂捐；开铺设档者，属珠翠洋货等店纳头等捐，每月收大洋一元；做手艺、杂耍、玩艺及一切饮食店纳三等捐，每月收四毫。① 官府根据规章对市场秩序进行管理和干预，有效地维护了城市商贸市场秩序，确保圩市贸易正常进行。

度量衡标准在清代由皇帝颁诏执行，这在清朝律例中有明文规定。在清代广东城市商贸市场交易过程中，少数不法商贩利用官府管理的腐败与疏忽，私造度量衡，货品缺斤少两，导致市场秩序混乱，引起民愤，官府会张贴告示或刻碑予以禁止。如雷州府属海安，道光年间少数不法糖商，私自制造加大的糖锤和糖秤，克扣蔗农所卖蔗糖斤两。官府查明实情后，立碑予以公示："各糖行栈主，外来建潮广各商旅，秤照部馆正司码合同较准针秤，不□权衡，镜示□□宪颁格公平式样制造……其糖包卖成，以先立单，具单后，其价贵贱，不得改易。□□□之后，公平过秤，不得异议。"② 地方官府出面校准度量衡，促进了海安蔗糖运销市场的正常运行。

又如，香山县小榄镇买卖谷米，清朝前期百十年来相安无

① 韶关市地方志编纂委员会编：《韶关市志》（中），北京：中华书局，2001年，第1185页。

② 《奉宪规条》，谭棣华等编：《广东碑刻集》，广州：广东高等教育出版社，2001年，第502~503页。

事。后有客商到乡间买卖稻谷用竹筹记数，引起争议。后由官府
张贴告示："嗣后买卖米谷，务宜遵照每谷一百斤，除价外，另
折拂谷免筹钱二文，买谷者交，卖谷者收，毋许仍以记数竹筹，
亦准作米谷分两，一并取价。"① 在地方官府干预下，小榄镇谷
米交易市场有序运行。

在粤北地区韶关府城湘江门码头，晚清咸丰年间货物运输繁忙，
箩夫多次请求官府提高挑运价格，不时与店主和伙计发生争执，引
起广府商人联名上告官府。曲江县署查勘实情后，在码头勒石刻碑，
规定了码头货物装卸价："由湘江门子城至东北关等处……俱按照每
百斤给脚价若干。至店中日逐买卖之货，力能自运，及衣箱等件，
仍照旧章，店伴自行挑运，箩夫不得阻拦。伏查箩夫脚价，于乾隆
间旧章，每百斤计，一里给钱十文……自此次定议之后，永远遵照，
箩夫等无得再行议增，客民等亦不得故为减少。"②

可见，清朝地方官府在执行朝廷制定的度量衡制度、维护地
方商贸市场稳定等方面发挥了重要作用，这是民间组织不能替
代的。

官府公务采买，数量大，款项多，对市场经济秩序有明显影
响。清初，政府为避免采买累民，三令五申以严肃纲纪。然而，
由于商贸往来频繁，经济交易活跃，违规采买之事屡有发生。广
东作为全国富庶地区之一，更成为官吏们采买掠夺的重点省区。
如乾隆年间，高要县衙役在肇庆城东门街滋扰缸瓦、瓷器、铁
锅等商铺，强买货物不给现银，引起东门街商人强烈不满，并联
名上告官府。肇庆知府查清实情后，勒碑禁止："各衙门需用缸
瓦、磁（瓷）器、铁锅、铁钉等项器皿，俱系照依时价现银置

---

① 《抄白告示》，谭棣华等编：《广东碑刻集》，广州：广东高等教育出版社，
2001年，第374页。

② 《韶关码头碑》，谭棣华等编：《广东碑刻集》，广州：广东高等教育出版社，
2001年，第89~90页。

买，不得藉有公务签差，擅向铺户借取租赁，致滋扰累。倘有假手胥役家人，藉端借取租赁，及恃势短价，许该铺户立即扭禀赴府，以凭究治。"①

总体来说，清代中前期广东地方官府干预市场的举措对城市经济运行秩序发挥了重要作用，有利于维护社会治安的稳定和经济秩序的平稳发展。然而，进入晚清后，外来侵略加剧，国穷民弱，吏治腐败，清政府陷入内外交困之中，早已失去了对城市正常经济运行秩序的干预和管理能力。因此，城市经济运行常常陷入混乱和无序当中。

2. 统制经营

清前期，当时清政府既要对外通商，又要防止外国商人与普通百姓接触危及自身统治，于是规定在广州一口通商，指定一些商人专门同外商进行贸易，实行统制垄断政策。这些商人称为行商（又称洋商），行商所开设的对外贸易行店，称为洋货行，俗称十三行。于 1686 年在广州建立。② 行商在沙面一带修建十三夷馆，租给外国商人住宿、办理商务和堆放货物。当时清政府规定，外国商人交易对象是十三行行商，不得与其他中国商人发生直接的买卖关系。行商则作为中外商人的中介，业务范围有明确规定："外洋贩来货物及出海贸易货物分为行税报单。"③ 清政府利用十三行承揽对外贸易，办理外商货物报关纳税，管理约束外商，十三行实际上就是官商。清政府实行闭关锁国政策，利用十三行垄断操纵对外贸易，一方面保证了广州一口通商的外贸中心

① 《磁器铁锅缸瓦铺永禁碑记》，谭棣华等编：《广东碑刻集》，广州：广东高等教育出版社，2001 年，第 632～633 页。

② 蒋祖缘等主编：《简明广东史》，广州：广东人民出版社，1993 年，第 380 页。

③ （清）李士桢著：《分别住行货税文告》，《粤海政略》卷六。沈云龙主编：《近代中国史料丛刊三编》第 39 辑，台北：文海出版社，1989 年，第 730 页。

地位，另一方面也牺牲了中国东南沿海地区发展对外贸易的黄金机遇。

（1）对铜、铅、铁矿、铁器等统制经营

康熙年间，清政府放宽了对民间采矿的限制，许多商人通过向政府申请取得合法开采权。当时广东矿业开采种类有金、银、铜、铁、锡等，矿区范围比明代广，生产规模比明代大。但是，清政府对矿产资源实行严格控制。如每当矿苗枯竭时，不准稍移矿口，并且不准减免矿税，许多矿商因此中途停业。又规定广东各地铁炉炼出的生铁不准擅自铸造，都得运到佛山销售。雍正年间，广东布政使杨永斌奏请禁止铁器出口，雍正皇帝降旨同意："粤东所产铁锅，每连约重二十斤，查雍正七、八、九年，夷船出口，每船所买铁锅，少者自一百连二三百连不等，多者至五百连，并有至一千连者。计算每年出洋之铁约一二万斤，诚有关系。应请照废铁之例，一体严禁。"[1] 清政府禁止铁器出口，固然有维护国内铁器市场稳定的考虑，但也不利于中国对外贸易发展。清代，政府还对铜、银等重要金属和货币实行严格控制，禁止出口。[2] 规定"广东洋商与夷人交易，只用货物，不准用银"，"彼此准定互易。如有应找不敷尾数，皆用洋钱"。[3] 中国为缺银大国，银矿开采有限。清代禁止铜、银出口，在实行银本位市场条件下，有利于稳定国内金融市场秩序。

（2）对粮食出口严格控制

清代，广东是缺粮大省。在"广、惠、潮、肇四府，人烟稠

---

① 《清世宗宪皇帝实录》卷一一三，北京：中华书局，1985年，第504页。

② 邓端本著：《18世纪末19世纪初广州的海外交通和贸易》，广州市社会科学研究所编：《近代广州外贸研究》，北京：科学普及出版社广州分社，1987年，第21页。

③ （清）梁廷枏总纂，袁钟仁校注：《粤海关志》卷十七《禁令一》，广州：广东人民出版社，2002年，第344~345页。

集，出产之米，不足供民间食用"①。清政府为解决广东粮食问题，从桂、湘、赣三省运入粮食调剂，政府发挥了重要的宏观调控作用。如雍正年间，政府准许"（粤西）桂林等四府所有捐谷粜三价值，不必转籴还仓，请将银解部，经户部议准在案。应将此谷价，仍买谷石，运交广东分贮州县，亦足补益仓储"②。广东籴粮，采取的办法是"东米不足，西米济之，西米不足，洋米济之"，"粤东得此接济，虽荒歉或可无恐"③。可见，清前期，广东主要从国内粮食生产富余的附近省份调剂运输粮食以解决缺粮问题，一旦遇到广东周围省区粮食歉收时，必须从国外进口粮食。鸦片战争后，广东粮食主要从长江流域产粮区输入，不足部分则从国外东南亚地区进口，"安南、暹罗、小吕宋之米接踵而至，每岁约购数百万石"④。

可见，清政府通过对铁、铜等矿产以及关系国计民生的粮食等重要物资进行严格控制，加强了对广东城市经济秩序的有效调控，充分发挥了政府在主导和控制城市经济运行秩序方面的功能。

3. 金融调控

清政府和广东地方政府通过货币供应等办法对城市金融业实行有效控制。例如，清前期，两广总督在肇庆府城建立铸钱局，铸造钱币以利市场流通。1887 年，随着广东通商口岸开放增多以及对外贸易的发展，外国货币大量流入中国，造成金融恐慌，为解决制钱短缺和抵制外国银圆流入，广东钱局（又称广东官钱银局）开始筹办，地址设在"省垣大东门外小北门外适中，相距

---

① 《世宗皇帝朱批谕旨》（清雍正三年十二月十六日，广东巡抚杨文乾奏），《四库全书·史部·诏令奏议类》卷九上，台北：台湾商务印书馆，1986 年。

② 《清世宗宪皇帝实录》卷四十六，北京：中华书局，1985 年，第 688 页。

③ 张维屏著：《粤食》，《广东文征》第 5 册。转引蒋祖缘等主编：《简明广东史》，广州：广东人民出版社，1993 年，第 360 页。

④ 何如璋著：《复粤督张振轩制军书》，温廷敬编：《茶阳三家文钞》卷三。沈云龙主编《近代中国史料丛刊》第 3 辑，台北：文海出版社，1966 年。

约里许，西濒城濠，地方黄华塘"①，1889 年正式建成。1891
年，广州海关报告说："查本省铸钱局新铸银铜各钱现并不敷行
用。……如将机器局开全，雇齐精通匠人，每日铸五个时辰，可
出铜钱二百万个，大小银元十万块。"②

1904 年，港币的大量流通对广东本地货币体系造成巨大冲
击。广东官钱银局继续扩大银圆的生产规模，并通过提高银圆的
成色和工艺质量，增强其市场竞争力；同时，通过调整银圆和铜
钱的兑换比率，稳定本地货币的价值，减少港币对市场的侵蚀。
广东政府的措施在一定程度上缓和了港币泛滥带来的混乱局面，
稳定了广州金融市场秩序。宣统三年（1911）农历三月二十九
日，广州黄花岗起义爆发，政局动荡。广州市民纷纷持票到广东
官钱银局要求兑现，度支部为了维持信用，只得拿出 200 万两作
为兑现之用，官钱银局将收回的纸币 794.5 万元全部寄存藩库，
才平息风潮。③

此外，清政府先后在广东设立大清银行广州分行、交通银行
广州分行等近代金融机构，这也是对城市金融实行调控的一种新
措施。

（三）整治社会环境

社会环境是专指整治城市经济运行的外部环境，是指与城市
经济运行有密切关联的社会治安环境、交通运输环境等方面。

清朝康乾盛世时期，广东城市经济的外部环境良好，与清政

---

① 黄佛颐编纂，仇江、郑力民、迟以武点注：《广州城坊志》，广州：广东人民
出版社，1994 年，第 682 页。

② 雷乐石著：《光绪十七年（1891）广州口华洋贸易情形论略》，中国第二历史
档案馆、中国海关总署办公厅：《中国旧海关史料（1859～1948）》第 17 分册，北
京：京华出版社，2001 年，第 199 页。

③ 广东省地方史志编纂委员会编：《广东省志·金融志》，广州：广东人民出版
社，1999 年，第 169 页。

府注意整治社会环境有一定关系。如康熙年间，为保证广东粮食运输道路的畅通，清廷曾严令地方大员严加整饬：“粤东之米，资藉粤西，粤西之米，又资藉湖南。湖南贩米至粤，必由永州府经过。彼地奸民，每借禁粜名色，拦阻勒索，商贩不前。请敕湖南督抚，如有奸民因截取利者，行令该地方官查拿治罪。”[①]

降至嘉庆、道光时，大清国运衰微，广东吏治败坏，武备废弛，农村土地兼并严重，社会矛盾尖锐。当时广东境内先后爆发了天地会起义、海南少数民族起义。同时在广东各地河流危险处，盗贼经常抢掠商人的财物，对城市商业贸易造成严重影响。为此，清政府和广东地方政府先后采取了一些整治社会环境的措施。如道光年间，少数不法分子在清远县抢劫运盐船只，引发盐埠运销商人联名上告官府，两广总督特地立碑予以禁止：“清远县属池水乡匪徒，纠集多人，每在沿途并在贝底水过驳地方滋扰，多方勒索船户，业经投知缉私巡厂，饬巡弹压不恤。⋯⋯为此，示谕军民人等知悉：尔等须知引盐关系课饷，不得在贝底水等沿途一带地方，纠匪勒索驳盐船户，致滋阻扰，有误埠销。自示之后，如有匪徒仍敢挟恨索扰，强抢情事，一经告发，或被访闻，定即严拿，从重究办。”[②] 晚清时，广东盗贼成风，为稳定城乡社会秩序，地方官府加大了对商路沿线盗贼的打击力度。如光绪三十一年（1905）广州海关报告说：“地方官于省河附近防遏海盗似已办有成效。因有多数著名匪首业经拿获正法，而其党羽亦已解散。”[③] 光绪三十三年（1907），该海关又报告说：“本

① 《清圣祖仁皇帝实录》卷二百七十八，北京：中华书局，1985 年，第 727 页。

② 《禁抢引盐》，谭棣华等编：《广东碑刻集》，广州：广东高等教育出版社，2001 年，第 398～399 页。

③ 梅尔士著：《光绪三十一年（1905）广州口华洋贸易情形论略》，中国第二历史档案馆、中国海关总署办公厅编：《中国旧海关史料（1859～1948）》第 42 分册，北京：京华出版社，2001 年，第 345 页。

省是年……是以海盗劫船之案又复乘机而起。……其时华官亦从速派拨水师巡缉各处河道，卒之西南偿款经已办结，而华官办理西江缉捕，英国水师提督亦甚满意。"① 清末广东地方官府及时抽调兵力为过往商船保驾护航，尽力整饬商路沿线社会治安，为两广城市经济运行提供了相对稳定的社会环境。

以上，我们从征收捐税、规范市场管理和整治社会环境等三个方面讨论了清代官方机构对广东城市经济运行的影响，其管理策略曾在太平年间起过积极的作用，但是，降至晚清，广东地方吏治腐败，社会治安、税收、金融等方面弊端丛生，之前的策略便显得过时而无力，新的社会情况和新的管理策略虽促使工商业有一定程度发展，但由于受制于半殖民地半封建社会的社会性质，影响了广东城乡社会生产力的进一步发展。

二、城市民间商业组织的规范作用

除了官方机构，会馆、行会及商务总会等民间组织也在广东城市经济运行秩序方面具有重要作用，并通过制定行业规则进行商事仲裁、宣扬商业伦理道德等规范市场行为，维护正常的市场秩序。

会馆是商人聚会、议事、处理商务、襄举公益事业的自我管理机构，以地域或同乡关系为纽带，成员通常是来自同一地区的商人、移民或官员。会馆通过规章制度来规范约束众馆员行为，达到规范市场行为，维护市场秩序的目的。如道光年间广东韶州府属乐昌坪石《重建广同会馆碑记》中说："高矣庙宇，以齐整为先，善哉贸易，以公平为要。则神灵□□□护，求之者名无不

---

① 庆丕著：《光绪三十三年（1907）广州口华洋贸易情形论略》，中国第二历史档案馆、中国海关总署办公厅编：《中国旧海关史料（1859～1948）》第 46 分册，北京：京华出版社，2001 年，第 362 页。

成，利无不达，遐迩蒙恩，有宾至如归之乐。"① 明确重申商人经商的准则是公平交易，这样从事经商贸易才能名利双收。

清前期，江西、湖南、福建、广东等省商人在粤北各城市建有商业会馆。这些会馆除联络乡谊外，还代办报关、捐税、托运、供销业务，促进了粤北地区商路畅通。又如，设在韶关的广州会馆，除代理疏通官商、官民关系外，还代表广东商界同湖南、广西、江西等省同业联系通商，信誉很高。始兴商人设在韶关的墨江会馆，附设船行和衫行，由行会兼理会馆业务，专代南雄、始兴、仁化等县从水陆过韶关的船只联系运输、报税等业务，收取劳务酬金作为会馆及办公费用，促进了清代广东城市之间货物流通。

清代广东西宁县《连滩新旧两圩会馆碑记》记载："连滩新旧两市……上接罗阳，外通西粤，作客经商，货物往来凑集之所。而平斗秤，和交易，法式本诸公庭；礼朔望，叙同人，参拜顿缺其地。爰集各铺题签工金，建新会馆，立文武二帝，为两市□，对越凛神明，交易明示，至公无私，道德一风，俗同争竞。"② 这里的"平斗秤，和交易，法式本诸公庭"等，强调商人必须恪守诚信贸易的基本准则。

行会是以行业或职业为纽带，成员通常是同一行业的从业者。清前期，佛山全镇有大小工商行业 265 个③，这些行会通常也建有会馆，作为处理同行事务和联系活动的场所。在佛山，无论同乡组织、同业组织，其建筑物均以会馆命名。行业会馆所起

---

① 《重建广同会馆碑记》，谭棣华等编：《广东碑刻集》，广州：广东高等教育出版社，2001 年，第 103 页。

② 《连滩新旧两圩会馆碑记》，谭棣华等编：《广东碑刻集》，广州：广东高等教育出版社，2001 年，第 751 页。

③ 佛山市地方志编纂委员会编：《佛山市志》（上），广州：广东人民出版社，1994 年，第 639 页。

的作用是通过行会制定行规，以协调商业利益、维持市场正常运转。如佛山的陶艺花盆行会，于乾隆六年（1741）由东家和西家行协商，制定了详细的《花盆行历例工价列》，维护行业利益：

上等价列：

大花塔每只银二钱一分五厘二；二号花塔每只银一钱四分七厘；三号花塔每只银九分四厘五……

中等价列：

双栏杆每枝银一钱四分三厘；大栏杆每枝银九分零二；中栏杆每枝银六分零五；十二寸直筒短每条，银八分一厘四……

下等价列：

尺八缸盆每个银九分二厘四；尺六缸盆每个银六分六厘；双兰盆每个银二分五厘二；大兰盆每个银一分八厘……大狮盆面议，中狮盆面议……[1]

光绪二十五年（1899），行会在新制定的《陶艺花盆行规》中再次重申："行内物件工价，历依行例，我行友不得私自求加增，不得私自减价。"[2] 佛山花盆行通过劳资双方协商，订立了行内产品销售价格，维护了同行业经济利益，有利于佛山花盆行市场秩序正常运转。

此外，清代佛山的铸铁、炒铁等主要手工业行业对各自行业的产品价格、学徒的学习期限、与顾客交易必须注意的方式方法、技术要求等，都制定了具体的规条。同业之间遇到争议或是行业形势发生变化时，才到行业会馆召集会议，以便协商解决。

---

[1] 《花盆行历例工价列》，广东省社会科学院历史研究所编：《明清佛山碑刻文献经济资料》，广州：广东人民出版社，1987年，第47~50页。

[2] 《陶艺花盆行规》，广东省社会科学院历史研究所编：《明清佛山碑刻文献经济资料》，广州：广东人民出版社，1987年，第255页。

会馆和行会，两者之间并没有明显区分。因为行会也建立有会馆，作为地缘性组织的会馆同时也具有业缘特征。所不同的是，会馆是作为协商议事和联系活动的场所而存在，没有对工商事业作出限制性规定。而行会制定的行规却对同业有很大约束性。凡是限制本行业内部竞争的行规，一经行会成员讨论通过，就具有法律效力。因此，这些商业行会具有更大的独立性，这是清代广东城市商业高度发达、商业分工精细化的标志。

（二）进行商事仲裁

清朝前期，广东城市工商业较为发达，但各个行会并无联合。鸦片战争后，随着广东城市工商业发展，商业竞争更加激烈，行业内部和行业之间的矛盾加深，促使商人行会由分散走向自发联合，组建行业联合会，协调和维护同行的商业利益。

广州邻近港、澳，商情活跃，19世纪末，各行帮主动推举代表，组成广州七十二行总商会来处理和协调众多行帮之间的纠纷。还创办《七十二行商报》作为联络商情的喉舌。[①] 晚清广州七十二行总商会常以广济医院或商务总局为会议场所，对商界纠纷等为难之事，召集会议协商解决，广济医院遂成为商事公断处。[②]

1905年，广州商务总会正式成立。标志着传统行会向现代商会的转变，与传统的行会不同，商务总会更注重跨行业的协调与合作，而非单一行业的利益保护。首先，将"保商"作为首要职责。在争取粤汉铁路商办和抵制美货运动中，广州商务总会显

---

① 广州市工商联编：《解放前广州市旧商会、工业会史料》。转引唐力行著：《商人与中国近世社会》（修订本），北京：商务印书馆，2006年第282页。

② 广东省地方志编纂委员会编：《广东省志·商业志》，广州：广东人民出版社，2002年，第103页。

示了强大的斗争威力。其次，接受商事诉讼，保护工商利益。广州商务总会成立后，把"理案"和"调处"列入职责范围，使不少积案得以迅速清理了结。如在协调桂皮行出口货物缺斤少两的争执之事中，广州商务总会发挥了仲裁和协调作用：

> 桂皮行争执之事，业经议妥。由总商会与桂皮行订定章程……其货价均照货到外洋卸船时之价，而不照粤省装船时之价。[①]

可见，清末广州商务总会负责协调处理全市几乎所有行业之间的商务纠纷，并与各行会订立具体章程，根据市场运行秩序和交易规则，协调矛盾，维护商业利益，保证了广州城市市场经济正常运行。

（三）宣扬商业伦理道德

清代广东城市各家族所修的族谱里，将经商基本道德准则提高到与宗族伦理规范并列的高度。佛山镇一些家族族谱中总结的"经商经验"与商业伦理道德契合度极高。如霍氏宗族于康熙五十九年（1720）所修的《佛山霍氏崇本堂族谱》列出了 10 条经商经验，主要内容有：不可贩卖人口；中保概不可做；不可贩卖硝磺、军器违禁货物；不可船上贪载私盐；不可隐匿货物，走漏税课；不可找换铜银，行使骗害；不可暗设两样斗斛、秤戥、双杆双锤，小出大入，及看货定议之后，以假货顶换；不可嫖赌纵酒……这里所说的都是商人经商必须恪守的基本道德准绳，也是发财致富秘诀所在。道光二十年（1840）的《重修参药会馆碑记》说到参药会馆之所以要有章程统属各参药店，就是要杜绝

---

① 庆丕著：《光绪三十三年（1907）广州口华洋贸易情形论略》，中国第二历史档案馆、中国海关总署办公厅编：《中国旧海关史料（1859～1948）》第 46 分册，北京：京华出版社，2001 年，第 364 页。

"讹伪误人，入市者惧矣"的不良倾向，做到"吾明其信，人释其疑"，使之"主客交孚"。①

清代广东《惠阳淡水邓氏族谱》也同样告诫说："为商作贾者，以专心立志为上，资本无论多寡，以笃实忠厚为先，有信行有口齿，童叟不欺瞒；毋骄傲，毋怠慢，毋市井，均宜公道，勿亲匪党，恐误身家，务要刚柔相济，勤俭为先，斯乃经金主要诀也。"可见，清代广东商人从小就接受同宗同族的互助教育、正统的伦理道德教育，并通过宗族祠堂和庙宇的修建来维系同宗商人和家族的内聚力，加强商业伦理道德修养。

祭祀神灵是清代广东会馆与行会的重要活动。会馆和行会通过祭祀乡神、业神，既可以为成员提供社交和文化活动场所，传承地方文化，加强行业交流，也可以从思想上对商人们进行教化，用行规对其经营进行约束，树立商人们的诚信观念，从而维护市场秩序与行业规范。

参与慈善与公益事业是培养清代广东商人社会责任感、凝聚商人团队精神的重要举措。设立义庄、建义冢、安置客死异乡同仁、关切桑梓、倡办公益、培育英才、弘扬文化、援助家乡建设、繁荣各项事业等，是清代广东商人会馆必不可少的职能。如高州府属梅菉圩，"当雷、廉、琼孔道，吾广人寓居众……乾隆辛亥岁，择爽□地建会馆"②。当时在梅菉圩贸易的广府商人常有近千人，间有客死未能归葬者，会馆在该圩建立义冢。清前期广府商人通过求助官府，使会馆同乡义冢得到妥善的保护。

清代外省商人在广东建立的会馆，也同样有各种善举。如设在韶州城内的江西商人建立的豫章会馆，除为江西同乡扶困救贫

---

① 蒋祖缘著：《清代佛山商人的构成及其对商业的影响》，《广州研究》1987年第8期。

② 《新建梅菉广州会馆碑记》，谭棣华等编：《广东碑刻集》，广州：广东高等教育出版社，2001年，第477页。

之外，还利用韶州城罗沙巷内的产业，办起一间私立赣育初级小学。同乡学童免费入学，坊邻学童可缴费就读，办学经费从会馆产业租金划拨。[①] 设在连州城的湖南商人建立的楚南会馆，在光绪八年（1882）办乐善堂一所，有医生常驻义诊，是会馆的慈善福利机构。光绪十七年（1891），湖南商人又在星子圩建立一所楚南会馆，对湖南同乡济困扶危，为过往同乡提供食宿。

清代广东会馆和行会的此类善举，既增进了在外经商者相互了解和乡族情谊，也凝聚了商人们的团队精神。督促其在经商活动中自觉遵守商业准则与行业规范，树立"良商"形象，积极维护市场秩序的正常发展。

小　结

清代广东城市经济的发展呈现出明显的阶段性特征。广州和佛山成为清代前期岭南地区二元中心市场。粤北、粤东和粤西南地区的城市工商业也有一定发展。

鸦片战争后，近代广东城市经济发展遭受严重挫折。佛山陷入衰落，广州外贸中心的地位让位于上海，广州逐步沦为香港的转口贸易城市。由于广州拥有雄厚的经济基础和经商传统，19世纪80年代后，广州经济逐步恢复并有了一定程度发展。与此同时，广东沿海开放城市如汕头、北海、琼州、广州湾等亦得到很大发展，逐步发展成为所在地区的经济中心。随着西方资本主义列强经济侵略的加深，广东城市经济被进一步纳入到国际市场。粤中和粤东地区农村自然经济结构开始解体，在广州、汕头等城市初步出现了一批近代企业，带动了广东城市经济由传统向近代的转型。

---

① 韶关市地方志编纂委员会编：《韶关市志》（下），北京：中华书局，2001年，第2279页。

清代，广东城市经济依靠官方机构和民间组织有序发展。随着城市工商业进一步发展，城市商人阶级意识和联合趋向增强。到 20 世纪初，广东商人群体壮大，并自发地组建了全省性的商务总会，积极参与清末政治斗争和各项社会活动。

第五章　清代广东城市文化的演变

广东地处中国东南沿海，有漫长的海岸线，自秦汉时期开始与海外开展商业贸易往来，是古代海上丝绸之路始发地。因此，广东城市很早就接触了外来文化，是西风东渐最早影响之地。在长期的民族交往和融合过程中，广东以中国传统文化和岭南百越少数民族文化为根基，不断地吸收融汇外来文化，逐步形成了独具特色的广东城市文化。

第一节　清代前期广东城市传统文化的特色

清代前期广东城市文化，是在以中原传统文化为根基，不断吸收融汇岭南地区百越少数民族优秀文化和外来文化的基础上逐渐形成和发展起来的。多元文化的汇聚、传承与融合，构成了清代前期广东城市传统文化的最大特色。

一、科举兴盛，人才辈出

清朝前期，广东科举取得了相当成就。据道光《广东通志》统计，清初至道光年间，全省察举 114 人，举人 5083 人，进士 995 人，共计 6192 人。明朝时期，全省察举 618 人，举人 6437

人，进士 874 人，共计 7929 人。① 由于道光朝以后广东科举成绩没有计入，尚不能比较明清两朝广东科举考试成绩存在的差距。但顺治初年（1644）至道光二十年（1840），全国进士数19058 人，广东进士数占全国总数的 5.22%；明朝全国进士数24624 人，广东进士数占全国的 3.55%。② 可见，清代广东考取进士数量与明朝相比上升了 1.67 个百分点，科举考试成绩有了较大进步。从唐到清，广东共考取 9 名文状元，其中 6 名是出自明清两朝。③ 清代，广东还考取了 4 名武状元。④ 由此看出，明清时期是广东城市文化的兴盛时期。从人才的地区分布来说，清代粤中地区举人 2435 人，占全省总数的 47.9%，进士 590 人，占 59.3%；粤东潮汕地区举人 819 人，占 16.1%，进士 121 人，占 12.2%；嘉应州地区举人 700 人，占 13.8%，进士 120 人，占 12.1%。⑤ 可见，清代广东科举考试人才分布集中在珠江三角洲地区，其次为粤东潮汕和嘉应州地区，构成三足鼎立的人才分布格局。

乾隆年间，广东出现年逾九旬的秀才参加应试的场面。乾隆皇帝得知消息颇为感动，特下谕旨说："未经中式之三水县贡生

---

① 司徒尚纪著：《广东文化地理》，广州：广东人民出版社，1993 年，第 371页。"明代，广西录取进士 212 人，举人 4634 人。从清代顺治十四年到道光二十年，广西中式举人 3250 人。"（钟文典主编：《广西通史》第一卷，南宁：广西人民出版社，1999 年，第 400 页，489 页）明代，广东举人比广西多 1803 人，清朝道光二十年以前比广西多 1833 人。可见，明清时期岭南地区社会经济发展水平高低与两广科举考试成绩优良与否是基本一致的。

② 张希清著：《中国科举考试制度》，北京：新华出版社，1993 年，第 174～190 页。

③ 胡兆量等编著：《中国文化地理概述》（第二版），北京：北京大学出版社，2006 年，第 186 页。

④ 马廉祯著：《广东的四大武状元》，《中华武术》2006 年第 12 期。

⑤ 司徒尚纪著：《广东文化地理》，广州：广东人民出版社，1993 年，第 371页。

陆敬，年九十一岁；开平县增生劳大成，年九十四岁；大埔县附贡生杨国光，年九十岁。……年臻耄耋，尚能应试观光，洵为士林嘉瑞。……照顺天等省之例，……陆敬、劳大成、杨国光俱著赏给举人。"[1] 从另一侧面反映了清代广东城乡科举人文蔚兴的盛况。

明清两朝广东科举人才的地域分布格局几乎是一致的。粤中和粤东地区处在全省经济发展高梯度区，优越的经济条件和较高的文化教育水平是科举兴盛的基础，使这两地涌现和网罗了更多的人才。粤北和粤西南地区人才稀少，原因在于经济欠发达，人才成长环境与社会人文环境较差。可见，清代广东人才分布格局与经济发展水平梯度差异吻合。

二、广东城市的传统教育类型

清代前期广东城市传统教育可分为府、州、县学和书院、义学、社学、私塾、蒙馆等多种类型。府、州、县学统称地方官学，与中央官学国子监共同构成清代官学体系。私塾、义学、社学等为尚未列入学制的地方基层教育机构。我们按照官学教育、书院教育和义学与基层教育等三种类型，探讨清代前期广东城市教育的类型。

（一）城市官学教育

官学是清代广东教育体系的重要组成部分，主要为科举考试服务。广东提督学政署负责全省文教事务，推动了官学的发展。按照清代定制，府学、州学、县学的学额及贡举年限实行动态管理，视各府、州、县政治地位之轻重、经济兴衰、辖区大小、人口多寡和财政盈亏等因素决定。广州府是省会所在地，学额最

---

① 《清高宗纯皇帝实录》卷八百九十九，北京：中华书局，1986 年，第 1118页。

多，武童每五名取一名，归府学管理；广州学三十六名外额，进东莞、新安客童各二名，廪生四十名，增生四十名，一年一贡。南海、番禺、东莞、顺德、香山等五所县学各二十名；廪生二十名，二年一贡。① 其他府、州、县的学额则相对较少，贡期也长一些。为了吸引更多优秀人才进入官学深造，清朝统治者投入巨额资金，极力抬高官学社会地位。清顺治十年（1653）皇帝下谕旨说："国家崇儒重道，各地方设立学宫，令士子读书，各治一经。选为生员，岁试，科试，入学肄业，朝廷复其身，有司接以礼。培养教化，贡明经，举孝廉，成进士，何其重也！"② 确立了官学为入仕的必经途径。地方官学经费除国家津贴外，还有学田租赋收入，以此保障广东地方官学生员生活。广东贫苦官学生员还可获得膏火费用资助，等等。官学成为清代广东城市最高级别的教育。

（二）城市书院教育

中国的书院起源于唐朝，兴盛于宋代。宋元时期，书院多为私人性质。进入清代，书院官办化趋势逐渐增强。广东最早的书院是宋乾道三年（1167），经略使龚茂良在广州番山之下创建的御书阁。清朝康熙年间，书院逐渐由沉寂转向复苏。广东各府县在这一时期陆续创建了不少书院，形成了遍布全省的书院网络。③ 从广东书院发展历程来看，以雍正至乾隆年间创建的书院

---

① （清）阮元修，陈昌齐等总纂：《广东通志》卷一百七十一《经政略十四》，清道光二年（1822）刻本。《广东历代方志集成》，广州：岭南美术出版社，2006年影印本。

② 清高宗敕撰：《清朝文献通考》卷六十九《学校七》，台北：台湾新兴书局，1965年影印本。

③ 据笔者初步统计，清代广东书院的地理分布情况如下：广州府152所，肇庆府43所，韶州府23所，惠州府31所，潮州府42所，高州府34所，琼州府39所，廉州府15所，雷州府7所，嘉应州14所，罗定州2所，连州9所，共计411所。参见刘伯骥著：《广东书院制度沿革》，上海：商务印书馆，1939年，第90～91页。

最多，有官立、私立 123 所；其次为嘉庆年间，官立、私立 51
所。晚清咸同以后，广东私立书院创建较多，达 78 所。①

纵观清代广东城市书院地域分布，呈现出明显的发展不平衡。
以广州府最为密集，其次为潮州府，再其次为肇庆府、高州府、
琼州府，最疏为雷州府。珠江三角洲经济文化发达，城镇密布，
吸引了省内外优秀人才前来居住、谋职和求学，因此，广州境内
书院最密集。广州有端溪、越华、粤秀、菊坡精舍、学海堂、应
元、广雅等 7 所著名书院。此外，还有广东其他府城创办的地方
书院。如惠州有丰湖书院，韶州有相江书院，潮州有韩山书院、
金山书院，雷州有雷阳书院，琼州有东坡书院和琼台书院。

清代广东城市与外来文化接触较早，学海堂和广雅书院在两
广总督兼著名学者阮元和洋务派领袖张之洞的带领下，大胆对传
统教学内容进行改革，给岭南书院带来一缕清新的春风。两广总
督阮元创设的学海堂，有两个办学特点：第一，在教学内容的设
置上，反对支离破碎的理学，不赞成八股文，引导学子从事切实
学问的研究。第二，聘请名流学者前来讲课，将教学和研究结合
起来。② 先进的办学理念使学海堂人才辈出，成就斐然。两广总
督、洋务派领袖张之洞于 1888 年在广州创建广雅书院，招收广
东、广西两省学生各 100 名入院学习。教学内容包括经学、史
学、理学、经济等四门。广雅书院制定了严格的学规，如规定学
生：皆须住院，不住院者，不得领膏火；每月官课一，斋课一；
东西各为一榜，每榜前七十名皆有奖赏；院内禁止赌博、酗酒、
吸食洋烟；学不进益者，开除。③ 可见，广雅书院与学海堂一

---

① 刘伯骥著：《广东书院制度沿革》，上海：商务印书馆，1939 年，第 78～79
页。

② 马迅著：《广东学海堂始末记》，《教育导刊》1983 年第 2 期。

③ 《广雅书院学规》，谭棣华等编：《广东碑刻集》，广州：广东高等教育出版
社，2001 年，第 36～39 页。

样，都是晚清广东的新式书院，在学风上强调通经致用，提倡汉宋兼采。① 张之洞创办广雅书院和广雅书局，为晚清广东城市教育事业发展作出了重要贡献。

（三）社学、义学等基层教育

社学萌芽于唐宋，推广于元，形成于明。最初，社学是乡村的初级教育机构，主要面向农村子弟，是中国古代乡村基层的教育机构。康熙九年（1670），清政府下令各省设置社学、社师。规定府、州、县每乡设置社学一所。在清政府大力督促和鼓励下，广东城乡普遍兴办了社学。雍正乾隆年间，是广东社学创办的高潮时期。清代，全省共计兴办社学 748 所。其中，广州府属最多，达 317 所，雷州府属最少，仅 17 所。②

晚清以后，广东城乡社学性质发生了一些变化。社学在宗族聚居的地方，费用从族田中支付，社学变成了族学。19 世纪四五十年代，广东社学演变为兼有兴办团练和武装自卫的组织。部分社学甚至完全脱离了教育的初衷，成为地方武装组织的中心。进入清末，广东城乡由于宗族势力的强大，社学一直很兴旺。

义学是古代中国依靠官款或地租收入、个人捐赠而设立的一种蒙学。广东义学多采用官民合办的模式，地方官员和士绅共同出资兴办。例如，广州的义学常由盐商、士绅捐资设立，既满足官方教化的需求，也体现了地方精英的社会责任感。广东义学特别注重招收贫寒子弟和少数民族子弟，旨在通过教育实现"化夷为汉"的文化融合。教育内容以儒家经典为主，同时也注重科学应试教育。学业有成的义学学生可以参加科举考试，进入府学、

---

① 谢放著：《从晚清书院看 19 世纪后期中西文化交流的地域差异——以尊经、广雅书院为例》，赵春晨等主编：《中西文化交流与岭南社会变迁》，北京：中国社会科学出版社，2004 年，第 120 页。

② 刘伯骥著：《广东书院制度沿革》，上海：商务印书馆，1939 年，第 90～91 页。

县学深造。清代广东城市义学还有一个特点就是义学向书院转化，义学书院合二为一。清代广东城市的义学和社学，同为地方基层启蒙教育的有机组成部分，社学数量比义学多，但是义学与书院关系更为密切。

三、城市戏剧文化

清代广东戏剧文化丰富多彩，城乡流行粤剧、潮剧、琼剧和广东汉剧等四大剧种。[①] 琼剧流行于海南城乡地区，汉剧流行于潮安、汕头、嘉应、大埔和福建西南部地区。粤剧和潮剧是在广东城乡及海外影响最大的剧种，可视为清代广东城市戏剧文化的杰出代表。

广东粤剧的兴起与手工业巨镇佛山密切相关，按照国内学术界的传统看法，佛山镇是岭南粤剧的发源地。[②]

粤剧起源与佛山琼花会馆有密切关系。明朝万历年间（1573—1620），粤剧艺人在佛山大基尾创建了早期粤剧戏班的行会组织——琼花会馆，并建造了"琼花水涉"，专供红船停泊之用。进入清代，随着佛山神庙、宗族祠堂、商人会馆的大量兴建和外来侨寓商人的涌入，佛山人口骤增，需要大量神功戏酬神，为粤剧诞生奠定了深厚的文化土壤。为了配合粤剧演出，清代佛山有不少会馆和庙宇建立了固定砖木戏台。据统计，全镇共建36座砖木戏台[③]，为粤剧传承发展提供了大量演出场所。到嘉庆、道光年间，粤剧在佛山逐渐成熟。早期粤剧演唱采用官话，清朝嘉、道年间，粤剧艺人逐步采用广州方言演唱，吸收、融合

---

① 蒋祖缘等主编：《简明广东史》，广州：广东人民出版社，1993年，第399～400页。

② 赖伯疆、黄镜明著：《粤剧史》，北京：中国戏剧出版社，1988年，第7页。

③ 罗一星、肖海明著：《岭南人文图说之二十六——琼花会馆与粤剧》，《学术研究》2006年第2期。

了岭南地方民歌小曲，具有浓厚地方色彩，深受广府城乡普通民众的喜爱。

清朝咸丰年间，封建统治腐败，社会矛盾激化，粤剧武旦出身的李文茂，在佛山响应陈开发动的武装起义，率众围攻广州半年不克，后转向广西发展，在浔州（桂平县城）建立大成国。在广西，李文茂起义军每攻占一地，都会组织义军演唱粤剧，扩大了粤剧在广西城乡的影响。在广东，清朝地方政府迁怒于粤剧艺人，下令解散粤剧戏班，全省禁演粤剧，派人焚毁了琼花会馆，粤剧艺人被迫流落广东乡下、广西、香港和海外等地，粤剧发展陷入低潮。直至清末粤剧才缓慢恢复和发展。① 辛亥革命期间，孙中山、陈少白等革命党人倡导改良粤剧，在广东城市出现了粤剧"志士班"。当时在广州、香港和澳门等城市先后出现了几十个志士班，为宣传发动资产阶级革命、推翻清王朝作出了重要贡献。

粤东潮剧，属于元明南戏（温州杂剧）的一支，流行于潮汕地区城市和福建南部城乡地区。② 潮剧语言富有地方特色，常用方言、俚语、歇后语和比兴手法，抒情优美，委婉感人。潮剧器乐伴奏主要为管弦乐和打击乐，称文武场。潮剧演出剧目有两大来源：其一来自宋元南戏和明清传奇杂剧，如《琵琶记》《白兔记》等；其二来自地方民间传说与历史故事，如《荔镜记》《苏六娘》《金花女》等。③ 潮剧仍然保留了很多南戏和弋阳腔唱法，故屈大均在《广东新语》中说："潮人以土音唱南北曲者，曰潮

① 赖伯疆，黄境明著：《粤剧史》，北京：中国戏剧出版社，1988年，第16～19页。
② 蒋祖缘等主编：《简明广东史》，广州：广东人民出版社，1993年，第400页。
③ 潮州市地方志编纂委员会编：《潮州市志》（下），广州：广东人民出版社，1995年，第1452页。

州戏。"① 清朝中叶后，发展成为潮汕地区地方大戏。正如《潮州府志》所说："凡社中以演剧多者相夸耀，所演传奇皆习南音而操土风，聚观昼夜忘倦。"② 可见，潮剧为清代广东潮汕地区城乡群众广受欢迎的地方戏剧。

从清代广东粤剧和潮剧的形成和发展的历史来看，两者都充分吸收了外来戏曲的精华，不断融汇创新，同时又与广东本地的南音、粤讴、龙舟、木鱼、板眼等民间艺术相融合，推陈出新，最终形成了两大剧种。粤剧和潮剧的产生和发展是清代广东城市商品经济高度发展、市民文化生活水平不断提高的反映。

四、多姿多彩的岭南城市民俗风情

清朝前期，广东高度发达的商品经济为城市文化发展和繁荣提供了丰厚的物质基础。在长期多元的文化交汇中，形成了独特的岭南城市民俗风情。

（一）城市岁时风俗

广州是清代广东政治、经济和文化中心，有着 2000 多年悠久的城市发展历史，孕育了丰富多彩的岭南城市文化。广州传统岁时节序文化，是广东城市文化的杰出代表。清人屈大均对广州主要传统节日的盛况有精彩记述：

> 立春日，有司逆勾芒土牛。……竞以红豆五色米酒之，以消一岁之疾疢。……元日拜年，烧爆竹，啖煎堆白饼沙壅，饮柏酒。元夕张灯烧起火。……城内外舞狮象龙

---

① （清）屈大均撰：《广东新语》卷十二《诗语》，北京：中华书局，1985 年，第 361 页。

② （清）周硕勋纂修：《潮州府志》卷十二《风俗》，清光绪十九年（1893）重刊本。

鸢之属者百队，饰童男女为故事者百队。……二月始东
作，社日祈年，师巫遍至人家除禳，望日以农器耕牛相
市，日犁耙会。清明有事先莹，日拜清。……四月八日浴
佛，采面莄榔，捣百花叶为饼。是日江上陈龙舟，日出水
龙，潮男始作。五月自朔至五日，以粽心草系黍，卷以柊
叶，以象阴阳包裹。……夏至磔犬御蛊毒。……七月初七
夕为七娘会，乞巧。……十四祭先祠历为盂兰会，相饷龙
眼、槟榔，日结圆。……八月蓼花水至，有月，则是岁多
珠，为大饼象月浮，桂酒剥芋。……九日载花糕蒟酒，登
五层楼双塔放响弓鹞。……十月下元会，天乃寒。人始释
其荃葛，农再登稼，饼菜以饷牛，为寮榨蔗作糖霜。冬至
日亚岁，食鲙，为家宴团冬。墓祭日挂冬。小除祀
灶。……岁除祭，日送年。①

清代前期，广州作为全国外贸中心，社会安定繁荣，城市工
商业兴盛，五方杂处了近百万人口，中原汉族文化、岭南百越少
数民族文化与西方外来文化在这座南方繁华大都市里渲染、激荡
和交融，传统节日和岁时文化丰富多彩。

清代广东其他城市，除春节、端午、中秋等重大节日与广州
相同外，也有各自的特殊节日，带有岭南城市鲜明的地域文化色
彩。如潮州府城，"海阳元日后五日，迎牲以傩谓之禳灾"②。在
粤北韶州府，"十月朔日，各乡大铺制米糍作犒牛会"③。南雄州
在农历九月有祭祀新坟和做九皇会的习俗："九月九日，凡新葬

---

① （清）屈大均撰：《广东新语》卷九《事语》，北京：中华书局，1985 年，第
298～300 页。

② （清）周硕勋纂修：《潮州府志》卷十二《风俗》，清光绪十九年（1893）重
刊本。

③ （清）林述训等修，欧樾华等纂：《韶州府志》卷十一《风俗》，清同治十三
年（1874）刊本。

者，各备花纸服往坟墓焚化名曰送寒衣。九月上日延先天师人建九皇会。"①惠州府则在农历三月举行朝拜会，"三月二十七日，郡中有所祈祷者，皆会聚自元妙观，沿街拜至东岳宫或异神至人家门，男女必罗拜"②。高州府过春节时，则带有岭南地区巫神文化的原始遗风色彩："高州春时民间建太平醮，多设蔗酒于门。巫者拥神疾趋，以次祷祀。"③肇庆府城，元宵节晚上除观赏花灯外，还有老少皆宜的丰富节日活动："上元观灯，或作秋千百戏，以花爆相胜。童子击小鼓相应，谓之柏鼓。乡落亦然。"④清代前期，海南琼州五月举行关帝会，善男信女们借此求神拜佛，以求得心灵的安慰："五月关帝会，士女各荷纸，校以祷罪祈福。"⑤清代嘉应州为客家人聚居中心，传统春节也是热闹非凡。有竹枝词云："旧年过了又新年，爆竹金花费几千。一对灯笼悬姓氏，家家都贴大门联。"⑥

纵观清代广东各大府城，都有各自的特殊节日，呈现出浓厚的地域文化色彩，展现了岭南城市丰富多彩的传统节日文化。

（二）城市饮食习俗

广州菜。广州人对于饮食之道，历来深有研究。清人徐珂

---

① （清）东何纯等修，黄其勤纂：《直隶南雄州志》卷九《风俗》，清道光四年（1824）刊本。

② （清）章寿彭修，陆飞纂：《归善县志》卷十五《风俗》，清乾隆四十八年（1783）刊本。

③ （清）郑业崇等修，杨颐纂：《茂名县志》卷一《舆地·风俗》，清光绪十四年（1888）刊本。

④ 马呈图纂辑：宣统《高要县志》卷五《风俗》，民国二十七年（1938）重刊本。

⑤ 胡朴安编辑：《中华全国风俗志》上篇卷八《广东》，郑州：中州古籍出版社，1990年，第7页。

⑥ 吴金夫著：《清代梅州竹枝词浅说》，《汕头大学学报》（人文科学版）1991年第3期。

云："粤人又好啖生物，不求火候之深也。"① 可见，粤菜烹调非常注重火候。清代广州粤菜有三绝。其一，"炆狗肉"。屈大均说："夏至磔犬御蛊毒。"可见花城人食狗肉之风，与岭南地区气候炎热潮湿，易生瘴疬等疾病有关。其二，焗雀。禾花雀是一种食昆虫鸟类，同时也是为害庄稼的候鸟。广州城市郊区农民将捕到的禾花雀卖给城里的饭馆酒楼，厨师将其炸、焗、煎等，以焗为佳，香脆鲜嫩可口。其三，蛇馔。广州人有吃蛇的习俗。吴震方在《岭南杂记》中说："岭南人喜食蛇，易其名曰茅鳝。"② 清代广州地区产蛇不下百种，为人们喜食乐用者有七八种。到了清末民初，广州许多酒家都将蛇羹作为一道名菜，成为高档消费必需品。

潮州菜。清朝乾隆年间（1736—1795），潮州民众经济生活相对富足，各方商人云集，茶楼酒肆生意兴隆，饮食文化丰富多彩："江沿酒馆林立，而清华一馆尤负盛名，无能出其右者，盖以地处清虚，馆邻六篷，馔精酒醇，器致座洁。"③ 潮菜以清淡见长，少用甘脆肥浓之品，潮菜中炒虾仁、虾球等非常讲究色、香、味和烹调技巧，这是清朝时期潮州饮食文化日趋成熟和日益精致的表现。潮州菜源流受中原、闽、粤等地饮食文化影响较大，在长期的饮食文化交融过程中，潮州菜逐渐在清代中叶形成了风格儒雅精致、口味清香鲜甜的特色。

喜食槟榔习俗。清代广东城乡居民均喜食槟榔。槟榔为海南特产，种植范围很广："产琼州，以会同为上，乐会次之。儋、崖、万、文昌、澄迈、定安、临高、陵水又次之。"④ 明代李时

---

① （清）徐珂编撰：《清稗类钞》第 13 册，北京：中华书局，2010 年，第 6242 页。

② （清）吴震方撰：《岭南杂记》卷下，北京：中华书局，1985 年，第 52 页。

③ 饶宗颐纂修：《潮州志·丛谈志·事部》，民国三十五年（1946）修，民国三十八年（1949）铅印本。

④ （清）屈大均撰：《广东新语》卷二十五《木语》，北京：中华书局，1985 年，第 628 页。

珍在《本草纲目》中指出："（槟榔）治泻痢后重，心腹诸痛，大小便气秘，痰气喘急。疗诸疟，御瘴疠。"屈大均云："粤人最重槟榔，以为礼果，款客必先擎进，聘妇者施金染绛以充筐实。女子既受槟榔，则终身弗贰。"① 清代广州街头槟榔成为日常食品，随处可见。在广东其他城市，槟榔也是一种重要社会交往物品，如高州府石城县，"（婚礼）无论贫富，必以槟榔为定，取一条心到尾之意"②。粤东潮阳县，槟榔也成为婚聘中不可缺少之物，"潮俗喜食槟榔，嫁娶以之为礼"③。清代潮州府城居民皆喜食槟榔，将其作为社会交往的一种重要物品："童叟俱嗜蒌叶槟榔，无时释口，亲朋来往，不具酒茗勿以为嫌，不设槟榔，便称简嫚。"④ 可见，粤人嗜吃槟榔的习惯上升为了一种城乡居民社会交往的重要物品和时尚日常消费。由此，在清代广东城乡各地产生了对槟榔的巨大市场需求，使槟榔这一土产俗果演化为岭南城乡文化的特色元素。

饮茶习俗。在清代广东城市中，饮茶习俗和茶道文化以粤东潮州工夫茶为代表。工夫茶以茶具精巧，冲法、饮法讲究著称。潮汕地邻热带，全年气候炎热，长年需饮茶以缓解由炎热带来的不适。工夫茶对于茶质、水、火、用具、烹法等都非常讲究。诚如翁辉东所言："茶质、水、火、茶具，既一一讲究，苟烹制拙劣，亦何能语以工夫之道？是以工夫茶之收功，全在烹法。"⑤

---

① （清）屈大均撰：《广东新语》卷二十五《木语》，北京：中华书局，1985年，第628页。

② 钟喜焯修，江珣纂：《石城县志》卷二《舆地志下·风俗》，民国二十五年（1936）铅印本。

③ （清）周恒重修，张其�纂：《潮阳县志》卷十一《风俗》，清光绪十年（1884）刊本。

④ （清）周硕勋纂修：《潮州府志》卷十二《风俗》，清光绪十九年（1893）重刊本。

⑤ 翁辉东撰：《潮州茶经·工夫茶》，1957年铅印本。

潮州府城茶水以西湖山处女泉为上乘，湘子桥脚水为中乘，义井水为下乘。泡工夫茶的茶壶大小，决定于饮茶人数，故有一人罐、二人罐、三人罐、四人罐之分；茶壶，宜小不宜大。在清朝升平时期，潮州城乡民众，好以饮茶相夸尚，用以陶情悦性，消遣岁月。张华云的《潮汕工夫茶歌》对此有详细描绘。[①] 从其"潮人无贵贱，嗜茶辄成癖"的歌谣判断，冲泡工夫茶、品饮工夫茶是清代潮汕地区绅民相当普遍且"不可一日无"的传统饮食习俗。

第二节　清代前期广东城市文化与外来文化的碰撞与交融

　　岭南地区是中国最早接触外来文化的地区之一。清朝闭关锁国期间，中西方文化交流没有因此中断。岭南地区继续成为中外文化碰撞冲突和融合的场所，广州和澳门遂成为中西方文化交流融合的最早窗口。

一、广州和澳门——岭南中西方文化交流的最早窗口

　　广州是古代中国南方著名的港口城市，在晋代以后便开始与外国直接通航。清朝前期，广州一直是岭南地区最大贸易港口城市，也是华南地区中外文化交流中心。中西方文化势必会在以广州为核心的地区碰撞、融汇。

　　澳门位于珠江三角洲南端。背靠大陆，三面临海。明朝中后期，葡萄牙殖民主义者率先东来，以上岸曝晒水浸货物为借口，

---

　　① 歌词大意是："潮人无贵贱，嗜茶辄成癖。和爱精洁思，茶道无与敌。匪独疗干渴，夏兴冬不息。不可一日无，百郁俱辟易。"参见翁辉东撰：《潮州茶经·工夫茶》，1957 年铅印本。

又暗中贿赂明朝官吏，于嘉靖三十二年（1553）取得了在澳门的居留权。[①]澳门濒临大海，有优越的泊船条件，因此，澳门逐渐成为西方外来商人进行贸易的最早停泊港。明万历八年（1580）后，澳门贸易进入繁荣时期。通过澳门，中国、日本与拉丁美洲、欧洲之间都有航线，丝绸贸易极为兴盛。[②]从明嘉靖三十一年（1554）起，耶稣会传教士们纷纷来到澳门，把澳门作为向中国、日本、朝鲜以及东南亚传教的基地。此后，西方国家各色人士纷纷来到澳门，将西方的宗教和文化艺术以及欧洲的生活方式传播到此，又将中国传统文化传播到西方。因此，清初海禁时期，澳门逐渐取代广州成为连接东西方世界两大文明的中心。

二、清代前期广东城市中西方文化的碰撞与融汇

当东方的中国进入明清时，封建社会已步入晚期，此时的西方已进入资本主义时代，并开启了向外殖民扩张。东西方的冲突势不可避。

（一）由禁教引起的中西方文化在广东城市的冲突

文化的特质之一即传播。传播是文化得以实现的必要条件。[③]

明末清初，广东城市中的中西方文化冲突，表现在西方传教士传教布道方式与中国传统儒家文化尊孔的礼仪之争。贸易和传教是最初欧洲人东来接近中国的两个目的。明朝嘉靖年间，澳门被葡萄牙占据之后成为西方传教士的聚居地和在远东地区的传教

---

① 邓开颂等著：《澳门史话》，北京：社会科学文献出版社，2000年，第13～14页。

② 邓开颂等著：《澳门史话》，北京：社会科学文献出版社，2000年，第124页。

③ 胡大雷等主编：《粤西文化与中华文化研究》，桂林：广西师范大学出版社，1998年，第1～2页。

中心。清朝前期，康熙皇帝对外来传教士比较宽容。由于礼仪问题，晚年的康熙皇帝对传教士的态度发生转变。康熙六十年（1721），康熙皇帝批示："以后不必西洋人在中国传教，禁教可也，免得多事。"① 开启了禁教之先河。雍正帝即位后，先把各地传教士驱往广州，继又迁往澳门，大力镇压传教活动。乾隆、嘉庆、道光三朝一再重申禁止传教的命令，西方传教士从此大多转入秘密传教活动。广东城市邻近澳门，交通便利，传教士不断深入到广州等城市进行秘密传教，加入教会的人数日渐增多。雍正十年（1732），在广州有男、女天主教堂各 8 处，入教的男信徒约 1 万人，入教的女信徒 2000 多人。②

明清时期，传教士进入岭南地区传教带有明显的政治目的。尽管传教士极力采取汉化的传教方式，但是它的宗教思想和神学文化从根本上与中国的泛神信仰和传统文化相矛盾，不时引发冲突和挑战。雍正十年六月，广东总督鄂弥达发布告示，指责方济会教士以行医及布教为名，招集信徒，为害日大，有违国法，并限其于三日内离境迁往澳门。接着，南海和番禺知县召集教会代表，以当地民众反教情绪高涨为由，下令把传教士迁往澳门。③乾隆年间，庄有恭上奏说："雍正元年以后，澳夷安多尼等于省城开堂设教，不时往来沿海，无知愚民入教不下数万，教主夷艇经过，男妇持香迎送，动辄聚至数千人，粤民深切隐忧。"④ 因

---

① 吴旻、韩琦编校：《欧洲所藏雍正乾隆朝天主教文献汇编》，上海：上海人民出版社，2008 年，导言第 9 页。

② 陈垣撰：《陈垣学术论文集》，北京：中华书局，1980 年，第 195～196 页。

③ 杨文信著：《雍正年间天主教传教事业在岭南的发展与挫折》，赵春晨等主编：《中西文化交流与岭南社会变迁》，北京：中国社会科学出版社，2004 年，第 659 页。

④ 杨文信著：《雍正年间天主教传教事业在岭南的发展与挫折》，赵春晨等主编：《中西文化交流与岭南社会变迁》，北京：中国社会科学出版社，2004 年，第 661 页。

此，请求清廷禁止天主教传教士传教，这是广东境内第二次驱逐传教士活动。乾隆晚期，由于发生白莲教起义，天主教受到牵连，被正式列入邪教，不断遭到迫害。直到 19 世纪中期，天主教在广东的处境仍然非常艰难。受禁教的影响，澳门成为外来传教士遣返的中心，由禁教引发对西方文化的普遍敌视在所难免。由于当时西方文化的传入带有强烈的宗教色彩，与中华儒家传统文化存在认知差异，这种差异被封建统治者人为夸大，引起广东城乡普遍禁教和教案发生。

由禁教风潮引发的中西文化冲突是有一定限度的。明清两朝封建统治者允许澳门作为传教士的最后居留地，不仅有政治考虑，更有澳门作为远东最大贸易港口可带来经济利益的权衡。因此，澳门作为东西方文化交流中心也就被保留下来。由于地缘优势和交通便利，澳门的传教士在清代依然不断地进入广东城市秘密传教。

（二）广东城市对外来文化的融汇

中西方文化交流和融合是一个长期互动的发展过程。清代前期广东城市对外来文化的融合主要表现在传教士和十三行商人对西方文化的传播及贡献两个方面。

传教士对西方文化的传播。鸦片战争前，西方传教士在传教的同时也做了一些传播西方文化的有益工作。清嘉庆二十二年（1817）至道光三年（1823），英国基督教传教士马礼逊为传教需要，编成《华英字典》6 卷，在澳门出版，这是第一部汉英对照字典，在沟通中英文化方面起了桥梁作用。道光十三年（1833）在广州出版的《东西洋考每月统纪传》，既宣传基督教教义，也介绍西方科学知识，在广州产生较大影响。在医疗方面，西医传入中国以种牛痘为最早。嘉庆十年（1805），由英国东印度公司医生皮尔逊传种牛痘法于广州。据说刚开始种痘时广州人将信将疑，"粤人初未敢信，久之果验，于是种痘日盛"①。道光十五年（1835），美国传教士医生伯驾在广州开设"眼科医局"，并招收中国学生传授一般医疗知识，使之充当他的助手。②这是中国人最早开始学习西医的记载。清咸丰九年（1859）改名为"博济医院"。

一口通商时期，广州十三行商人在中西文化交流传播中起了重要作用。

首先是广东英语的出现。在澳门被葡萄牙殖民者占据后，为了交流和贸易方便，出现了最早的商业语言——广东葡语，它是广东英语的母体。③18世纪中叶，随着中英贸易的发展，广州逐渐出现了一种中英混杂的古怪语言——"广东英语"（Pidgin English）。这种英语的语法、文法全是中文的规则，发音也是中国式的。据《广州"番鬼"录》记载："伶俐的中国人，却巧妙地运用听惯的外国音调，成功地弥补他自己语言的不足，并依照他自己的单音节的表达方式，同时使用最简单的中国话来表达他们的意思。……成了许多数额巨大的生意或极为重要事情的便利的交际媒介。"④19世纪中叶东南沿海五口通商后，广东英语盛行于上海洋泾浜，逐渐发展成为"洋泾浜英语"。

其次是外销画的出现和畅销。一口通商时期，广州十三行商馆区成为西方商人的集中地和贸易区。为了满足西人对中国艺术品的需求，十三行地区随之出现了以专门模仿西方绘画技法和风

---

① （清）黄芝撰：《粤小记》卷三。（清）吴琦等撰，林子雄点校：《清代广东笔记五种》，广州：广东人民出版社，2006年，第428页。

② 顾长声著：《传教士与近代中国》，上海：上海人民出版社，1991年，第42页。

③ 周毅著：《论近代中国最早的洋泾浜语——广东葡语的历史渊源和影响》，《四川师范大学学报》（社会科学版）2005年第1期。

④ （美）威廉·亨特著，冯树铁译：《广州"番鬼录"》，广州：广东人民出版社，1993年，第44～45页。

格，绘制外销画的专业画室和职业画家。集中在广州十三行地区的靖远街和同文街，从业人员多达两三千人。外销画的出现是当时中西文化交流过程中广州口岸出现的一种新文化现象："洋人对中国的兴趣，为各种中国外销画源源不断地输出西方开辟了一个兴旺的市场。这些中国题材的画作乃是当时西方人关于中国的景色、文化和习俗的一个主要的信息来源，因而产生了深远的影响。"[①] 可见，清代广州的外销画既适应了西方人的需要，又在中国民间广为流传，在中西文化交流中起了重要作用。

清代前期西方外来文化传播主要在澳门、广州、肇庆、韶州等广东少数城市。广州由于紧邻澳门，成为融合西方文化最早的城市之一。在语言、绘画、建筑、工艺美术、外销瓷器和银器、西洋武器等方面融汇吸收了中国传统文化的精华和西方文化的有益部分，并推陈出新，促进了清代前期广东城市文化的多元化发展。

第三节　清代后期广东城市近代文化的勃兴

1840 年鸦片战争后，伴随着西方外来文化源源不断传入，晚清广东城市文化发生了较大变化。近代新闻报刊的勃兴、维新和革命思想的广泛传播、近代新式学堂的兴办，使广东城市文化逐步完成了由传统向近代的转型。

一、城市近代教育的兴起和变革

广州作为省会城市，是欧风美雨最早登陆之地。鸦片战争前后，广州是中国最早翻译介绍西学的城市。

---

① 黄时鉴，（美）沙进编著：《十九世纪中国市井风情——三百六十行》，上海：上海古籍出版社，1999 年，第 3 页。

（一）翻译介绍西学活动和留学教育

1. 翻译介绍西学活动

"《海录》是我国第一部介绍世界概况的著作，是根据我国第一位环球旅行的海员谢清高口述写成的。"①《海录》分别介绍了越南、暹罗、孟买、小吕宋等数十个国家和城市的风土人情。对大西洋国、佛郎机、荷兰、英吉利等欧、美、非洲国家的情况也进行了介绍。该书对徐继畬和魏源的思想产生了一定影响，"厥后徐松龛中丞作《瀛寰志略》，魏默深刺史作《海国图志》，多采其说"②。

广东梁廷枏主要贡献在于他的《海国四说》。清道光二十四年（1844）撰写的《海国四说》，对英美两国的历史、地理、政治、经济和文化等情况进行了简要介绍，有助于增强人们对西方资本主义国家的了解，开阔人们的视野。

林则徐督粤期间，十分注意了解和研究西方资本主义国家的情况。他组织幕僚翻译英国人慕瑞的《地理大全》，经过润色后，编成《四洲志》，根据所了解的情况制定了一套对付外来侵略者的策略。③不愧为伟大的爱国者和开眼看世界的先进人物。

纵观鸦片战争前后广东城市学人的这些翻译活动，作者多以个人的经历及其兴趣爱好为前提，并没有自觉对西学进行系统的翻译。林则徐组织翻译介绍活动主要是服务于当时鸦片战争军事斗争的需要，对西方文化认识尚停留在感性层面。

---

① 蒋祖缘等主编：《简明广东史》，广州：广东人民出版社，1993 年，第 489 页。

② （清）吴宗焯修，温仲和纂：《嘉应州志》卷二十九《艺文》，清光绪二十四年（1898）刊本。

③ 李侃等编著：《中国近代史》（第四版），北京：中华书局，2004 年，第 18 页。

2. 容闳对早期留学教育的贡献

19 世纪 60 年代开始的洋务运动，广东虽然不是这场现代化自强运动的中心，创办的洋务新式企业也为数寥寥，但却是中国早期选送留学人才最多的省份。容闳是我国第一位毕业于美国耶鲁大学的留学生，是中国近代留学运动的奠基人，被称为"中国留学生之父"。容闳多次提出"政府宜选派颖秀青年，送之出洋留学，以为国家储蓄人材"① 的建议，并成功说服曾国藩和李鸿章等联名上奏清廷。得到批准后，同治十一年（1872）至光绪元年（1875），清廷先后选派 4 批共 120 名幼童奔赴美国留学，开创中国官费留学生出国之嚆矢。这批留学生中，广东籍有 84 人，占总人数的 70％。② 1873 年 6 月第二批 30 名留学生中，广东 24 名。其中香山 12 名，南海 4 名，其余 8 名分别来自番禺、新会、开平、新宁和四会县。③ 这 120 位留美幼童虽然多未完成学业就中途被清政府突令回国，但这段留学经历却为他们成为近代早期国家栋梁和社会精英奠定了坚实基础。以詹天佑为代表的 30 名留美幼童，是近代中国最早一批铁路建设者，其中 12 位广东籍的在铁路官署担任要职。广东是清代洋务运动人才摇篮，容闳的贡献功不可没。

（二）新式学堂和教会学校的兴办

以洋务运动为契机，广东先后出现了创办新式学堂的风潮。

1. 洋务学堂的兴办

19 世纪 60 到 90 年代的洋务运动以"自强""求富"为口号，在得风气之先的广东，洋务派创办了 5 所洋务学堂。

---

① 容闳著，沈潜、杨增麒评注：《西学东渐记》，郑州：中州古籍出版社，1998 年，第 148 页。

② 《广东——洋务人才的摇篮》，《紫禁城》2007 年第 1 期。

③ "同治十二年二批挑选出洋肄业官生姓名"，《申报》，清同治十三年（1874）农历五月初二日。上海：上海书店出版社，1983 年影印本。

1864 年 6 月创设广州同文馆，是洋务派在岭南创立最早的洋务学堂，培养了一批翻译人才。1882 年，由前后两任两广总督刘坤一、张树声筹办广东实学馆（后并入广东水陆师学堂）建成，采用新的教学方法，如重视操练、实习等，发展成为一所新型学校。光绪十年（1884），张之洞督粤，设立广东黄埔鱼雷学堂，授以驾驶及鱼雷各科目，聘德国人专门教习。光绪十三年（1887），由两广总督张之洞创办广东水陆师学堂，聘请英国和德国人兼任教习。从学员中挑选一部分成绩优秀者，派往外国学堂留学深造，培养了一批海陆军人才。是年，张之洞还奏请设立两广电报学堂，培养了一批邮电人才。

晚清广东洋务学堂的创办，培养了一批翻译、科技和军事人才，极大地促进了广东城市教育文化的近代化转型。

2. 清末广东城市改办学堂之风

清末戊戌维新运动时，康有为奏请废科举、办学校：若改诸庙为学堂，责令民人子弟，年至六岁，皆必入小学读书，而教之以图算、器艺、语言文字，若此则人人知学，学堂遍地，农工商兵之学亦盛。[①] 光绪皇帝 7 月下诏，将各省书院"改为兼习中学西学之学校"，"至于民间祠庙，……一律改为学堂"[②]。随着戊戌变法夭折，废科举、办学校实际上中止了。但是，康有为等倡导的教育改革成为不可阻挡的历史潮流。清末光绪二十七年（1901），清政府被迫宣布实行"新政"，同时采纳张之洞等人的建议，废除八股，并令各省设立学堂。

晚清广东在废科举、兴学校和办学堂风潮中，一直走在全国前列。在清末教育改革中，表现出四个特点：

---

① 孔祥吉编著：《康有为变法奏章辑考》，北京：北京图书馆出版社，2008 年，第 292 页。

② 中国史学会主编：《戊戌变法》中国近代史资料丛刊本第二册，上海：上海人民出版社，1957 年，第 34 页。

　　第一，近代广东城乡创办新学最早，成就最著。清末广东最早的新式学堂当属康有为于 1891 年在广州创办的万木草堂。明确提出中体西用的办学宗旨，而且采用中西并重的教育内容，是中国近代资产阶级维新派创办的著名学堂。另外，丘逢甲在台湾甲午抗战兵败后，内渡回到家乡镇平。1897 年，他应潮州知府李士彬敦请主讲韩山书院，专以新思潮及有用之学授课。1898到 1899 年，他先后主讲潮阳县东山书院和澄海景韩书院。[①]1900 年秋，丘逢甲在汕头倡办岭东同文学堂，"以西欧新法教育青年，以革命维新鼓励士气，有志者趋之若鹜，辛亥革命岭东义士多孕育于是，……岭东新学，实以此为先导"[②]。1905 年，清廷宣布废科举后，丘逢甲在家乡与原桂岭书院山长杨元琳等筹设学务公所，担任首任所长。同年，丘逢甲前往嘉应、平远、兴宁等地兴办新学 129 所。[③] 黄遵宪是晚清著名爱国诗人、外交家、教育家。他在维新变法失败被贬归广东嘉应州后，积极在家乡创办新学。他开辟自己的住宅人境庐为教室，亲自执教，教授新学。还创立嘉应兴学会议所，发表《敬告同乡诸君子》一文，邀集嘉应各县乡有志兴学之士，在乡里开办新学，大力普及教育，兴学育人。在黄遵宪发表《敬告同乡诸君子》一文一年之后，嘉应各县城乡便办起了数百所新学。[④] 在康有为、丘逢甲、黄遵宪的身体力行之下，广东城市教育改革蓬勃兴起，成就卓著。到清

　　① 丘琮编：《仓海先生丘公逢甲年谱》，见《岭云海日楼诗钞》，国立中山大学1937 年版。

　　② 丘琮编：《仓海先生丘公逢甲年谱》，见《岭云海日楼诗钞》，国立中山大学1937 年版。

　　③ 林池辉著：《蕉岭教育史话》，《梅州文史》第 8 辑，1995 年，第 99 页。

　　④ 叶云章著：《黄遵宪倡办新学的杰出贡献》，《梅州文史》第 11 辑，1997 年，第 217，218，226 页。

末宣统元年（1909），广东有新式学堂 1794 所，学生86437 人。①

第二，广东城乡新式学堂，形成了一套完整的教育体系和教学门类。广东于 1903 年成立两广学务处，各厅州县设立学务公所。1906 年，学务公所改为劝学所。到 1909 年，广东省内 90个厅州县中，已成立 86 个劝学所。② 创办新式学校，需要解决大量师资问题。1904 年，两广学务处在广州创办学堂管理员练习所，培养学校行政管理人员。在贡院开办两广初级师范简易科馆和师范学堂，培养高等小学教员。筹办两广优级师范学堂，培养中学教员。在粤秀书院创办两广游学预备科馆，让学生补习日文两年，然后保送到日本东京高等师范学校留学，毕业后回国任中学教师。1907 年，广东各州县设立 44 所师范学堂，有学生3459 人。③ 1901 年至 1904 年，广东境内有 27 所书院改为学堂。④ 从 1905 年至 1910 年，广东有 55 所书院改为学堂。初步形成了小学堂、中学堂和高等学堂的教育体系，也形成了以初级师范简易科馆和师范学堂为主的新门类。同时，出现了职业学堂。如广肇罗道蒋式芬于 1906 年在肇庆旧中营箭道创办广肇罗工艺学堂，开设蚕桑科，招收学生 70 余人。1907 年，广肇罗中等实业学堂附设艺徒学堂，有织土布、织毛巾的工艺场 20 间，女学徒 400 余人。⑤ 此外，还建有各类专门学校。如成立广东公立法

---

① 陈学恂主编：《中国近代教育史教学参考资料》（下），北京：人民教育出版社，1987 年，第 330 页。

② 王建军著：《广东教育史》（上），广州：广东高等教育出版社，2021 年，第625 页。

③ 清学部总务司编：《教育统计图表》清光绪三十三年（1907）"广东"。沈云龙主编：《近代中国史料丛刊三编》第 93～95 辑，台北：文海出版社，1989 年。

④ 蒋祖缘等主编：《简明广东史》，广州：广东人民出版社，1993 年，第 558～559 页。

⑤ 肇庆市地方志编纂委员会编：《肇庆市志》（下），广州：广东人民出版社，1999 年，第 1032～1033 页。

政专门学校，培养法政人才；两广方言学堂，培养外语人才；成立两广高等工业学堂，开设机械和应用化学两科，以培养工业人才。[①] 成立讲武学堂，培养军事人才；成立广东农林讲习所，培养农林人才。

第三，晚清广东城乡教育改革，使新式学校挤占了其他机构的空间。广东城乡新式学堂、学校如雨后春笋般涌现，学校数量和学生人数的增加，使得城市内部有限的教育场地变得狭小，容纳不下日益增多的新式学堂和学生。于是，原来被视为神圣不可侵犯的官署、祠堂和寺庙等纷纷被用来修葺一新，购置教学器具，挂上学堂招牌，转变为新式学校。如两广师范学堂，就是两广初级师范简易科馆并拓贡院余地建立；两广高等工业学堂以裁缺广东巡抚旧署改建；东关师范两等小学堂在前鉴街三巩庙；番禺县官立两等小学堂在天宫里五桂寺，等等。[②]

第四，近代广东人才辈出，促进了城市社会经济和文化教育事业的发展。清末广东城乡新学创办勃兴，教育体系和门类齐全，扩大了教育面，也调动了社会办学的积极性。培养了大批人才。据陈旭麓主编的《中国近代史词典》统计，在影响近代中国历史（1840~1919）的 1363 名中外人物中，广东占了 186 人，占总数的 13.65%，在各省中名列前茅。186 人中，旧式文人有26 人，占人才总数的 13.98%。辛亥革命时期，广东人才辈出，涌现了孙中山、廖仲恺、胡汉民等一批杰出人物，反映了清末广东城乡教育改革取得的巨大成就。

晚清广东城乡以兴办新式学堂为内容的教育改革，扩大了新式学堂所占城乡社会空间，使大批学生接触新知识、新思想，培

---

① 梁鼎芬修，丁仁长等纂：《番禺县续志》卷十一《学校志二》，民国二十年（1931）刊本。

② 梁鼎芬修，丁仁长等纂：《番禺县续志》卷十一《学校志二》，民国二十年（1931）刊本。

育出了大批新型资产阶级知识分子。对广东城乡社会经济和文化教育事业产生了重大影响。

3. 外国教会创办的学校

晚清以来，外国传教士先后在广东城市创办了一些新的教会学校。清同治五年（1866），美国教会在广州创办南华医学堂作为博济医院的附属学校，这是我国第一所西医专科学校。1888年，美国教会在广州沙基金利埠创办格致书院，1900年更名为岭南学堂，1918年扩大为岭南大学，成为岭南地区规模较大的综合性大学。

清末外国教会在广东城市创办的其他学校，参见下表：

表5-1　晚清广东城市创办的外国教会学校一览表

地点	时间	名称	地点	时间	名称
广州	1872 年	真光书院	揭阳	1884 年	道济中学堂
广州	1879 年	培英书院	汕头	1874 年	贝理神学院
广州	1888 年	培道女子中学	汕头	1881 年	培德女校
广州	1889 年	培正书院	汕头	1905 年	华英中学
澄海	1849 年	盐灶小学堂	肇庆	1900 年	浸信女学堂
汕头	1873 年	淑德女校	肇庆	1904 年	培德小学校
汕头	1874 年	聿怀中学堂	肇庆	1904 年	广明中学校

资料来源：蒋祖缘等主编《简明广东史》；庄义青《潮州近代、现代教育志略》，《韩山师专学报》1990 年第 2 期；《汕头市志》，新华出版社，1999 年，第 631 页；《肇庆文史》第 1 辑，1985 年，第 41 页。

传教士和教会创办学校的主观目的是对中国进行文化侵略，其教学内容和教学方法与中国传统书院和社学有根本区别，但也在一定程度上刺激了传统书院教学的革新。教会学校还开设体育课，有利于学生的身体健康和近代体育的传播。总的来说，教会学校在传播西方科学知识和促进中西文化交流方面，起过一定积极作用，是晚清广东城乡教育改革的有机组成部分，为近代广东教育事业发展作出了一定贡献。

二、城市文化事业的近代化转型

晚清时期，新闻报刊业、刻书业、近代体育等蓬勃发展，促进了广东城市文化事业由传统向近代化转型。

（一）近代报刊和刻书业的发展

1. 近代报刊业的兴起

广东是中国近代新闻报刊的发祥地。清道光七年（1827），《广州纪录报》创办，这是在中国城市出版的第一家英文报纸。由英商马地臣和美商伍德主持，大约在 1861 年至 1863 年间停刊。[①] 1832 年 5 月，美国传教士裨治文在广州创办《中国丛报》，又译作《中国文库》，是一份影响较大的英文报纸。1833 年 8 月 1 日，普鲁士传教士在广州刊行的《东西洋考每月统纪传》是中国出版的第一份中文报刊，成为近代中文报刊的启蒙者和开拓者。[②] 以上是外国传教士创办的报纸。

19 世纪 70 年代，广州开始了国人自己创办报纸的实践。清同治十一年（1872）创办的《羊城采新实录》是广州地区中国人自办的第一张报纸，但该报存续时间不长。从 1884 年到 1896 年，广州先后出版了《述报》《广报》《中西日报》《中华日报》等 10 多种报纸。

康有为、梁启超等倡导维新变法期间，积极创办报纸，为维新变法制造社会舆论。1897 年，康有为之弟康广仁在澳门

---

① 蒋建国著：《报界旧闻——旧广州的报纸与新闻》，广州：南方日报出版社，2007 年，第 44 页。

② 蒋建国著：《报界旧闻——旧广州的报纸与新闻》，广州：南方日报出版社，2007 年，第 39 页。

创办《知新报》，成为维新运动在广东的喉舌。① 同时，广州地区一些开明绅士、商人创办了《岭学报》《岭海报》《博闻报》和《广智报》等报刊。② 使广东成为宣传维新变法的南方根据地。

以孙中山为首的资产阶级革命派，积极创办报刊宣传革命思想。1900 年，孙中山为首的兴中会在香港创办《中国日报》。广州地区由民主革命派创办的报纸有《群报》《人权报》《南越报》《国民报》《平民日报》《天民报》《时事画报》《平民画报》等 15 家。③ 这些报刊积极利用广东粤讴、南音、木鱼、龙舟、班本等民间说唱形式，向群众进行宣传，在广东民众中起了很大的鼓动作用。当时民主革命派利用报刊作为宣传革命的斗争武器，进行政治鼓动宣传，遭到清政府官方的查禁。但革命派不屈不挠，继续采取灵活多样的方式进行斗争。

晚清时期，广东地方政府在广州创办了 3 家报纸。其一是《两广官报》，创办于 1911 年 6 月 13 日，是两广总督衙门主办的官方报纸。其二是《广东警务官报》，创办于 1909 年，是广东警务公所的官方报纸。其三是《广东教育官报》，创办于 1910 年，其式样仿照清政府学部官报。④

此外，还有《游艺报》和《天趣报》等休闲消遣型报纸的出现，真实地反映了清末广州社会娱乐休闲业的发达状况。⑤ 据统

---

① 蒋祖缘等主编：《简明广东史》，广州：广东人民出版社，1993 年，第 561 页。

② 蒋建国著：《报界旧闻——旧广州的报纸与新闻》，广州：南方日报出版社，2007 年，第 100 页。

③ 邓毅著：《近代岭南报刊评介》，《图书馆论坛》1997 年第 5 期。

④ 蒋建国著：《报界旧闻——旧广州的报纸与新闻》，广州：南方日报出版社，2007 年，第 214 页、216 页、218 页。

⑤ 蒋建国著：《报界旧闻——旧广州的报纸与新闻》，广州：南方日报出版社，2007 年，第 224、232 页。

计，从1901年到1911年，广州创办了近百种报刊①，极大地促进了广州近代新闻事业的发展。

广东其他城市报刊业也有所发展。如汕头的《岭东日报》《新中华报》，香山的《香山旬报》，兴宁的《别溪杂志》等。②特别是1902年春创刊的《岭东日报》，是汕头第一家报纸③，主要发行潮州各县。据统计，辛亥革命前后，潮汕地区先后创办了14种报刊。④成为继珠江三角洲地区外，广东另一个创办报刊较为活跃的地区。粤西北海于1903年创办《东西新文》（中文周刊），发行1800份，1906年3月停刊。⑤

纵观上述，广东城市近代报刊业兴起，集中在广州和汕头等少数发达城市。粤北、琼州地区城市由于受经济文化发展水平的制约，很少出现新闻报纸。因此，近代广东报刊业兴起和发展在地域分布上是不平衡的。

2. 晚清广东城市刻书业的兴盛

19世纪晚期，广州文人辈出，各种著作大量产生，极大地推动了广州书坊业的发展。书坊数量之多，在全国仅次于北京、苏州，位居第三位。书坊多集中在学院前、西湖街、双门底一

---

① 蒋建国著：《报界旧闻——旧广州的报纸与新闻》，广州：南方日报出版社，2007年，第122页。

② 方丽娟著：《岭南近代报刊的发展及其意义》，《图书馆论坛》1994年第6期。

③ 汕头市地方志编纂委员会编：《汕头市志·大事记》，北京：新华出版社，1999年，第86页。

④ 这些报刊分别是：《江潮报》（1902年），《潮报》（1906年），《中华新报》（1908年），《汕头公报》（1906年），《民苏报》（宣统年间创办），《双日画报》（1907年），《瀛洲日报》（1911年）和《潮州白话报》（1903年），等等。参见鲁本斯：《辛亥革命时期潮汕报刊一隅》，《汕头文史》第1辑，1983年，第62~64页。

⑤ 北海市地方志编纂委员会编：《北海市志》（上），南宁：广西人民出版社，2002年，第17页。

带，计共大小 120 多家。① 著名的有述古堂、粤雅堂、随山馆等。据初步统计，清代广东刊刻丛书达 91 部，收书 2426 种，21617 卷。从道光朝至清末，共辑刻丛书 77 部，收书 2278 种，21244 卷，分别占总数的 85％、94％、98％。② 著名的《粤雅堂丛书》《海山仙馆丛书》《广雅书局丛书》《武英殿聚珍版书》等，都刊刻于这一时期。从刻书地区来说，以广州、南海、番禺、顺德最多，其他府州县较少。从刻书性质来说，分为官刻和私刻两种。

晚清粤东地区的潮州府，街坊私家刻书业也颇为发达，遍布府城和县城乡镇，较有名的有余轩、世馨堂，汕头的文明商务书局等。这些私家书坊为潮人刻印刊行了大量著作，有《瞻六堂集》《莲山家言》等。清末咸丰、同治年间，潮城前街、义安路铁巷口的私家书坊李万利、王生记等先后各刻印出版了潮州歌册数百种，如《刘明珠》《双退婚》等。③ 潮州歌册的刊行极大地丰富了清末潮汕地区群众业余文化生活。

晚清广东刻书业繁盛是广东城市近代文化兴盛的标志。

（二）由传统体育走向近代体育

清代前期，广东民间传统体育较为发达，武术、舞龙、舞狮、龙舟竞渡、荡秋千等都是城乡民众喜爱的大众体育活动。民间习武之风也比较盛行，如清代广东就出了 4 位武状元。④ 进入晚清，随着国门次第开放，西方近代体育较早传入广东城市。

---

① 广州市地方志编纂委员会编：《广州市志》卷十六，广州：广州出版社，1999 年，第 805 页。

② 李绪柏著：《清代广东所刻丛书初探》，《中山大学学报》（社会科学版）1992 年第 3 期。

③ 谢惠如著：《明清两代潮汕出版业述略》，《韩山师范学院学报》1998 年第 3 期。

④ 马廉祯著：《广东的四大武状元》，《中华武术》2006 年第 12 期。

1859 年，英、法两国在广州沙面建立租界。在沙面修建了游泳池、足球场、排球场等近代体育场地，经常有外国水兵、水手、商人进行体育活动。因此，广州是最早接触西方近代体育运动的城市。

洋务运动期间，粤督张之洞先后在广州创办广东水陆师学堂等新式学校，这些军事学堂的教习，聘请德国和日本人担任。教学内容除军事训练外，体育内容则多仿效德式、日式的徒手体操、单杠、双杠、木马等。毕业的学生，由于受过严格的训练，掌握了各项体操的知识和技能，对广州各级学校开展近代体育活动起到了一定的推动作用。[①] 清政府派遣的早期留学生对传播西方近代体育也起了重要作用。广东近代知名体育人士如谢逸桥、谢鼎初、唐福祥等，曾经留学欧美和日本，回国后积极传播西方近代体育。

戊戌维新运动期间，康有为、梁启超非常重视倡导体育的功用，提出德、智、体三育并重的思想。康有为在广州创办万木草堂期间自任总教授和总监督，规定"每间一日有体操，每年暇时从事游历"。康有为的德、智、体三育并重的思想，对广东以至中国学校近代体育的发展，有着重要的思想启蒙作用。[②] 在清末"废科举，兴学校"热潮中，广东奉令改办的官立学堂大都设置了体操课。私立学校也较早开设体操课。清末，外国人在广东创办的教会学校也积极开展田径、球类、游戏等课外体育运动。

广东近代体育兴起的标志是清末两次全省体育运动会的举办。1905 年，第一次全省运动大会在广州举行，比在杭州举行的第一届全国运动会还要早 25 年。参加这次运动大会的学校共

---

① 关文明、向勤著：《广东近代体育的兴起》，《华南师范大学学报》（社会科学版）1987 年第 1 期。

② 关文明、向勤著：《广东近代体育的兴起》，《华南师范大学学报》（社会科学版）1987 年第 1 期。

有 47 所，运动员中只有男子参加。岭南中学最后获得冠军。1910 年，第二次全省运动大会在广州举办，还举行了开幕式。参加学校和人数也有较大增加。比赛结果，南武学堂获团体成绩第一名，陈彦获个人成绩第一名。[①]

西方近代体育在广东的兴起、发展和传播，使广东城市体育完成了从传统向近代化的转型历程。

三、由"得风气之先"到"开风气之先"

广东是中国最早接触西方外来文化的沿海地区之一，对外来文化有一种天然的开放和包容心态。传统中原文化、南方少数民族文化、西方外来文化不断碰撞与交融，形成了岭南广东城市文化实用性、重商性、开放性、兼容性和远儒性的特质。由"得风气之先"到"开风气之先"，乃是广东城市文化由传统跃向现代化的一个巨大转变。

（一）反入城斗争与市民的民族意识觉醒

广东城市市民的民族意识觉醒可以从近代广东官绅民两次反入城斗争中反映出来。一次是在广州，另一次是在粤东地区的潮州城。在这里仅讨论反入城斗争是否体现了市民民族意识觉醒，是否有城市空间概念两个问题。

广州官绅民的反入城斗争是指 1842 至 1848 年，英国要求履行《南京条约》的规定，派遣使臣进驻广州城，引起广东官、绅、民一致反对，经过数年断断续续的反复博弈，最后迫使英国放弃进入广州城的历史事件。第二次鸦片战争后，英国公使要求进入潮州城开埠通商，引起潮州绅民的普遍反对，最后迫使英国领事放弃进驻潮州城，改在汕头开埠。

---

① 中国人民政治协商会议广东省广州市委员会文史资料委员会编：《广州近百年教育史料》，广州：广东人民出版社，1983 年，第 82 页。

对于广东官绅民的反入城斗争，学术界普遍将其认为是反侵略的爱国斗争，因为它挫败了英国侵略者进入广东城市的阴谋。① 另一种观点认为，"鸦片战争后西方资本主义势力的侵入，使广州地区各个阶层普遍产生了'生存恐慌'。……驱使广州官、绅、民共同投入了'反入城斗争'。但是，由于这种'生存恐慌'与保存固有的封建旧秩序、旧观念的要求联在一块的，因而具有相当的保守落后性。它决定了'反入城斗争'达不到近代爱国主义的高度"②。

纵观广东绅民两次反入城斗争的经过，无不与英国发动两次鸦片战争使中外民族矛盾激化有关。因此，英国挑起侵略战争是近代反入城斗争的前因，广东城乡绅民自发起来反抗，捍卫城池不让外国商民进入是后果。因此，反入城即反侵略斗争是应该成立的，是广东城乡民众民族意识觉醒的最高体现。正如陈旭麓所说："人民群众的反侵略斗争固然有游离于官府之外的一面。但反侵略斗争毕竟不同于国内阶级斗争，不同于天地会、白莲教。共同的民族意识和感情常常使官与民之间还有相通的一面。……如果抹杀民族意识，这一类现象将不可理解。"③ 因此，当中外民族矛盾激化的时候，共同的民族意识和情感促使官、绅、民连为一体，团结起来共同反抗外来侵略，维护城乡民众传统的生存空间。

近代广东官绅民的两次反入城斗争，是一个比较复杂的问

———————

　　① 蒋祖缘等主编：《简明广东史》，广州：广东人民出版社，1993年，第475～484页。

　　② 张海林著：《重评近代广州绅民的"反入城斗争"——兼论近代中国应付西方挑战的合理方式》，《安徽师范大学学报》（哲学社会科学版）1989年第1期。茅海建也持有相似观点，参见其著作《近代的尺度：两次鸦片战争军事与外交》，上海：上海三联书店，1998年，第115页。

　　③ 陈旭麓著：《近代中国社会的新陈代谢》，上海：上海社会科学院出版社，2006年，第62页。

题。一方面是鸦片战争后，广东城市社会各阶层普遍产生了一种生存危机感；另一方面，反映了城乡绅民对城市传统社会空间的概念有了初步认识。另外，反入城斗争与广州和潮州绅士阶层势力强大有关，也与英国侵略者在广州地区的暴行有关，同时也与清朝封建统治者假手利用民间力量排外有关。

近代广东官绅民两次反入城斗争，实际上是广东城市市民对"城市社会空间"概念的充分认同，是为了维护生存空间而进行的正义斗争，是近代中国人民反侵略斗争的继续。在斗争中，官、绅、民团结在一起，将自己居住的城市视为国家主权的象征，将反入城斗争视为表达自己捍卫国家主权意愿的主要方式。因此，晚清广东城市社会空间概念已被城乡民众普遍接受。反入城斗争是广东城市市民民族意识觉醒的充分表达。

（二）城市居民的维新变革意识

19世纪末，中华民族危机异常严重。在内外危机加剧的情况下，以康有为、梁启超为首的资产阶级维新派，要求维新变法，发展资本主义，挽救民族危亡。

在康、梁倡导维新变法之前，广东地区出现了容闳、郑观应、何启和胡礼垣等4位早期资产阶级维新思想家。在政治上，主张实行君主立宪。经济上，主张发展资本主义，与西方列强进行"商战"。文化上，主张倡西学，兴学校。军事上，主张富国强兵。广东早期维新思想家的理论和主张对康、梁两人的思想产生了影响，对广东城市市民维新变革意识的形成有一定帮助。

康有为出生在广东南海县，从小就接受严格的封建传统教育。1879年，康有为游历香港，"览西人宫室之瑰丽，道路之整洁，巡捕之严密，乃始知西人治国有法度，不得以古旧之夷狄视之", 于是思想开始发生变化, "渐收西学之书, 为讲求西学之基矣。"① 可见, 香港给康有为留下了深刻的印象, 他的思想开始倾向西学。1883 年, 康有为 "购万国公报, 大攻西学书, 声、光、化、电、重学及各国史志, 诸人游记皆涉焉"②。从此, 康有为大讲西学, 产生了学习西方资本主义、改革国家现状、致力国家富强的维新变法思想。1888 年, 康有为借在北京参加顺天乡试的机会, 写了 5000 字的《上清帝第一书》, 大胆地提出了"变成法、通下情、慎左右", 以挽救危局的建议。③ 这次上书因无人敢代呈, 没能送到光绪皇帝手中, 但在爱国人士当中广为传诵。

康有为返回广东后, 于 1891 年在广州创设"万木草堂", 在家乡培养维新人才, 宣传变法思想。万木草堂是一所新式学堂。康有为在教学内容上, 既讲孔学、理学、史学, 又讲西学, 引导学生关心国家大事, 学习西方先进科学技术知识。④ 从 1891 年到 1898 年, 进入万木草堂学习的学生共约千人, 培养了大批维新人才, 梁启超、徐勤等都是康有为的得意门生。同时, 维新派在澳门和广州创办《知新报》《岭学报》《岭海报》等进步报刊, 大力宣传维新变法思想, 使广州成为维新变法运动中南方的主要根据地。

维新运动期间, 康有为还提倡戒除妇女缠足并广为宣传。不缠足是康有为首先在家乡带头进行的, 他坚持不给女儿康同薇裹足, 在家乡引起震动, 并于 1895 年和其弟康广仁创办"粤中不

① 康有为著:《康南海自订年谱》, 沈云龙主编:《近代中国史料丛刊》第 2 辑, 台北: 台湾文海出版社, 1966 年。

② 康有为著:《康南海自订年谱》, 同上。

③ 孔祥吉编著:《康有为变法奏章辑考》, 北京: 北京图书馆出版社, 2008 年, 第 7 页。

④ 蒋祖缘等主编:《简明广东史》, 广州: 广东人民出版社, 1993 年, 第 530 页。

缠足会"。^① 1896 年，赖弼彤、陈默庵在顺德倡立"戒缠足会"。^② 这些提倡移风易俗的举动和组织是维新变法运动的有机组成部分，对当时广东城市和乡村产生了巨大的影响。

康有为先后写了《新学伪经考》《孔子改制考》和《大同书》，建构了完整的维新变法理论体系。康有为和梁启超等进一步宣传维新变法，从广东走向全国，将维新变法思想进一步发展成为得到光绪皇帝支持的政治改革实践，领导了 1898 年的戊戌变法运动，在中国近代史上产生了深远的影响。

（三）市民的民主革命意识

近代中国的政治风云变化极快。广东深厚的经济基础和开放的思想文化氛围不断孕育着社会变革的基础。当康有为、梁启超领导维新变法失败，思想僵化保守，沦为保皇派时，以孙中山为代表的资产阶级革命派开始引领时代潮流。革命派坚持以武力推翻清政府统治，并为之奋斗不止，揭开了近代中国资产阶级民主革命的时代序幕。广东城市市民思想又一次经历了从维新变法到民主革命的洗礼。

孙中山出生在广东香山县翠亨村一个贫苦农民家庭。1878 年，到檀香山投靠其兄孙眉，开始接受西方资本主义教育。1886 年考入广州博济医院附设南华医学堂学医，第二年转入香港西医书院，至 1892 年毕业，孙中山先后在澳门、广州行医。^③ 1889 年至 1890 年，孙中山在广州与陈少白等 4 人放言革命，被时人称为"四大寇"。^④ 1894 年 1 月，孙中山撰写《上李鸿章书》，提出"人能尽其

---

① 康有为著：《康南海自订年谱》，《近代中国史料丛刊》第 11 辑，台北：台湾文海出版社，1989 年。

② 李侃等编著：《中国近代史》（第四版），北京：中华书局，2004 年，第 268 页。

③ 蒋祖缘等主编：《简明广东史》，广州：广东人民出版社，1993 年，第 543 页。

④ 蒋祖缘等主编：《简明广东史》，广州：广东人民出版社，1993 年，第 544 页。

才，地能尽其利，物能尽其用，货能畅其流"① 的主张。同年 6 月，孙中山北上到天津，李鸿章没有接见，上书失败。从此，孙中山"知和平之法，无可复施"，遂决然走上"倾覆而变更之"的革命道路。②

1894 年冬，孙中山等在檀香山创立兴中会。提出"驱除鞑虏，恢复中华，创立合众政府"的政治主张。1895 年 2 月在香港成立兴中会总部，在广州等地建立分会，积极筹备发动武装起义。后由于起义计划泄露，陆皓东等 4 人被捕牺牲，乙未广州起义失败。这是孙中山走上革命道路的一个重要标志。

孙中山并没有丧失革命的信心，继续积极准备发动新的起义。1900 年 10 月，惠州起义爆发，起义军从三洲田进攻沙湾，先后取得 4 次胜利，但后来起义军缺乏弹药，孙中山在台湾无法接济，起义军被迫在 11 月 7 日解散队伍，惠州起义失败。

1905 年 8 月，孙中山等在日本东京组织成立同盟会，这是近代中国第一个资产阶级革命政党。同盟会成立后，先后在广东发动了潮州黄冈起义、惠州七女湖起义、防城起义、钦州马笃山起义和 1910 年的广州新军起义。这些起义先后失败，但却在广东城市市民中间引起了震动和反响。

1911 年，孙中山等革命派决定在广州再次发动起义。当时在香港成立统筹部，由黄兴、赵声任负责人。孙中山到美洲向华侨募款购械。组织敢死队 800 人，由南洋华侨革命青年和国内闽、桂、粤各省抽调党人组成。4 月 27 日（辛亥三月二十九日）起义爆发，黄兴等率 130 人进攻总督府，粤督张鸣岐仓皇逃跑。后因清军增援，革命党力量弱小，组织欠严密，起义失败。除少

---

① 广东省社会科学院历史研究室等编：《孙中山全集》第一卷（1890—1911），北京：中华书局，1981 年，第 8 页。

② 孙中山著：《孙中山选集》（上），北京：人民出版社，1956 年，第 24 页。

数幸存外，战死和被捕牺牲的有 100 多人。起义失败后，革命党人潘达微通过善堂出面，收殓烈士遗骸 72 具，葬于黄花岗，史称"黄花岗七十二烈士"。① 黄花岗起义虽然失败了，但革命党人英勇牺牲的精神在国内外产生了巨大影响。诚如孙中山所说："是役也，集各省革命党之精英，与彼虏为最后之一搏。事虽不成，而黄花岗七十二烈士轰轰烈烈之概已震动全球，而国内革命之时势实以之造成矣。"② 广州黄花岗起义，是武昌起义的前奏，"至武昌振臂一呼，而天下皆应，则正以三月廿九之役，为之先声！"③

小　结

清代广东城市文化是一个以传统文化为核心的多元文化融汇的大熔炉。由于历史上中原汉族不断南迁进入岭南地区，中原移民在形成独立汉族民系的同时，不断吸收当地百越民族的先进文化，形成既有中原传统又有岭南地域特征的多元城市文化。同时，岭南地区在长期的中外文化碰撞和融合过程中，也逐渐吸收海外文化，使岭南城市文化兼具多元文化的特色。

鸦片战争后，广东城市文化明显地发生了嬗变。以学海堂和广雅书院为代表，在著名学者阮元和张之洞带领下，广东学界大胆进行教育改革，培养经世致用的人才。康有为在广州创办万木草堂，更是开创一代维新之风。与此同时，广东城市近代刻书业和报刊业也逐渐兴起，推动了城市文化事业的发展。近代体育通过教会学校、洋务军事学堂、派遣留学等方式进入城市市民的日常生活。

---

① 潘达微撰：《潘达微自述》，广州市文史研究馆编：《羊城风华录：历代中外名人笔下的广州》，广州：花城出版社，2006 年，第 173~176 页。

② 孙中山著：《孙中山选集》（上），北京：人民出版社，1956 年，第 181 页。

③ 胡汉民撰：《胡汉民自传》，《近代史资料》总第 45 号，1981 年第 2 期，第 39 页。

　　总之，清代广东城市文化是一个以华夏传统文化为核心，兼有多元色彩的复杂文化体系。清代，广东城市文化不断地吸收融汇外来文化，在吸收的过程中不断吐故纳新，最终完成了近代化转型。

第六章　清代广东城市社会的演变

近代中国社会处于一个由封闭走向开放、由传统走向现代的重要转型期，城市社会变迁是透视整个社会发展演变的重要窗口。本章从城市人口规模及社会流动，城市社会管理，城市社会生活及城市社会问题四个维度探索清代广东城市社会的演变情况。

第一节　清代广东城市人口规模与社会流动

革命导师马克思和恩格斯指出："城市本身表明了人口、生产工具、资本、享受和需求的集中这个事实；而在乡村则是完全相反的情况：隔绝和分散。"① 清代，随着岭南地区工商业的快速发展，广东城市人口不断聚集，城市规模不断扩大。清代广东城市人口数量与国内其他城市相比有自己的特点。

一、清代广东城市人口规模及演变

明清易代，使广东社会经济遭到很大破坏。清朝康雍乾时期，社会经济得到发展，广东城市工商业逐渐走向繁盛，城市人

---

① 中共中央马克思、恩格斯、列宁、斯大林著作编译局编译：《马克思恩格斯全集》第一卷，北京：人民出版社，2012年，第184页。

口数量迅速增加。

广州。广州在清朝一口通商时期，成为全国对外贸易中心。商业贸易的兴盛带动了城市手工业、商业和其他服务行业的发展，使广州城市人口大量增长。到鸦片战争前夕，据外国人统计，广州城市人口"估计为一百万人：它的广阔的郊区，不加夸大，应有五十万人，如果把生活在船上的人口也计算在内当超过此数"①。按照施坚雅的研究，"帝国晚期中最大的城市即使比中世纪中国最大的城市要大，也大不了多少。……无论怎样，很少有人会主张帝国晚期有哪个城市，人口已经超过百万的"②。贺跃夫认为自19世纪初以来，广州人口超过60万。③清末光绪二十五年（1899），粤海关报告说："城厢内外及河南计之共635084名，大约疍户有17万，计本省（城）民数约有80万之数。"④当时李鸿章督粤，广州人口是按照保甲总局户口册上的统计数字。除去漏报和重复计算外，海关报告说60余万是基本可信的。

手工业巨镇佛山。自清康熙中期以后，有较多广东商人和外省商人涌来这里投资经营工商业。这些外省商人大量涌入，在佛山定居和落户，加速了佛山镇人口的增长和经济繁荣。一口通商时期，商业更加兴盛。佛山的户数在乾隆年间增加到3万余家。⑤还不包括从附近农村中流入佛山谋生的人口。康雍乾年

---

① （英）安德逊著：《马戛尔尼使团的广州之旅》，广州市文史研究馆编：《羊城风华录·历代中外名人笔下的广州》，广州：花城出版社，2006年，第248页。

② （美）施坚雅主编，叶光庭等译，陈桥驿校：《中华帝国晚期的城市》，北京：中华书局，2000年，第30页。

③ 贺跃夫著：《晚清广州的社团及其近代变迁》，《近代史研究》1998年第2期，第235页。

④ 史纳机著：《光绪二十五年（1899）广州口华洋贸易情形论略》，中国第二历史档案馆、中国海关总署办公厅编：《中国旧海关资料（1859~1948）》第23分册，北京：京华出版社，2001年，第258页。

⑤ （清）陈炎宗总纂：《佛山忠义乡志》卷三《乡事》，清乾隆十七年（1752）刻本。

间，外地流入佛山谋生者"日以万计"。① 道光年间，佛山已是"宅以万户""阛阓则计以万"②，城市人口有 30 余万。手工业发达，对外来劳动力需求增加，带来了佛山城市人口的巨大聚集效应："四方商贾萃于斯，四方之贫民亦萃于斯。挟资以贾者什一，徒手而求食者则什九也。"③ 但是，鸦片战争后，佛山屡遭战乱且受外来商品冲击，外来洋货大量倾销佛山市场：洋铁输入，使佛山铸铁场仅存十分之一，炒熟铁行完全倒闭，铁钉、铁丝、铁针市场均被洋货夺去；洋纱洋布的输入使佛山土布工场倒闭十之六七。欧洲和日本的陶瓷产品抢占了石湾陶瓷市场，佛山龙窑从 100 多座减为五六十座，并只能断断续续地生产。清末民初，佛山有 10 多万人失业。④ 佛山城市经济衰退，加之水道堵塞严重，佛山走向衰落，人口向其他地区流动。民国十年（1921），佛山有 52381 户，人口 307060 人，⑤ 比鼎盛时期人口减少约一半。

粤东潮州府城。清乾隆年间，潮州城"商贾辐辏，海船云集"，附近各县和闽赣商人都来这里经商，成为粤东地区的商业中心。城市和附近"不务农业"的近郊居民发展到 10 万户，⑥ 成为当时广东省境内仅次于广州的第二大城市："粤东城之大者，

---

① （清）陈炎宗总纂：《佛山忠义乡志》卷十《艺文志》，清乾隆十七年（1752）刻本。

② （清）冼沂总纂：《佛山忠义乡志》卷十一《艺文》，清道光十年（1830）刊本。

③ 冼宝干总纂：《佛山忠义乡志》卷十《风土一》，民国二十一年（1932）重修本。

④ 林文陔：《浅析建国前佛山商业的兴衰》，《佛山文史资料》第 14 辑，1995年，第 20~21 页。

⑤ 佛山市地方志办公室、佛山市计划生育办公室合编：《佛山市人口志》，广州：广东科技出版社，1990 年，第 7 页。

⑥ （清）周硕勋纂修：《潮州府志》卷四十《艺文》，清光绪十九年（1893）重刊本。

自省会外，潮郡为大，次则新会也，他郡皆不及。"① 第二次鸦片战争后，随着汕头开埠通商，潮州城市人口逐渐减少。

汕头。1861 年辟为通商口岸，对外贸易迅速发展。1866 年，外国汽船、帆船进出港口达 525 艘，总吨位为 211831 吨。② 清末最后几年，平均每年有 1300 艘次、总吨位达 150 万吨的船只进出汕头港，比开埠初期增加 1.6 倍，吨位数增加约 6.5 倍。③ 随着汕头对外贸易繁盛，吸引了大量外来人口。洋人大班、海外华侨、港澳同胞、国内商人等陆续涌入这个港口城市，促进了汕头人口的增长和城市建设的发展。汕头成为岭东各属商品出入口总门户，发展成为粤东、闽西南、赣南的中心市场。④ 1923 年，汕头总人口约为 8 万人。⑤ 市民主要从事商业，其次为工业。⑥

新会县江门镇。江门乾隆年间已发展成为商船云集的沿河港口城市，"远则高、廉、雷、琼之海舶，近则南、顺、香、宁、恩、开之乡船，往来杂遝，乾嘉时号繁盛"⑦。江门的街坊如林，有京果行、旧箩街等 40 余条，还有当铺和茶楼酒肆，促进了江门商业贸易繁盛。后来由于附近西江河道淤浅，影响了通航，

---

① （清）王植纂修：《新会县志》卷三，清乾隆六年（1741）刻本。

② 汕头市地方志编纂委员会编：《汕头市志》第一册，北京：新华出版社，1999 年，第 965 页。

③ 汕头市地方志编纂委员会编：《汕头市志》第一册，北京：新华出版社，1999 年，第 240 页。

④ 汕头市地方志编纂委员会编：《汕头市志》第一册，北京：新华出版社，1999 年，第 17 页。

⑤ 洪松森著：《潮汕近代工商业述略》，《广东文史资料》第 70 辑，1993 年，第 73 页。

⑥ 潘载和纂修：《潮州府志略》附录三《潮汕现状》，民国二十二年（1933）铅印本。上海：上海书店出版社，2003 年影印本。

⑦ （清）钟应元、李星辉纂：《新会县续志》卷十，清同治年间（1862～1874）刻本。

"迨道光寝衰"①，江门的商业便逐渐衰退。清末光绪二十八年
（1902），由于地理位置优越，江门被增辟为通商口岸，"江门、
甘竹二处与广州最近，作为轮船上下客货之所。该二处进达内地
殷富地方多而且广"②。江门对外开放后，发展成为广东省对外
贸易重要港口，粤西旅客进出境的主要通道。至 1911 年，平均
每年经过江门关检查的进出境船舶达 2126 艘，货物 63.59 万吨，
旅客 30.63 万人，平均每年征收关税 23.44 万两。③ 清末江门的
对外开放，促进了城镇人口增长。

肇庆府城。清前期两广总督曾长期驻于肇庆，此地是西米东
运和滇铜粤盐贸易的中转城市。商业繁盛时，肇庆城区有经营各
种生产、生活用品的大小商铺上千家。④ 康熙二十五年（1686），
两广总督在肇庆设铸钱局，肇庆一度成为两广钱币发行中心，促
使肇庆城区聚集了大量经商和外来人口。

韶州、南雄和连州城。一口通商时期的粤北地区，韶州府城
和南雄州城及其连州城，南来北往客商众多，城内聚集了大量外
来经商和各色流动人口。当时韶州府城非常热闹繁华，湘、赣、
闽、浙和广州、佛山等地商人云集，城内"舟车辐辏，踵接肩
摩，熙熙攘攘"。城区和城郊开辟了清平圩等九大贸易市场。⑤
有学者考证，每年经过韶州府城北上南雄梅关和南下乐昌坪石的

---

① （清）钟应元、李星辉纂：《新会县续志》卷十，清同治年间（1862~1874）
刻本。

② 杜维德（Drew）著：《光绪二十三年（1897）广州口华洋贸易情形论略》，
中国第二历史档案馆、中国海关总署办公厅编：《中国旧海关资料（1859~1948）》第
26 分册，北京：京华出版社，2001 年，第 215 页。

③ 江门市地方志编纂委员会编：《江门市志》（下），广州：广东人民出版社，
1998 年，第 1150 页。

④ 肇庆市地方志编纂委员会编：《肇庆市志》，广州：广东人民出版社，1999
年，第 195 页。

⑤ 韶关市地方志编纂委员会编：《韶关市志》，北京：中华书局，2001 年，第 7
页。

客商和流动人口，合起来有 20 万之多。那么，韶州城的人口当有数万以上。[①] 乾隆四十一年（1776），南雄县编查实在人口193784（负担赋役民丁 123317），至嘉庆十一年（1806）增至223609（负担赋役民丁 142342）。至民国三年（1914），人口达到 27 万多。[②] 民国后期，经过连年战乱，南雄县城城区面积1.43 平方公里，人口仍有 1.7 万人。[③] 连州城是粤、湘、桂三省交通要道，在鸦片战争前夕也是热闹繁华之地。容闳在《西学东渐记》中记载，"（连州）南风岭地处湘潭与广州之中央，为往来必经之孔道。道旁居民，咸藉肩挑背负以为生"，"劳动工人肩货往来于南风岭者，不下十万人"[④]。民国后期，连州城区人口接近 3 万。[⑤] 以此推算，繁盛时期城市人口当在 3 万以上。

海口。自清初设立海口总口后，海运贸易日益发达，有商船远航日本。清康熙年间，从海口起航的日本商船有 14 只。[⑥] 雍正年间，海口发展成为"商贾络绎，烟火稠密"的中等规模商业城市。[⑦] 当时海南的土特产外销日盛，闽、广的丝绸及杂货输入日增。福建帮、广州帮、潮州帮商人到这里来经营商业者为数不少，并在海口先后建立起商人会馆。道光七年（1827）将五邑会

① 李国伟著：《关于清代韶州的人口问题》，《韶关文史》第 3 辑，1984 年，第88～89 页。

② 南雄县地方志编纂委员会编：《南雄县志》，广州：广东人民出版社，1991年，第 120 页。

③ 韶关市地方志编纂委员会编：《韶关市志》，北京：中华书局，2001 年，第532 页。

④ 容闳著，沈潜、杨增麒评注：《西学东渐记》，郑州：中州古籍出版社，1998年，第 111 页。

⑤ 韶关市地方志编纂委员会编：《韶关市志》，北京：中华书局，2001 年，第551 页。

⑥ （日）小叶田淳著，张迅斋译：《海南岛史》，台北：学海出版社，1979 年，第 275～278 页。

⑦ （清）郝玉麟等修，鲁曾煜总辑：《广东通志》卷七《编年》，清雍正九年（1731）刻本。

馆"易其名曰广州馆"①。1876 年 3 月 1 日，英国在海口设立琼州海关。② 开埠后，海口城市得到较大发展。城内有 5 条街道，城外有 15 条街巷。③ 城外逐渐发展成为新的商业活动中心。据统计，琼州开埠后，琼州府城人口逐渐向海口转移。1926 年，海口市区人口达 45000 人，府城只有 1600 余家。④ 据此推算，清末海口市区人口数量在 4 万左右。

北海市。北海是典型的港口贸易城市。1876 年根据《烟台条约》规定，北海被辟为对外通商口岸，中外商贾云集这里，人口增至 4 万。光绪八年（1882），北海市区人口为 2.5 万人，比开埠初期人口有所下降。同年，北海发生鼠疫，死亡 400～500 人。其后鼠疫、霍乱多次流行，加之大批劳工外流，北海人口急剧下降。光绪三十一年（1905），北海市区商号近 1000 家，其中大中商家四五十家，从业人员 8000 人，占市区人口 40%，⑤ 北海市区总人口仅有 2 万。导致北海市区人口下降原因是多方面的。其一，城市卫生缺乏有效管理，医疗机构少，不能有效控制鼠疫等疫情。其二，广州湾和梧州、南宁等城市的开放，分割了城市商业腹地，削弱了北海的商业地位，导致劳工外流。

纵观清代广东城市人口规模及演变情况，可以看到，清前期广州和佛山商业贸易的繁盛吸引了大量外来人口，形成了岭南二元中心城市。19 世纪中叶之后，随着五口通商和全国商贸中心

① （清）吴荣光撰：《石云山人文集》卷三《重修琼郡海口广州会馆记》，清道光二十一年（1841）刻本。
② 海南省史志办公室编：《海南省志·政府志》，海口：南海出版公司，2003年，第 384 页。
③ 冯仁鸿著：《海口市陆地形成与街道沿革史》，《海口文史资料》第 1 辑，1984 年，第 27～33 页。
④ 海南省地方史志办公室编：《海南省志·人口志·方言志》，海口：南海出版公司，1994 年，第 21 页。
⑤ 北海市地方志编纂委员会编：《北海市志》（上），南宁：广西人民出版社，2002 年版，第 320 页。

转移上海，广州和佛山衰落，广东成为国内人口迁出区之一。城乡大量人口向港、澳及海外迁移，广东许多城市人口规模处于停滞和萎缩之中。

二、清代广东城市社会分层与流动

中国传统社会是一种由士、农、工、商组成的所谓"四民"社会结构。

在清代广东城市当中，社会分层向来是非常明确的。官僚士绅构成了城市社会的上层，富商大贾则通过捐纳制度，提升自己的政治地位。中小商人构成城市社会的中等阶层，广大手工业者和城市贫民及其他弱势群体构成城市社会的下层。清代广东城市具有较强的经济功能，商人的社会地位已经有所提升。近代以降，广东城市社会流动最明显的表现是商人社会地位的迅速抬升以及阶级整合意识的增强，绅士阶层开始经商，出现由绅向商的流动，而商也在积极向绅转变，"绅商"双向流动构成了清末广东城市阶层流动的主要内容。

（一）省会广州城市社会流动的加剧

广州是清代广东政治、军事、经济和文化中心。进入晚清，随着外力楔入和城市商业的发展，广州社会发生急剧的变化，社会流动加快。我们总结出以下几个方面的特点。

1. 对传统"以商为末"看法的改变，是广州城市社会流动的基石

广州有着悠久的商业传统，当地民众也有着强烈的经商意识，正如屈大均所言："广州望县，人多务贾与时逐。……北走豫章、吴、浙，西北走长沙、汉口……获大赢利。"① 广府商人

---

① （清）屈大均撰：《广东新语》卷十四《食语》，北京：中华书局，1985 年，第 371～372 页。

是清代广东城市最大的商帮。广州、佛山等地客商，多出广州府属南海、顺德、番禺等大县，他们就近流入省会居住经商，构成城市商人的主体。

鸦片战争后，广州地区农业商品化进一步发展，许多人弃农从商。如著名的广州隆记茶行商人张殿铨，"少孤，伯父达村抚育之，性聪慧，以家贫改习商业，在（广州）城西十三行街创办隆记茶行，贸易致富"①。因此，经商致富，对部分下层民众而言，是摆脱贫穷、进入城市主流社会的一种途径。经商对广州地区农村贫苦人来说，既是一种被逼无奈之举，也是一种思想观念的改变。尽管当时广东城乡民众仍以读书求取功名为第一选择，但是，一旦此路不通，经商则可以成为很好的出路之一。随着珠三角城乡社会经济的快速发展、民众商品意识的增强，传统的四民等级观念已经淡薄，相较其他地区对商人的偏见和歧视也更少，促使更多的中下层人士经商。

2. 商人来源多样化，使城市商人队伍迅速壮大

清代广东城市商人来源比较多样，以弃儒而商和弃农经商为最多，经商也是广东城乡下层群众向上层流动最普遍的途径。而亦官亦商的绅商双向流动则表现最为突出，屈大均曾云："今之官于东粤者……既得重资，则使其亲串与民为市。……于是民之贾十三，而官之贾十七。"②

鸦片战争后，广州商人数量大大增加，并迅速崛起为城市上流社会的主要组成部分。据民国元年统计，加入广州总商会的商

① 梁鼎芬修，丁仁长等纂：《番禺县续志》卷二十一，民国二十年（1931）刊本。

② （清）屈大均撰：《广东新语》卷九《事语》，北京：中华书局，1985年，第304页。

号为 3500 户。① 据《广东咨议局编查录》所载 1909 年统计,广州城区共有店铺 27524 家。② 1911 年,根据对广州城区居民的职业分类统计,仅商贾和贩业相加就有 26510 户。与此同时,另一项对省城各种业户的统计,广州共有 146 个行业共 24969 个店号。③ 这充分反映了广州作为商业大都会名副其实,商人队伍日益发展壮大,其作为民族资产阶级的心理整合已趋于成熟。

3. 清末广州商人组织联合趋向增强,积极参与各种社会政治活动,成为城市社会一支活跃的力量

晚清以来,广州商人资本已经渗透到近代工商、交通、农业和金融业等各个领域,控制着广州社会的经济命脉。到了清末,通过绅商双向流动,商人的地位进一步提高,商人在社会生活中发挥的作用日渐显著。特别是广州儒商,具有积极进取,勇于开拓的创业精神,形成了新的商人集团和商业阶层。④ 晚清广州绅商的社会影响力日益增强,七十二行商人组织的组建就是明显的例子。正如《广东七十二行商报》自豪地宣称:"我粤省于历史、地理、物产、民俗上均占商界优胜之点,似非他省所及,谓为天然商国,谁曰不宜?"⑤ 绅商群体对广州社会的各个方面产生了重大影响,参加政治活动的次数逐渐增加,发展成为一支城市社会不可忽视的重要力量。如 1905 年 5 月,广州总商会、八大善

① 据《民国元年第一次农工商统计表》"商会表",转引邱捷:《清末广州的"七十二行"》,《中山大学学报》(社会科学版) 2004 年第 6 期。

② 广东咨议局编印:《广东咨议局编查录》(下),清宣统二年 (1910) 编印。广东省中山文献馆藏。

③ 邱捷著:《清末民初广州的行业与店铺》,《华南研究资料中心通讯》1999 年第 23 期。

④ 陈伟明著:《明清广州儒商的社会构成与商业经营》,《暨南学报》(哲学社会科学) 1999 年第 3 期。

⑤ 《广东七十二行商报》,1907 年 8 月 4 日,蒋建国著:《报界旧闻——旧广州的报纸与新闻》,广州:南方日报出版社,2007 年,第 137 页。

堂、七十二行召集商界会议讨论抵制美货，议定"八善堂公举办事人二员，七十二行每行公举调查美货二员，惟各行恐未及周知，故随议公启一通，遍送各行"①。八善堂、七十二行"联签矢誓"抵制美货。② 在广州抵制美货运动中，绅商领导的总商会起了积极的号召和组织作用。可见，随着广东商人阶级地位的上升和政治参与意识的增强，其在抵制西方列强的经济侵略、维护民族资本主义发展方面已经站在了时代潮流的前列。

1906 年，在争取和赎回粤汉铁路商办的过程中，广州七十二行充分显示了作为商人组织的影响力。1907 年，在反对英国攫夺西江缉捕权运动中，由广州绅商建立的政治性团体粤商自治会，最早站在了斗争的前列。

（二）晚清广东其他府县城市社会流动

广东其他府县城市受到内外因素的双重影响，传统的四民阶层受到冲击，呈现出一定程度的分化与组合，促进了近代广东城乡社会的新陈代谢。

1. 粤东地区的城乡社会流动

潮州商帮，在广东省内规模仅次于广府商人，是以从事海外贸易为主的集团，又称为海商。如潮阳县商人，经常往来于北部的江浙一带，"巨商逐海洋之利，往来燕齐吴越，号富室者颇多"③。潮州府城，城市手工业门类多，经商人数众多，"工多奇技，商大小列廛。其挟资以游者，虽远涉重洋而不为惮"④。潮

---

① "粤省筹拒美禁华工新约续志"，1905 年农历五月初六日（6 月 8 日），《申报》，上海：上海书店出版社，1983 年影印本。

② "粤省绅商力争废约公电"，《时报》，1905 年 8 月 20 日。

③ （清）周恒重修，张其翮纂：《潮阳县志》卷十一《风俗》，清光绪十年（1884）刊本。

④ （清）卢蔚猷修，吴道镕纂：《海阳县志》卷七《舆地略六·风俗》，清光绪二十六年（1900）刊本。

州城乡的一些贫民或小手工业者，通过长年奔波经商，博取厚利，从而改变了自己的身份地位，这是潮汕地区城市社会流动的主要表现。又如香港早期富商潮州人陈开泰，从小家境贫寒，后来辗转到香港创业。经过数年奋斗，终于成为香港知名殷商。①陈开泰晚年回到故乡，建造房屋，乐善好施，修桥铺路，接济孤寡，成为潮州地方归侨绅商。

近代广东城乡社会流动，士绅群体的分化引人注目。嘉应地区是客家人聚居地，晚清涌现出两位著名爱国士绅丘逢甲和黄遵宪。他们在返归故里之前曾经入仕为官，为国家做出了贡献。由于晚清政治腐败，黄遵宪因参与维新变法被贬回家乡。丘逢甲积极组织力量抗击日本侵占台湾，甲午战败后回到家乡。他们转而积极倡办新学，热心家乡桑梓事业，积极参与近代广东地方的社会政治活动，完成了从传统士绅向近代士绅的转变。

汕头是近代粤东地区崛起的开埠城市。汕头开埠后，区内海阳、澄海等6县在此建立"六邑会馆"，福建等省商人也来此建立会馆或公所。清末新政中，清政府下令各省成立商会，倡办实业，汕头是省会广州之外唯一成立商务总会的城市。总商会积极参与清末抵制美货运动，反对英国攫取西江缉捕权的斗争等，显示了汕头商人势力的强大和阶级整合意识的增强。

兴宁县是嘉应州工商业发达地区，商人足迹遍布国内外。清末光绪以后，兴宁商品经济较为繁荣，县城扩展，商号增多。据《兴宁县乡土志》记载，其时全县"户约二万四千五百有奇，男口约二十一万余，女口一十六万余人"②。从事农业者10万余

---

① 许少文著：《香港早期的潮人殷商陈开泰》，《潮安文史》创刊号，1996年，第111~114页。

② （清）罗献纂修，《兴宁县乡土志》，清光绪三十四年（1908）年。

人，织布等手工业者 5 万余人，经商贩运者 4 万余人。① 可以看出，兴宁工商业和交通运输业发达，城乡地区人们的思想观念得到极大改变，从事工商业的人数和比例完全可以和珠三角地区的顺德、南海等"望县"相媲美。兴宁商人带动了整个社会阶层间的流动。

2. 粤北和粤西地区的城乡社会流动

清代前期，得益于一口通商的恩惠，粤北地区韶州、南雄和连州城的工商业发展进入鼎盛时期。官绅、商人和手工业者成为城市里的主要阶层。商人通过会馆或公所联合起来，谋求维护自身利益，同时积极参与地方公益事业，逐渐改变着自身的社会地位和社会形象。

韶州是粤北地区的中心城市。当时韶州商旅云集，来自珠江三角洲一带的番禺、南海、顺德、东莞等地的广府商人最多。由于会做生意，经营有术，且人数众多，财雄势厚，历届曲江县商会会长及同业公会理事长多由广府商人充任。此外，福建、江西、湖南等省商人也纷纷到韶州定居经商。随着晚清时五口通商的开辟，粤北地区城市商业发展受到很大影响，但仍有部分商人活跃在粤北地区。商人通过自身的联合和努力，逐渐改变着自己的身份地位，促使城市阶层缓慢地发生变化。如在武昌起义爆发后，韶州绅民积极响应。驻守城池的清文武官员均弃职潜逃。留守的巡防营总领朱福全只好召集本城绅商各界，会商防守城池办法。当广东省委派彭宪殷署曲江县长，莅任韶州城时，"绅商各界有千余人出城迎接"②。可见，清末韶州府城的绅商仍然具有相当大的势力，在促成韶关顺利反正中起了重要作用，这是韶州

① 兴宁县地方志编修委员会编：《兴宁县志》，广州：广东人民出版社，1992年，第153页。

② 叶应科著：《韶关史略》，《韶关文史资料》第1~2辑，1986年，第7页。

城绅商社会地位抬升的重要反映。

清代前期，粤西地区城市工商业总体上处于欠发达状态。进入近代，粤西先后开放了琼州（海口）、北海和广州湾。随着港口的对外开放，外来商品的大量输入和冲击，推动着粤西地区城乡社会的发展和变迁。

北海。最早进入北海经商的是广府商人。北海开埠后，前来经商的广府商人逐渐增多，同时还有高州、阳江、玉林和博白等地的商人，共同促进了北海工商业的发展。广府商人较多，力量雄厚，逐步执北海商界之牛耳。随着商业的日益发展，商人联合意识增强，于1862年建立敬义堂，这是北海商会的前身。1907年，广东省总商会北海商务分会成立。会址设于广州会馆内。创始人是关焯基、颜锡仁等20余人，均为地方绅士。北海商会的成立既是商人谋求联合和政治地位提高的反映，同时也是晚清北海城市社会士绅向商人转化，城市社会阶层流动的最主要标志。

海口。清初，浙江、福建及广东省内各地商人纷纷来海口经商和定居，岛内则以文昌、琼山的商人最多。这些商人为了维护自身的利益，于乾隆年间在海口所城内外建立了五邑会馆、潮州会馆等。1904年，海口商会成立。主要工作是筹议本市工商业的发展及改良事项；对有关工商法规及工商业事项向当局提出建议；答复当局或其他团体、个人的有关工商业或其他事项的咨询；等等。① 其第二任会长是清末秀才出身的陈府荣，他是清末海口城市社会阶层由绅向商流动的代表。

雷州。清代雷州城市商业也有较大发展。当时来雷州城经商的不仅有广府商人，还有高州、茂名、海南等地商人。为了联络乡谊，加强商人团队的凝聚力，广府商人在雷州城建有仙城会

---

① 林书鉴著：《海口市商会史》，《海口文史资料》第8辑，1992年，第36～37页。

馆，高州商人建有高州会馆。1908 年 11 月，雷州成立了商务局，有局董 20 多人。第二届商务局长是岁贡出身的吴应铨，局董有张性善等 20 多人。当时商会的职能是协调上下关系，为商户和当时政府协商税收，报道商情，调解商务纠纷，维护商场治安等等。[①] 可见，雷州绅商掌握商会大权，是绅商对流的表现，也是商人社会地位提高和雷州社会流动的主要标志。晚清以来，为抵制外来洋货的倾销，雷州商人多次进行罢工和罢市，通过参加政治斗争提高了自身的社会地位。

粤西地区的县级城市和广大乡村，进入近代也受到西方资本主义商品经济的冲击，但是由于受到各种自然和人为因素的影响，商品经济发展在粤西内陆城镇及乡村受到很大限制，因而其社会阶层始终保持着传统的士、农、工、商的原初状态，正如《石城县志》所说："商贾之业，邑中如市廛，不过作小贩卖，为民间日用所交易而已。城内及安铺虽各有商会之设立，而经营大商业者卒鲜。"[②] 表现了近代广东城乡社会阶层流动发展的不平衡性。

第二节　清代广东城市社会管理的变革

社会管理是社会学中的一个基本概念，包含社会经济、政治、行政、教育、文化、宗教等方面为内容的，以整个社会生活、社会过程为对象的管理。[③] 与城市相关的社会管理主要是指城市社会安全管理，包括治安与消防管理两方面的内涵；其次为

---

① 关恩兆，陈东安口述，蔡声扬整理：《雷州商务局——海康县商会的概况》，《海康文史》第 2 辑，1987 年，第 39～40 页。

② 钟喜焯修，江珣纂：《石城县志》卷二《舆地志下·实业》，民国二十年（1931）铅印本。

③ 袁亚愚主编：《普通社会学教程》，成都：四川大学出版社，1997 年，第 345页。

城市保障管理，或称为城市社会公共福利管理，包括环境卫生和慈善救济管理等方面的内容。

一、清代广东城市社会安全管理

城市社会安全是城市内部各机构和社会秩序得以正常运转的前提条件。在清代广东城市中，地方官府与城市士绅阶层合作，采取多种措施加强城市社会安全管理。

（一）清代广东城市治安管理

在传统社会治安体制下，广东城乡治安管理的主体是官方机构。在地方，省、府、州县则分别由总督、巡抚、知府、知州、知县等分级维持地方治安。京师及地方衙门都没有专门的负责维持治安的职能机构，治安管理职能分由各级军政机构负责，这种状况一直延续到清末。清末警政改革，近代城市警察体制逐步确立，成为专司城市社会治安的职能机构，在城市治安管理发展史上具有重要意义。

1. 设兵驻防城镇和军事要地

清代驻防广东的军队有八旗兵和绿营兵。当时广东驻有绿营兵 68094 人，分别由两广总督、广东巡抚、提督、总兵统领。由总督统率的有 5500 多人；由巡抚统率的有 2000 人；由提督统率的有 1.43 万人；由总兵和各镇所统率的兵额不等，共 4.6 万多人。① 绿营兵的最高长官是提督，而总督和巡抚都是兼职。广东设提督 1 人，驻惠州，受两广总督节制。1664 年，另设水师提督 1 人，驻虎门。除广州、肇庆、惠州 3 座重要城市有总督、巡抚、提督各标驻守外，在滨江临海要地还设立兵防七镇，各镇设总兵 1 人。总兵以下，设副将、参将、游击、都司、守备、千

---

① （清）嵇璜等纂：《皇朝文献通考》卷一百八十九，清光绪八年（1882）浙江书局刻本。

总、把总等官，统兵防守，分驻各地。

清代广东除八旗兵驻防广州外，绿营兵分驻省内重要城市、州县衙门所在地以及交通要道和关隘附近，"一半驻守，一半巡防。无事则计日操防，有警则随时援应"[①]，形成严密的控驭全省的军事网络。因此，八旗兵和绿营兵成为清政府镇压各地反抗势力、对抗外来侵略、整治广东城乡社会治安的重要力量。

2. 推行保甲，举办团练

保甲是中国传统专制社会里主要的地方基层社会组织。清代的保甲，肇始于顺治元年（1644）推行的总甲法。保甲制度的演变，分为三个阶段：从顺治元年至康熙四十六年（1707），为保甲法的草创阶段；从康熙四十七年（1708）至乾隆二十二年（1757），为保甲制度的确立时期；自乾隆三十七年（1772）以后，则为保甲组织衰落时期。[②]

在城乡合治的管理体制下，清代广东官府对城市居民的管理主要采用以地邻为原则的保甲编组，各街区设立地保或保长、场长等。如省会广州有大小600多条街道。[③] 城内每条大街通常都有日开夜闭的街闸，各条街道被分割成一个个相对独立的社区。以街道或邻近街道为单位，进行保甲编组，有利于对社区居民实行有效的管理。负责维持省城治安的官方机构，除南海、番禺两县衙门外，还有保甲局和缉捕局。"光绪初元而后特设保甲局，分段巡查街道，其事权属于按察使，则广协防兵而外，各段保甲亦有防御之责。光绪十五年而后，厉行缉捕，又曾添派卓勇、巡

---

① 赵尔巽等撰：《清史稿》卷一百三十一《志一百六·兵二》，北京：中华书局，1977年，第3903页。

② 萧一山著：《清代通史》，北京：中华书局，1986年，第631页。

③ Anders L. Jungstedt, An Historical. *Sketch of the Portuguses Settlements in China* (Hong Kong: Viking Hong Kong Publications, 1992), p. 185, pp. 228～229.

防勇常驻各街以资防御。"① 此外，有驻军防汛、安勇、局勇，还有各街道雇请的街勇和更练。1896 年 8 月 20 日，《申报》的几则报道，分别提到局勇、安勇、西关汛勇和街勇捕匪的事。② 可见，广州的保甲制度是比较严密的。

清政府和广东地方官府投入巨大的力量维持城市社会治安。1884 年，因中法战争爆发使广州市区人心浮动，地方当局随即在省城内实行保甲，清查户口，"每日均着地保到查。并将屋主寓客姓名年籍，逐一注册，以便稽查"③。地保是保甲制度在基层的负责人。广州地保的任命程序是每当某一街坊的地保空缺时，通常会贴出需求地保的告示，该街坊的户主便会在寺庙中聚会，挑选新地保。自愿候选人届时亲自到场候选。地保人选的确定权，由几个本街区最有权势的人作出决定，并禀请县衙门任命。

在佛山，清初设有驻防官。驻佛山防军的防务事宜，同时受五斗口司巡检管属。五斗口司巡检为佛山捕缉盗匪、维持治安的武官，五斗口司辖佛山等 10 个堡。④ 佛山 28 铺各设有"更馆""闸楼"，有更夫、闸夫 300 多名。还有"练馆"，每铺出二三人或四五人为"更练"，负责地方治安。⑤ 可见，佛山人口众多，货物流通和人员往来频繁，官府维持治安的力量明显不足，各商家为保护财产起见，主动组织民间力量，协助官府维持城市治安。

---

① 梁鼎芬修，丁仁长等纂：《番禺县续志》卷八《经政二·兵防》，民国二十年（1931）刊本。

② "粤海秋涛"，1896 年农历七月十二日（8 月 20 日），《申报》，上海：上海书店出版社，1983 年影印本。

③ 广州《述报》，甲申年九月初九日（1884 年 10 月 27 日）。

④ 佛山市地方志编纂委员会编：《佛山市志》（上），广州：广东人民出版社，1994 年，第 689 页。

⑤ 冼宝干总纂：《佛山忠义乡志》卷三《建置》，民国十年（1921）重修本。

清代在广东肇庆、韶关、潮州等城市，也采取城坊厢制与保甲制度合一的管理方式："城内民居则称里称巷，组织则仍循保甲法，……各举乡绅一人以董之。……各坊厢街巷，入夜均有更夫，或执锣，或执梆，到处巡逻。"① 通过推行保甲制度，将城市地方治安力量与地方驻军相结合，增强防卫力量，共同维持广东城市的社会治安，达到"弥盗安民"的目的。

团练，是清代广东城乡维持治安的另一支重要力量。团练来源于保甲，是一种控制基层社会的组织。鸦片战争时期是广东团练大发展时期，"自遭夷匪焚掠，人人切齿，比户同仇"②。外国侵略者的暴行，激起广东人民的强烈反抗。当时爱国士绅何玉成首先在家乡怀清倡办团练。③ 继之，佛山也开始举办团练义勇。道光、咸丰时期的广东团练，显示了广东城乡绅民的强大力量，教训了外来侵略者，同时促使清政府开始依赖地方团练维持其统治和加强城乡社会治安。此外，广东还兴起了城市街约团练。当时广州城内街约团勇以街或约为单位，1847 年组织起来的街约团勇有 1 万多人，1849 年有 10 万人。④ 声势浩大，在广州反入城斗争中发挥了重要作用。街约团练的创办，为广东城市社区自治开了先河。如中法战争期间，广东地方当局号召地方士绅办团练，广州城厢内外，各街坊组成街团，负责本地段治安。⑤ 清末光绪朝后期，广州各街坊均采取"紧张的自我防卫"，以街坊为单位，筹集经费自办警保。1894 年，南海县令谕示："各街居民

---

① 萧一山著：《清代通史》，北京：中华书局，1986 年，第 649 页。

② 广东省文史研究馆编：《三元里人民抗英斗争史料》，北京：中华书局，1978 年，第 253 页。

③ 广东省文史研究馆编：《三元里人民抗英斗争史料》，北京：中华书局，1978 年，第 204 页。

④ 蒋祖缘等主编：《简明广东史》，广州：广东人民出版社，1993 年，第 455~456 页。

⑤ 广州《述报》，甲申年九月十一、十四日（1884 年 10 月 29 日、31 日）。

建设闸门……如不雇勇看守，以致失事，定提该街正、副、保及值事究问。"① 这样，清代广东团练与保甲形成互补之势，在预防叛乱、应对犯罪等突发性事件中的能力明显增强，有效地维护了清代广东城乡社会秩序的稳定。

3. 广东各城市近代警政的创办

清政府长期奉行城乡合治的管理体制，这一体制在实践中存在诸多弊端，不能实现对广东城市和乡村的有效治理。随着城市近代化的日益发展，城市人口的快速膨胀，迫切需要建立专门的城市管理机构。在这种情况下，清末中央政府进行了警政改革，初步建立了近代化的城市警察管理机构和管理体系。

近代中国的警政最早实践于 1898 年"官绅合办"的湖南保卫局。这是中国历史上最早的专职警察机构，由湖南巡抚陈宝箴于长沙创立。1901 年，清政府谕令各省将各营改为常备、续用、巡警等，② 开始自上而下地陆续兴办警政。1902 年 12 月底，广东开始筹办全省警务，设广东巡警总局。③ 1906 年 11 月初在省城设警察学堂，招考速成科学生 4 班，第二年 7 月毕业；又续办高等科，宣统元年正月，改称高等巡警学堂高等科，学生 5 班；还附设简易科两班，依次毕业，并陆续分派到各城市巡警局服务。④ 为广东警政改革培养了大批合格警务人员。广东巡警道在 1908 年 9 月 11 日正式成立。⑤ 巡警道及属员对总督负责，全省警务归巡警道管理，广东的警政建设逐步转入正轨。

---

① "羊城载笔"，1894 年农历七月十七日（8 月 17 日），《申报》，上海：上海书店出版社，1983 年影印本。

② 《清德宗景皇帝实录》卷四八五，北京：中华书局，1987 年，第 417 页。

③ 贾蕊华著：《试论清末广东警政》，暨南大学，2006 年度硕士论文。

④ 梁鼎芬修，丁仁长等纂：《番禺县续志》卷八《经政志二》，民国二十年（1931）刊本。

⑤ 梁鼎芬修，丁仁长等纂：《番禺县续志》卷八《经政志二》，民国二十年（1931）刊本。

广东警政建设，1903—1905 年为第一阶段。主要集中于全省政治中心城市或军事要塞，警察局多为官办，广州府属最多；1906—1911 年为第二阶段。随着宪政改革的加紧推行，广东各城市的巡警创办达到了高潮。[①] 广东各府城先后都进行了警政改革，设立了专职机构，有效地加强了对城市的管理，有利于清末广东城市社会秩序的正常运行。

清末广东警察的社会服务职能主要包括：第一，户籍管理。负责城市户口调查、分类统计、各属户口的报告、门牌发给、户口的清查等。第二，治安管理。包括新闻杂志出版检查，集会结社及大众运动、同盟罢工、地方戒严、枪炮火药爆炸物的查禁、消防事务，国际警察之管理，农林矿等管理。第三，营业管理。如颁布《出示严禁倒粪工人多索节赏并规定八条饬令》《取缔客栈章程》《稽查轿担馆简章》等。第四，卫生管理。巡警局先后发布《鼠疫研究会通告》《家庭防疫简章》等有关卫生防疫的法规和章程，让广大市民了解和掌握一些卫生防疫知识。

晚清广东警政改革在市政建设和管理、城市救济等方面作出了一定贡献。如赋予警察机构以广泛的社会服务职能，在提高市民的卫生意识、职业意识以及增加市民的科学知识等方面发挥了很大作用。

（二）清代广东城市消防管理

清代，随着城市工商业的发展，广东城市规模和人口急剧膨胀。如省会广州鸦片战争前人口近百万，有 600 多条街道，大多

---

① 广东其他府县城市创办警政的情况是："1905 年，惠州府、南雄州和潮州海阳县创办巡警正局；1906 年，廉州府创设巡警正局和北海分局；1908 年，肇庆府创设水陆巡警正局；1909 年，韶州府设立巡警正局；1910 年，连州设立巡警正局。"参见贾蕊华著：《试论清末广东警政》，暨南大学 2006 年度硕士论文附录。

数狭窄拥挤，"省城街路之狭甲于天下"①，街道两旁房屋大多是砖木建筑，很容易引发火灾。因此，清朝从中央到地方素来重视对城市消防的安全管理。清代广东城市主要从以下两个方面加强消防管理。

1. 加强消防队伍与设施建设

清统治者对"救火以器具为先"有深刻认识，为此，多次责令有关部门予以筹备。按照清代惯例，城市发生火灾时，官府和城市驻军应及时参加扑救，因此，驻守广州的八旗兵、绿营兵以及招募的防军就构成了广州消防的主要力量。如1842年，广州十三夷馆被人纵火焚烧时，两广总督祁贡等"督饬文武员弁，添派兵役弹压，查拿叶亚潮等及不识姓名各人，……将火救息"②。1874年农历六月十三日夜，省城内打铜街附近发生火灾，"匪徒乘势抢劫，幸官宪弹压严密，尚不敢肆行无忌也"③。可见，每当广州城内发生火灾时，地方官府和驻军成为消防和维持治安的主要力量。同时，为了弥补城市消防力量的不足，广东地方官府鼓励民间力量参与防火工作。于是广州市内各街道先后组织了消防义勇组织，购置"水龙"、水车等消防设备。街道之间约定一旦发生火警须同时出动。如1896年，广州新城大新街西约，"经召坊众上庙妥议"，"每店捐租三个月，主客各半"，设立机器水龙防御火灾。④ 银号行所在的打铜街，机器水龙用蒸汽机带动，

---

① "粤事琐录"，1882年三月初三日（4月20日），《申报》，上海：上海书店出版社，1983年影印本。

② （清）祁贡著：《审明焚毁十三行中夷楼案折》，广州市文史研究馆编：《羊城风华录：历代中外名人笔下的广州》，广州：花城出版社，2006年，第100页。

③ "羊城火灾"，1875年农历六月廿六日（7月28日），《申报》，上海：上海书店出版社，1983年影印本。

④ "兴利抗众"，1895年11月2日，《香港华字日报》。转引邱捷著：《清末广州居民的集庙议事》，《近代史研究》2003年第2期。

雇有技师看管，每年收"养车银"达千余两。① 可见，广州街坊间组织制订了严格的消防责任制，有利于减少市区火灾的发生。

清末警政改革使广东城市消防体制建设步入正轨。1903 年，广东巡警总局成立官办消防所，组建了消防警察，设立消防科，专司火灾预防、火灾救济之职。同时在三府前设立消防所，隶属于广东巡警总局。后分别在禺山关帝庙、西关华林寺、河南海幢寺设消防分所。1909 年，44 名矫健灵敏、能升高跳跃的巡警学堂毕业生成为消防队员，这是广州有史以来第一批消防队员。到 1910 年，省城有消防巡警 108 名。清末广州城内仍然是官方和民间组织相互依赖共存的消防体制在发挥作用。

清代的佛山镇，由于人口密集，商业繁盛，街道纵横，官府和民间对消防均比较重视。当时救火器具主要是水车，"水车之设由来已久，其制各街水车，遇有火警，每店铺派伙伴一人，为之牵柜至火场，其取水举喉各有定职，咄嗟立至。救灾恤邻，各逞其勇，诚可法者"②。佛山还在镇内桥亭铺、祖庙铺和文昌沙公所等繁华地段，分别建立了 22 个水车公所。③ 嘉庆十二年（1807），佛山镇福禄里发生大火灾，烧毁 100 多间店铺。事后居民为了提高灭火效果，开始购置外国救火车。第二年，各街道居民在路旁掘太平井，以防火灾。④

道光二十六年（1846）粤北韶州府城创设民间救火组织。清末光绪九年（1883），各县城均成立水车公所。⑤ 消防设备主要

---

① "南海蛋歌"，1896 年农历九月十五日（10 月 21 日），《申报》，上海：上海书店出版社，1983 年影印本。

② 冼宝干总纂：《佛山忠义乡志》卷三《建置》，民国十年（1921）重修本。

③ 冼宝干总纂：《佛山忠义乡志》卷三《建置》，民国十年（1921）重修本。

④ 佛山市地方志编纂委员会编：《佛山市志》（上），广州：广东人民出版社，1994 年，第 42 页。

⑤ 韶关市地方志编纂委员会编：《韶关市志》（下），北京：中华书局，2001年，第 1838 页。

由商民购置，以铺为消防单位，一遇火灾，每铺派出伙计前往灭火。① 南雄府城道光年间开始兴办水龙会，备有木制水车、救火桶等设备。1883 年，县城商贾民众筹资于龙蹲阁设立水车公所。备有人力压式救火水车 2 台，水枪 20 余支，以及火钩、水桶等消防设备，并指定 20 余名店铺伙计为义务消防人员。② 每当遇有火灾，立即当街鸣锣呼救，水车公所立即前往扑救，灭火之后，事主打赏花红酬谢。在连州城，消防力量由商民自发组织而成。清末光绪年间，商民为了防火，集资购置了手摇水泵机（水车）及其附属器材作为灭火之用。③

粤东地区城市的官办消防组织只有两个。其一是揭阳县城的水会局。光绪十六年（1890），揭阳建立消防组织并配置消防设备："知县聂缉庆……特捐廉置水龙两具，并督绅筹资设立水会局，按月由县捐助经费。"④ 当时配备有专职人员 15 人，拥有法国造手压小口径灭火水笔枪 32 支。1908 年，因为经费困难而停办。其二是汕头市区的消防站。汕头市开埠后，城市建设日益发展，但官办消防事业发展滞后。1904 年，汕头市区开始设消防站，建于外马路 63 号的钢筋混凝土骨架砖木四层楼房。⑤ 清末警政改革后，潮阳县巡警局于 1909 年在县城文光塔第四层设置

① 谢寿昌著：《韶关市区消防队早年建立的经过》，《韶关文史》第 9 辑，1987年，第 140 页。

② 南雄县地方志编纂委员会编：《南雄县志》，广州：广东人民出版社，1991年，第 547 页。

③ 胡祖贤等著：《连县消防设施的历史变迁》，《连县文史资料》第 9 辑，1990年，第 132 页。

④ （清）王崧修、李星辉纂：《揭阳县续志》卷四《灾祥》，清光绪十六年（1890）修，民国二十六年（1937）重印本。

⑤ 钟浩著：《潮汕地区消防发展史话》，《汕头文史》第 13 辑，1995 年，第213~214 页。

了瞭望台，这是潮汕地区最早的消防瞭望台。[①] 当时巡警局日夜派人执勤，设火警钟一口，遇警鸣钟报警。

潮汕地区城市由社会慈善团体创办消防队比较普遍。清末民初，潮汕各市、县善堂（社）普遍设立专职消防队、义务消防队集资购置各种消防钩、帽、桶等工具。防火灭火被视为社会善举之一。揭阳县水会局在1908年停办后，由榕城6间善堂先后筹资建立6支义务消防队，每队12至20人不等。潮安在县城由县商会建立消防队，民国初设于开元寺，有队员20人，配有手摇泵浦2台。[②] 由此看出，清末潮汕地区城市的消防组织，以民间善堂自发组建为主，有效地促进了民间消防力量的建设，弥补了清代官办消防力量的不足。

2. 严格规范火灾追究制度

严格规范火灾追究制度是清统治者督促地方官府加强城乡防火安全管理的有效举措。《大清律例》关于失火罪的条款规定："凡失火烧自己房屋者笞四十，延烧官民房屋者笞五十，因而致伤人命者杖一百，罪坐失火之人。若延烧宗庙及宫阙者绞（监候），社减一等。……若于官府公廨及仓库内失火者亦杖八十、徒二年。"[③] 到了清末，形势发生了很大变化，光绪皇帝曾责成法部制订了《刑律草案》，其中关于消防法规的内容规定，对因放火导致灾害损失的火灾责任者，可视损失轻重处以一等有期徒刑、无期徒刑或死刑等处罚。[④] 可见，这些详细的火灾责任追究

① 钟浩著：《潮汕地区消防发展史话》，《汕头文史》第13辑，1995年，第214页。

② 钟浩著：《潮汕地区消防发展史话》，《汕头文史》第13辑，1995年，第212页。

③ 《古今图书集成》经济汇编祥刑典律令部，转引孟正夫编著：《中国消防简史》，北京：群众出版社，1984年版，第132页。

④ 孟正夫编著：《中国消防简史》，北京：群众出版社，1984年版，第135~136页。

行政处罚办法或法律量刑准则，对清代广东各级官府增强防火意识起到了警醒作用。如道光二十二年（1842），发生十三夷馆被毁的纵火案，因涉及国际外交纠纷，事后祁贡被清政府处以"革职留任"的惩罚。同时对于为首的几名纵火犯，根据《大清律例》当中纵火罪的量刑规定，由刑部给予了处罚。①

由于清代广东城市建筑防火条件较差，每年都有火灾发生。如省会广州，"年中火警辄数百次，延烧铺屋辄至千百间"②。因此，对于地方官员的火灾责任追究难以全面实施。晚清以来，由于清政府的衰败，广东城市更多地依靠民间自发的消防组织担负起灭火救灾工作。民间组织通过建立内部的火灾追究责任制，确保防火救灾工作的开展。如 1896 年 9 月，广州市内某邻街发生大火，水车技师外出迟归延误灌救，街众乃议决罚扣技师工银一季约银 300 两。③ 此事反映了清末广东城市民间消防组织的防火救灾已经形成了一套较为成熟的规范制度。

由此可见，清政府从法律上确立了广东地方官员的消防责任，以及对火灾责任者的不同处罚制度，有利于加强各级官员对防火减灾的重视。同时，民间自发成立消防组织，建立健全消防制度和责任追究制度，保障了广东城市正常的社会秩序。

二、清代广东城市保障管理

（一）城市环境卫生管理

清代广东的城市环境卫生通常是由官方和民间共同管理，而

---

① （清）祁贡著：《审明焚毁十三行中夷楼案折》，广州市文史研究馆编：《羊城风华录：历代中外名人笔下的广州》，广州：花城出版社，2006 年，第 98~102 页。

② 《广州市市政报告汇刊》，广州市市政厅总务科编辑，1924 年编印，第 315 页。

③ "南海耆歌"，1896 年农历九月十五日（10 月 21 日），《申报》，上海：上海书店出版社，1983 年影印本。

又以民间的自发管理为主："清末至民国时期，广州道路清扫和垃圾清运，统由洁净夫负责。马路、人行道、内街虽有清扫，但不进行保洁。当时市民卫生意识淡薄，又缺乏管理措施，路面十分脏乱。"① 晚清广东官府没有一个专职的环境卫生管理机构，也没有制定一整套环境卫生管理计划，只是通过传统的颁布示谕，或是临时集中人力物力进行清扫，专业环卫人员严重不足。

清朝广州城内的六脉渠是城市雨水排放和市民生活排污的主要渠道，"六脉通而城中无水患"。但在清代，由于长期疏于管理，六脉渠屡有堵塞。"至我朝乾隆间，六脉仅存其五；……咸丰七年，省垣被兵，墙屋毁塌者半……下流更为遏绝。"② 晚清以来，广州城市环境卫生极度恶化，污水横流，垃圾成堆，形成瘟疫等疾病暴发的温床。1893 年 7 月，《申报》报道说，广州"城厢内外，人烟稠密，各街道粪草垃圾堆积如山，一至炎天，秽气熏蒸，闻之易生病疫"。1896 年报道说，广州城区的卫生条件是"入冬以来，雨泽过少，居民饮污浊之水，以致疠疫丛生"③。1901 年农历四月间，广州多次发生瘟疫，"近日粤省城厢内外疫症流行，一经沾染，均无药可治"；"迩来省垣疫症流行，而以泮塘乡为尤甚，乡中人民不过千余名口，而旬日间染疫而亡者已百余人"。④ 清末民初，广州环卫人员数量严重不足，垃圾

---

① 广州市地方志编纂委员会编：《广州市志》卷三，广州：广州出版社，1995 年，第 660 页。

② 黄佛颐编纂，仇江、郑力民、迟以武点注：《广州城坊志》卷六《六脉渠》，广州：广东人民出版社，1994 年，第 719 页。

③ "百粤丛谭"，1895 年农历十二月廿五日（1896 年 2 月 8 日），《申报》，上海：上海书店出版社，1983 年影印本。

④ "粤垣患疫"，"粤中患疫"，1901 年农历四月初二日（5 月 19 日）、初十日（5 月 27 日），《申报》，上海：上海书店出版社，1983 年影印本。

处理任务繁重。① 可以想见，晚清时期广州市区的污物垃圾数量不会比民国初年少。清末民初，广州市粪商有百余家，但是粪商"向来贸易自由，漫无限制，厕所破烂而不修理，粪妇需索而不取缔，只知徒饱私囊，罔顾公益"②。由于缺乏官府的有效管理，城市环境卫生无法有效整合，晚清广州经常发生疾病瘟疫。

广东其他城市环境卫生管理也是弊端重重，屡有疫情发生。如 1854 年，肇庆府瘟疫流行，肇城死 1400 多人；1858 年，封川县霍乱流行，疫区几乎无人不病，染疫死亡数千人；1894 年至 1914 年，高要发生 4 次鼠疫流行。③

为了改善城市环境卫生缺乏有效整治的情况，清代广东官方采取了一些改良措施。

针对广州老城内六脉渠堵塞的情况，城内绅民自发组织起来，定期疏浚六脉渠，借以保持城市环境卫生。1810 年，广东布政使组织重修和疏通西关各濠渠，完工后，西关绅士何太清等与西关潘、卢、伍、叶四大富家筹议善后，建立清濠公所，为常设性的维护清理濠渠机构。由绅商集资，报请广东布政使司认可，以下九甫的大屋十二间为公所地址和出租生息，以供每年疏浚濠渠之费。④

广州城外珠江为船舶往来孔道，因缺乏整治，卫生问题引起各方密切关注。英国领事馆与清代广东地方官府会商提出解决办

---

① 当时广州内街垃圾处理情况是："清秽夫连街夫目、鼠夫等共 900 余名，马路垃圾车 16 辆，每辆以清秽夫 8 人拉搬，计共 100 余名，每日清理全市垃圾 3000 余担有奇；计鼠夫 30 余名，每日按段收检死鼠，早晚挑往小北门外荒郊旷地焚埋，计每月检焚死鼠约二万只。"参见《广州市市政报告汇刊》，广州市市政厅总务科编辑，1924 年编印，第 367～369 页。

② 《广州市市政报告汇刊》，广州市市政厅总务科编辑，1924 年编印，第 370 页。

③ 肇庆市卫生志编写组：《肇庆医疗卫生大事记》，《肇庆文史》第 15 辑《卫生专辑》，2000 年，第 6 页。

④ 杨万秀等著：《广州简史》，广州：广东人民出版社，1996 年，第 329 页。

法，最后由海防厅出示谕令："以后在该处停泊之船，务须领有厅凭，方许停泊。"① 由于官府出面干预，珠江河面污染问题得以暂时解决。

在佛山镇，官府和民间采取了一些措施整治环境卫生。如佛山沿街搭盖房屋、铺户现象十分严重，致使街道日益狭窄，阻碍往来，官府对此曾多次勒石示禁，如雍正九年（1731），《南海县正堂刘太爷永禁堆积筑占搭盖抽剥碑记》中规定："不许侵占搭盖木架铺屋，阻碍行人往来。"② 乾隆五十二年（1787），《审断详奉拆除占搭永禁踞地建造修复官亭码头碑记》载："其闸门旁隙地无碍处所，止许搭篷摆果摊，不得盖造砖瓦实铺。"③ 可见，官府出面勒石禁止私搭乱盖，促进了佛山城市卫生管理的有序化。同时，佛山民间自发建立公益机构，协助管理环境卫生。如设义庄收埋无名死者，防止横尸大街。乾隆五十七年（1792），在祖庙铺楼观里，由大魁堂拨款兴建栖丐园，所需的工食银由祖庙发放给乞丐头，对于死者则"支庙租棺，殓葬于义山"④。对于粪便，专门组织清粪工进行收集处理。

在清末新政改革运动中，广东除建立近代警政，对城市环境卫生进行专门整治外，还仿照西方创建自来水厂。这是清代广东加强城市环境卫生治理的一项重要措施。

清朝前期，广东城市居民饮用水主要取自水井，或取自河

---

① "羊城琐闻"，1882年农历十一月十三日（12月22日），《申报》，上海：上海书店出版社，1983年影印本。

② 广东省社会科学院等编：《明清佛山碑刻文献经济资料》，广州：广东人民出版社，1987年，第36页。

③ 广东省社会科学院等编：《明清佛山碑刻文献经济资料》，广州：广东人民出版社，1987年，第87页。

④ 冼宝干总纂：《佛山忠义乡志》卷三，民国十年（1921）刻本。

水。如粤北韶州府属曲江县城共有水井 20 口。[①] 这些城市居民的饮用水，大都没有经过消毒处理，这是导致城市传染病流行的一个重要原因。又如 1902 年，省城广州因"春夏之交旱既太甚，以致井水有毒，因而害人甚多"[②]。因此，为解决城市居民饮水问题，广州首先创建自来水厂。但是，筹建自来水厂并非一帆风顺："广省前拟创设自来水，初议由白云山引山溪之水以遍布省垣，嗣因该山之麓多系坟茔，金谓不便，因此中止。现又设法用铁管引河水遍注。"[③] 直到 20 世纪初，广州创办自来水厂才得以实现。1905 年，在广州西村增埗河畔建立增埗水厂，于 1908 年建成供水，生产能力为 1350 立方米/时。[④] 到该年底，广州市民用户达到 7500 户。1909 年，广州城内的主要街区都安装了自来水管，总长度达 75 公里。1910 年又增设了 300 米长的主管道和 13 公里长的支水管，用户达 1 万户。[⑤] 自来水的开通使清末广州市民日常饮用水的质量得到极大改善，有效地减少了疾病的传播。

在粤东汕头市，绅商萧永声、黄玉铿等于 1905 年报请清政府农工商部创办自来水公司，1906 年获准筹办。1907 年 8 月，

---

①　(清) 林述训等修，欧樾华等纂：《韶州府志》卷十三《舆地略·水利》，清同治十三年（1874）刊本。

②　穆好士著：《光绪二十八年（1902）广州口华洋贸易情形论略》，中国第二历史档案馆、中国海关总署办公厅编：《中国旧海关史料（1859～1948）》第 36 分册，北京：京华出版社，2001 年，第 265 页。

③　"羊城消息"，1882 年农历七月十八日（8 月 31 日），《申报》，上海：上海书店出版社，1983 年影印本。

④　广州市地方志编纂委员会编：《广州市志》卷三，广州：广州出版社，1995 年，第 470 页。

⑤　《广州市自来水管理处报告》（1949 年），转引张仲礼主编：《东南沿海城市与中国近代化》，上海：上海人民出版社，1996 年，第 276 页。

在汕头乌桥直街设厂建造，于1914年建成售水。①

广州和汕头成为清末广东最早创办自来水厂的城市。城市自来水厂的创办极大地提高了市民的饮水质量，有利于市民的身体健康。这既是广东城市基础建设近代化的重要组成部分，也是清末广东城市环境卫生管理迈向近代化的重要标志。

（二）清代广东城市慈善救济事业的发展

清代广东城市举办的慈善救济活动，主要是由地方官府出面组织救济灾民和贫民。晚清以来，清政府更多地鼓励绅商等民间组织参与救济活动，西方传教士也以不同的方式参与救济工作。

1. 广东城市地方官府举办的救济和慈善活动

清代官府的救济主要是围绕赈灾与济贫展开，清廷视之为实施仁政的手段。清代，广东境内城市和乡村遭受了数百次水旱灾害，广东地方官府依托国家力量，对广大灾民进行赈济救助。在清朝前期，广东对于各地区府州县城的灾荒救济，主要是由政府发挥主导作用。除直接开仓放粮赈济灾民之外，还采取蠲免赋税和积谷备荒等办法进行救济。

水旱灾害救济。清康熙五年（1666），广东省发生旱灾，清政府谕令"动支通省见在积谷六万八千二百余石，散赈"②。康熙三十三年（1694），广东6县发生水旱灾害，朝廷谕令"免南海、三水、高要三县本年分水灾额赋有差；免广东保昌、始兴、曲江三县，南雄一所本年份旱灾额赋有差"③。乾隆二十三年（1758），清政府批准两广总督李侍尧的奏请，同意将湖南、广西两省谷米先期运抵梧州储藏，然后运销盐引回埠；广东盐引运抵

---

① 汕头市地方志编纂委员会编：《汕头市志》第一册《大事记》，北京：新华出版社，1999年，第88页。

② 《清圣祖仁皇帝实录》卷十八，北京：中华书局，1985年，第258页。

③ 《清圣祖仁皇帝实录》卷一百六十四，卷一百六十九，北京：中华书局，1985年，第793页，839页。

梧州，交换谷米之后再运回广东省内接济。① 这种盐引与谷米对向运销方式，是一种行之有效的赈济办法。

晚清以来，由于广东地方政府吏治腐败，水利失修，社会动荡不安，水灾频繁发生。1885 年，"（南海县）潦水最大，昏垫尤惨，大宪发帑修筑大栅、大有等围"②，广东地方政府当即拨领官款四万两进行赈灾救济。1908 年，东、西、北三江同时涨发洪水，广东沿江城市出现几十年未有之惨状。清政府对广东此次重大水灾非常重视，随即"由度支部给发帑银十万两……办理急赈。……毋令灾民失所，并设法补筑围堤"③。《申报》对此报道说："连日省中自督抚宪及榷宪捐银助赈，后藩宪捐银二千两，运宪亦二千两，署广州府宪一千两，理事、旗民府五百两，匿名氏一千两，其余巨商富户自五百元至一百元数十元者，不一而足。"④ 可见，清末广东水灾，官府和民间自发组织救灾，在一定程度上避免了广东城乡灾民的流离失所。

积粮备荒。清代沿袭了中国历代王朝建仓积粮的备荒制度，形成"由省会以至州郡俱建常平仓，乡村则设社仓，市镇则设义仓，而近边有营仓之制"的仓储体系。⑤ 康熙二十九年（1690），常平仓在广东全省普遍建立起来。清初，广东捐积常平仓谷米，采取分储各府州县卫所的办法。雍正八年（1730），

---

① 《清高宗纯皇帝实录》卷五百七十三，北京：中华书局，1985 年，第 291 页。

② （清）郑荣修，桂坫纂：《续修南海县志》卷八《江防略》，宣统二年（1910）刻本。

③ 《清德宗景皇帝实录》卷五百九十三，北京：中华书局，1987 年，第 834 页。

④ "粤东水患近耗"，1880 年农历五月廿九日（7 月 6 日），《申报》，上海：上海书店出版社，1983 年影印本。

⑤ （清）嵇璜等撰：《清朝通志》卷八十八《食货略八》，杭州：浙江古籍出版社，1988 年。

"奉行将各卫所裁汰，所有原贮谷石归并附近州县县丞管理"①。乾隆二十九年（1764），议准以"粤东地方山多田少，产谷不敷民食，所有社谷一顷，自宜多为贮备，以补常平之不足"。②此后，各府县陆续增加积贮，至嘉庆十五年（1810），共贮谷五十五万余石。可见，在清朝中央政府的严令督促和制度规范下，广东形成了从省会广州到各府县城市的多层级粮食储备制度，储备了一定数量的粮食，为应付水旱灾害奠定了物质基础。

赈济孤寡。清代广东城市中官办的慈善机构主要有普济堂、养济院、育婴堂、癞民所等。养济院是建立较早的官办慈善机构。顺治五年（1648），诏令全国"各处养济院，收养鳏寡孤独及残疾无告之人，有司留心举行。月粮依时给发，无致失所"③。此后的康、雍、乾各朝都重视建立和管理养济院，"议准各州县设立养济院。……令各保甲将实在孤苦无依者……亦收养院内，动支公项，散给口粮"④。乾隆三年（1738），清政府覆准广东"额设孤贫共四千六百七十六名口"⑤。其中，省城广州负担的名额最多，"普济堂孤贫，至道光五年定额为九百八十八名；普济院老妇，定额一千零六十二口"⑥。广州的普济院建于康熙六十

---

①　（清）瑞麟、戴肇辰等修，史澄等纂：《广州府志》卷七十一《经政略二·积贮》，清光绪五年（1879）刊本。
②　（清）瑞麟、戴肇辰等修，史澄等纂：《广州府志》卷七十一《经政略二·积贮》，清光绪五年（1879）刊本。
③　《清世祖章皇帝实录》卷四十一（顺治五年十一月），北京：中华书局，1985年，第330页。
④　（清）昆冈等纂：《钦定大清会典事例》卷二百六十九《户部·蠲恤·恤孤贫》，第123页。
⑤　（清）阮元修，陈昌齐等总纂：《广东通志》卷一百六十《经政略三·恤政》，清道光二年（1822）刻本。瑞麟、戴肇辰等修，广州：岭南美术出版社，2006年影印本。
⑥　（清）《广东历代方志集成》，史澄等纂：《广州府志》卷七十一《经政略二·恤政》，清光绪五年（1879）刊本。

一年（1722），由"知府郭志道详议创建，房屋七十一间，地藏庵一所"；普济堂建立于雍正二年（1724）；乾隆七年（1742），建立育婴堂；道光元年（1821），设立恤嫠公局，接济孀妇。① 至此，省城官方慈善体系已经初步形成，从而为清代广东慈善事业的健康发展打下了良好的基础。此外，广东各府城还分配了相应名额的收养指标。② 清代广东地方官府通过创办城市慈善机构，借以收容贫孤小孩和孤苦老人，进而达到稳定城乡地方社会秩序、宣扬教化、巩固封建统治的目的。

设育婴堂。清代广东城乡有遗弃女婴的"溺女"恶俗，因此，广东各地设立了育婴堂收养遗弃的女婴。如道光三年（1823），惠州府属归善县创建育婴堂，"先是邑俗多溺女，星联出俸金千员为倡，并谕城乡绅富捐资。共得银八千余两，除建堂工费外，仍存银六千余两，发当商生息，为收养婴孩之费"③。广东省内其他府县城市，都建有数量不等的育婴堂。由地方官府倡办，汇集城乡社会力量举办育婴堂，对于收养遗弃女婴、改变"溺女"恶俗、维持广东城乡男女性别比例平衡起了一定的作用。

建收容所。广东为岭南湿热之地，特别是麻风病人较多，容易传染，各府县城为此建立了麻风寮所，专门收治麻风病人。如惠州府属海丰县，于乾隆二十一年（1756）建有麻风寮3所。④

---

① （清）李福泰修，史澄等纂：《番禺县志》卷十五《建置略二》，同治十年（1871）刻本。

② （清）阮元修，陈昌齐等总纂：《广东通志》卷一百六十《经政略三·恤政》，清道光二年（1822）刻本。《广东历代方志集成》，广州：岭南美术出版社，2006年影印本。

③ （清）刘溎年修，邓抡斌等纂：《惠州府志》卷十八《郡事下》，清光绪七年（1881）刊本。

④ （清）阮元修，陈昌齐等总纂：《广东通志》卷一百六十《经政略三·恤政》，清道光二年（1822）刻本。《广东历代方志集成》，广州：岭南美术出版社，2006年影印本。

潮州府海阳县，建有癞民所二寮，"额内癞民一百二十八名，在地丁项下每人日给银一分，共银四百六十两零八钱；额外癞民五百一十九名"①。据统计，乾隆初年，潮州府属 6 县收养的癞民共有 1252 名。②

置义冢。晚清广东城乡经常发生水旱灾害，导致传染病流行，每当这个时候，都会有大量受灾人口死亡。广东地方政府在各城门外旷地建立义冢，专门雇人收埋无名尸首。如广州义冢，"在大东门外，离城五里，土名淘金坑，官山一块"③。粤东潮州府属 6 县，建有义冢 24 所。④ 广东其他各府州城，也都建有一定数量的义冢，或由地方官员捐资，或是地方绅商捐资修建。

2. 城市民间绅商组织的慈善救济事业

晚清时期，为了救济广东城乡发生的各种灾荒，广东地方政府更多地鼓励城市绅商等民间组织参与赈灾救济和慈善活动。

清朝前期，广东民间的慈善活动是对官方慈善救济的补充。这种状况在晚清时期发生了变化，有组织的、以慈善为目的的善堂得以广泛建立，其中以光绪朝创办最多。粤商参与的善堂活动比较活跃，与晚清中央政府财政拮据的社会背景相适应。这一时期广州新设善堂 15 家。⑤ 在省会广州的带动下，广东各府县城设立善堂之风蔚然兴起，时人评论说："今日之办慈善事业者，

---

① （清）周硕勋纂修：《潮州府志》卷十五《癞民所》，清光绪十九年（1893）重刊本。

② （清）周硕勋纂修：《潮州府志》卷十五《癞民所》，清光绪十九年（1893）重刊本，数据系笔者统计得出。

③ （清）瑞麟、戴肇辰等修，史澄等纂：《广州府志》卷七十一《经政略二·恤政》，清光绪五年（1879）刊本。

④ （清）周硕勋纂修：《潮州府志》卷十五《义冢》，清光绪十九年（1893）重刊本，数据系笔者统计得出。

⑤ 邓雨生编：《全粤社会实录》，广州：调查全粤社会处，清宣统二年编印；梁鼎芬修，丁仁长等纂：《番禺县续志》卷五，民国二十年（1931）刊本；郑荣修，桂坫纂：《续修南海县志》卷六《建置略》，清宣统二年（1910）刻本。

已成社会之一般趋势矣。"① 尽管如此，广东的城市善堂分布格局，以珠江三角洲各地的分布较为密集，如顺德、佛山、番禺、南海、清远、香山等地，皆有粤商参与的善堂组织，且不再局限于城镇，有的已扩展至广大乡村地区。

尽管晚清广东各城市建立的大小善堂种类和数量不同，并且从事的公益活动各有所侧重，但大体而言，都是以赠药施医、救灾善后、救助贫困残疾、抚养弃婴、施粥施衣等善举为主要内容。当时各善堂制定的章程里，除规定办理善举之外，"所有地方公事概不干涉"，或"概不干预他事"等。② 明确界定其团体的职能范围。

3. 西方传教士参与的慈善救济活动

鸦片战争后，晚清广东城乡发生自然灾害时，传教士的教堂、医疗所及其教会医院等机构都积极参与各种慈善救济活动，成为活跃的外国人群体。1888 年 5 月，"粤省自正月迄今淫雨连绵，苦无晴霁。东西北三江之水同时暴涨，东莞县属之福隆围被水冲决，内有九十余村，田庐漂没，溺毙人口以万计。……现经敝堂多发米石前往赈济"③。在广东的西方教会，历来把推行西医技术作为传教的间接手段，因此，灾情发生时，教会医院积极参与慈善救济活动，不少垂危病人都因得到教会医院的及时治疗而幸免于难。据《中华基督教年鉴》第 13 卷记载的全国教会医院统计情况，清末时期，广东各城市共计有 27 所教会医院。④

---

① 《南海冯翼年序》，邓雨生编：《全粤社会实录初编》，广州：调查全粤社会处，清宣统二年（1910）编印。

② 邓雨生编：《全粤社会实录初编·两粤广仁善堂》，第 2 页；《全粤社会实录·崇正善堂》，第 2 页，广州：调查全粤社会处，清宣统二年（1910）编印。

③ "缕述粤省灾形，并乞助资速赈启"，《申报》1888 年农历三月廿四日（5 月4 日），上海：上海书店出版社，1983 年影印本。

④ 参见（韩）李宽淑著：《中国基督教史略》，北京：社会科学文献出版社，1998 年，第 298～299 页。

这些遍布广东各大小城市的教会医院，组成了一个教会医院的慈善救济网络，可以有效而及时地开展慈善救济活动。传教士医生通过施医赠药的方式，参与城市的慈善与救济活动。如广州的博济医院等都定期开展赠医施药工作，给贫病无依之人提供免费医疗救治服务。1896 年，英国教会在北海创办的普仁医院扩建麻风病房，麻风病人爆满。① 又如 1911 年，德鲁女士及其兄弟爱德华·德鲁组织华南海面传道会购置福音船，白天深入到各疍家船上去布道，晚上召集他们到福音船上来听讲并施医赠药。② 传教士们的救济活动为晚清广东城市的慈善救济事业做出了一定的贡献。

鸦片战争后，在广东城市创办的教会医院，更多的职能是从事传播西医的社会工作、救治病人、积极参与地方城市的慈善救济事业。教会医院的慈善救济活动客观上壮大了广东城乡社会的救济力量，弥补了官方和民间赈济力量的不足，开启了晚清广东城市官方、绅民和外来传教慈善机构共同参与赈灾救济国际合作的先例。

三、晚清广东城市公用事业的初步发展

城市近代公用事业的建设和发展是清代广东城市由传统封闭型逐步向近代开放型转化的重要标志。晚清以来，在省会广州和其他城市，城市公用事业有了初步发展，揭开了中国沿海城市基础设施建设步入近代化的序幕。

广州城区近代马路的建设肇始于两广总督张之洞执政之时。光绪十五年（1889），张之洞向清廷上奏《修筑珠江堤岸折》。他

---

① 北海市地方志编纂委员会编：《北海市志·上·大事记》，南宁：广西人民出版社，2002 年，第 15 页。

② （韩）李宽淑著：《中国基督教史略》，北京：社会科学文献出版社，1998年，第 268 页。

提出了整治珠江、修筑堤岸马路的建设方案。该项工程从 1889 年 4 月开始动工，至同年张之洞离粤前，已完成天字码头第一段堤岸及官轮码头工程，堤长 120 丈，"堤上马路宽平，排立行栈，街衢清洁，气象恢宏"①。这是广州城市建设史上，第一条由中国人修建的近代化马路。1903 年 4 月，岑春煊督粤后，筹划在长堤天字码头段基础上，"展筑珠江长堤，……并沿堤修筑马路"②。岑春煊偕巡抚张人骏，"札饬力加整顿，招商兴筑"③。至 1910 年，长堤马路川龙口至西濠口段和黄沙段次第告成。全路东由川龙口接连东门外东沙马路，西由西濠口直达黄沙通粤汉铁路总站，长 3600 余米，宽约 16.67 米，"车马往来，畅行无阻"④。

晚清以来，随着广东城市化的迅速发展，城市的邮政、电信等也快速发展起来。1897 年 2 月初，大清邮局在广州海关开设了一家邮局。这一时期，私家信局也增加到 79 家。⑤ 1901 年，广州有 11 镇设有邮政机构，1903 年推广到 120 个镇。同年，广州有 9 个邮政局和 23 个邮政代理处，第二年增加到 21 个邮局和 165 个邮政代理处。⑥ 为了方便市民投递信件，邮局收发邮局还在广州城内繁华地段分别竖立木柱，安置了 7 个邮政信箱。宣统

---

① （清）张之洞著：《张文襄公全集》奏议卷二十八，沈云龙主编：《近代中国史料丛刊》第 46 辑，台北：台湾文海出版，1966 年。

② 袁梦鸿：《广州之市政工程》，载中国工程师学会编：《三十年来之中国工程》，1948 年，第 27～28 页。

③ 梁鼎芬修，丁仁长等纂：《番禺县续志》卷四《建置》，民国二十年（1931）刊本。

④ 梁鼎芬修，丁仁长等纂：《番禺县续志》卷四《建置》，民国二十年（1931）刊本。

⑤ 张富强、乐正等译编：《广州现代化历程：〈粤海关十年报告（1882～1941 年）〉译编》，广州：广州出版社，1993 年，第 72～73 页。

⑥ 张仲礼主编：《东南沿海城市与中国近代化》，上海：上海人民出版社，1996 年，第 274 页。

元年（1909），广州邮局处理了2460万个邮件，比1907年翻了近一番。省城内部信件也增加到64万余件。① 同一年，广州新增的邮务线路包括信使线5326里，民船线575里，轮船线152里，铁路线80里。② 邮局和邮件数量的增加适应了广东城市与城市之间迅速传递信息的需要，是中国沿海城市近代化的重要标志。

广州的电信事业开始于1882年，这一年开始架设穗港之间的陆路电报线。1883年，穗港、穗沪之间的电报线开通，大大方便了3座大城市之间的信息流通。广州市内电话肇始于1903年，主要采用日本生产的磁石或人工电话机，最初主要供官方使用，后来逐渐推广到民间。1911年，广州已有总局、西局和南局3个电话局，电话总量达2100门。③

1888年，两广总督张之洞从国外购进小型发电机一台，在总督衙门安装发电，成为广州用电灯取代油灯的肇始。④ 1890年，美国华侨黄秉常、李荣邦集资10万银圆，创办了广州第一家电灯公司。公司创办不久，就为40条街道的商店及其公共建筑物安装了700盏电灯。到1901年，广州的外城约有六成的街道已装有街灯，一些商店还自备有私人发电机。⑤ 1905年，英商在广州办了一家电灯公司，1909年被广州地方官府收买过来之

---

① 欧森著：《宣统元年（1909）广州口华洋贸易情形论略》，中国第二历史档案馆、中国海关总署办公厅编：《中国旧海关史料（1859～1948）》第51分册，北京：京华出版社，2001年，第398页。

② 张仲礼主编：《东南沿海城市与中国近代化》，上海：上海人民出版社，1996年，第274页。

③ 甄人主编：《广州之最》，广州：广东人民出版社，1993年，第175～176页。

④ 广州市地方志编纂委员会编：《广州市志》卷1《大事记》，广州：广州出版社，1999年。

⑤ 张富强、乐正等译编：《广州现代化历程：〈粤海关十年报告（1882～1941年）〉译编》，广州：广州出版社，1993年，第66页。

后，组成广东电力公司。该公司的供电范围包括广州城内、河南和外侨住宅区。① 电报、电灯等近代公共事业的发展，使广州城市的公共基础设施建设跃上了一个新的台阶，是广州城市近代化的重要标志。

在广东其他府县城市，近代邮政和电信事业也有一定程度的发展。粤北地区在 1886 年架设了由广州经韶州、南雄至江西的电报线路，在曲江县城衙署内设立韶州电报局。1902 年，曲江县设立邮务代办所。1894 年，连州开始创设电话局，线路由阳山县入境延至连山县，惜未及一年就因业务不振而停业。② 在粤西北海，官办北海邮政分局于 1897 年正月正式开办营业，与合浦每日通邮，与钦州每周 4 次、南宁每周 3 次通邮。1909 年，中国保兴商行与英国商人在北海合办保兴电灯公司。③ 海南岛琼州于 1885 年创办电报通信，设琼州电报局一处，隶属广东官电总局。海口最初的电报通信是有线电路。1885 年，敷设琼州海峡单心包铜水线一条，与对岸徐闻接通，并由高雷陆线转线内地和香港等处。④ 便利了海南岛与广东内地城市之间的通信。

粤东潮州府城于 1888 年架设广州至潮州电话线，同年，成立潮州电报局，从此，粤东地区有了电话和电报通信。⑤ 1883年，汕头开始架设有线电报，电线架设自福建经汕头至广州。1905 年 10 月，普宁人方仰欧、方廷珍等集资，从德国洋行购入

① 广东日本工商会议所编印：《广东之现状》，1943 年，第 72～73 页。
② 韶关市地方志编纂委员会编：《韶关市志·大事记》，北京：中华书局，2001 年，第 45 页。
③ 北海市地方志编纂委员会编：《北海市志》，南宁：广西人民出版社，2002 年，第 15 页、第 18 页。
④ 韦裕行著：《海口市电报通信的创办与发展》，《海口文史资料》第 9 辑，1993 年，第 109 页。
⑤ 潮州市地方志编纂委员会编：《潮州市志·大事记》，广州：广东人民出版社，1995 年，第 66 页。

两台直流蒸汽发电机，在汕头埠五福巷内创办第一家电灯公司——昌华电灯公司，注册资金为 14 万元，发电能力为 140 千瓦。①

佛山于 1882 年架设通往广州的电线，并在缸瓦栏设立分局；1884 年，成立佛山电报局；1901 年，佛山设立邮政局，局址在汾流街，后来迁到北胜街。在市政建设方面，1888 年，佛山七堡修筑南顺通津石路，绅商何增庆等倡修城门头石路。②

综上可知，在晚清广东各城市近代邮电通信和市政建设方面，省会广州取得的成就最大。还应该看到，晚清广东城市公共基础设施的近代化发展是不平衡的，珠江三角洲和韩江三角洲的广州、佛山、汕头和北海等少数发达城市发展较快，而广东其他地方城市的市政近代化建设发展还显得非常缓慢，大部分处于传统城市的发展格局中。

第三节　清代广东城市社会生活的变迁

晚清以来，广东城市社会生活随着时代的发展逐渐孕育着一些新的变化，这些变化在市民的衣、食、住、行和思想观念等方面有所反映，构成了清代广东城市社会生活变迁的主要内涵。我们从市民的衣着服饰、出行方式、思想观念这三个方面的变化，对城市社会生活变迁进行初步分析和探讨。

一、清代广东城市市民衣着服饰的变化

市民衣着服饰的变化与其身份有关。清代，广东城市各级官

---

① 汕头市地方志编纂委员会编：《汕头市志》，北京：新华出版社，1999 年，第 140 页。

② 佛山市地方志编纂委员会编：《佛山市志·大事记》，广州：广东人民出版社，1998 年，第 51 页，第 53 页。

员的服装变化是最小的。官服样式和质量以及顶戴花翎，根据官员品级高低有着严格的规定，不能随便违背，否则要受到严厉的处罚。

清末，在广东沿海发达地区的城市，普通市民服装开始出现变革，主要表现为西式服装在一些市民中开始流行。西服又称为洋服，是西方国家的一种日常服饰。鸦片战争前后，西服通过外国使节、洋务商人、留学生和华侨等传入中国。自清同治十一年（1872）至光绪年间，清廷先后选派 4 批 120 名幼童出国学习。这些留学生到国外，随即剪掉了辫发，开始着西装。在早期留学生中，广东选派最多，占到六成以上。留学生的新式西服对广州等城市市民的衣着产生了一定的影响。

清末开办学堂，操练新军，采用了西式操衣和军服。学生和军队的服饰也有了改变。广东是这些新服饰最早流行的地区。1905 年，广州海关报告说："西式大帽、小帽、汗衫、鞋靴，华人均极喜用。其洋式军帽人多喜戴，尤以军人学生为最。除由别处运来之外，尚有多数在省制成者。"[1] 由此可见，广州得外来风气之先，西式鞋帽成为 20 世纪初叶城里市民最新的追求，新式军人和学堂学生成为官方服装改革的示范者，如陆军服装所采用的土黄色斜纹布，成为广州市场上的抢手货。1906 年，广州海关报告说："杂呢、细哔叽与杂项绒布均有加增，此等系制造西装服式之用，近日最为时尚。现在本城制造西衣店铺，据称约有百间之多，均系承办军人服式及学堂操衣者。"[2] 广州城内众

---

① 梅尔士著：《光绪三十一年（1905）广州口华洋贸易情形论略》，中国第二历史档案馆、中国海关总署办公厅编：《中国旧海关史料（1859～1948）》第 42 分册，北京：京华出版社，2001 年，第 347 页。

② 梅尔士著：《光绪三十二年（1906）广州口华洋贸易情形论略》，中国第二历史档案馆、中国海关总署办公厅编：《中国旧海关史料（1859～1948）》第 44 分册，北京：京华出版社，2001 年，第 342 页。

多的西衣店铺促进了省城西式服装的流行。广州海关在 1907 年报告说："西式内衣最为时尚，华人上流社会均喜服用。此项货物进口去年估价关平银七万六千两；本年估价关平银十三万四千两。"① 可见，仅两年时间，西式内衣进口就增加了近 1 倍。在粤东汕头，受外来影响，市民们也纷纷改穿西服，"惟羊绒质地之布比去年殊形发达，大抵近来华人改服洋装者，趋之若鹜，不似往日之罕见也"②。可见，改穿西装在清末广东城市市民中，逐渐成为一种新时尚。

在广东其他一些相对落后的城市，城市居民的服装仍然维系着传统的服装样式。如嘉应州城，男子服装仍以企领对襟衫、宽脚交头裤为主，颜色多黄、白、灰、蓝；女子多为企领式窄袖大襟衫、宽脚交头裤，佩戴头裙。③ 在粤西北海市，城区士人官宦和绅商人家，男衣平时为长衫，下为束脚长裤；女衣平时为旗装衫裙。普通人家，男衣多粗料素色无领右襟布纽衫，下为包头裤或短裤。④ 可见，粤西北海普通市民都是穿着传统的服装，西服等时髦服饰还较少流行。

综上，20 世纪初清政府实行军事和教育改革，推动了新式军装和学生服装的流行，在广东沿海开放城市里产生了巨大的社会示范效应。市民们对于西式服装的趋新心理是与其对西式生活方式、生活用品的接受和追求同步的，如"胶鞋一项，人

---

① 庆丕著：《光绪三十三年（1907）广州口华洋贸易情形论略》，中国第二历史档案馆、中国海关总署办公厅：《中国旧海关史料（1859～1948）》第 46 分册，北京：京华出版社，2001 年，第 364 页。

② 克拉基著：《宣统三年（1911）汕头口华洋贸易情形论略》，中国第二历史档案馆、中国海关总署办公厅编：《中国旧海关史料（1859～1948）》第 57 分册，北京：京华出版社，2001 年，第 374 页。

③ 梅州市地方志编纂委员会编：《梅州市志》（下），广州：广东人民出版社，1999 年，第 1695 页。

④ 北海市地方志编纂委员会编：《北海市志》（下），南宁：广西人民出版社，2002 年，第 1534～1535 页。

亦多用……计省城街道系石块砌成，故胶靴、胶鞋最为适用。……罐头牛奶，人甚喜用"[①]。"面巾、洋碱两项，本年进口之数亦有加增，盖近年以来人皆喜用。"[②] 这样的连锁效应，相应地促进了广东沿海城市市民生活方式的变化和社会的新陈代谢。

二、清代广东城市市民出行方式的变化

清代前期，广东城市居民的出行方式一般以步行和坐船走水路为主，少数达官贵人才有资格出门坐轿。进入清末，在广东珠三角一带和粤东潮汕地区的城市，随着近代轮船的运营和铁路的修建，交通工具的近代化使市民的出行和交往方式发生了新的变化。

广州是中国沿海地区较早开展近代轮船客运业务的城市。1882 年，广州港的进出旅客人数为 70.23 万人次，1901 年为 114.84 万人次。[③] 1903 年，广州至佛山铁路开通。初期，广佛铁路主要以客运为主："现在火车皆行单轨，每日约行有 8 次，载客约 2000 人。俟将来添筑双轨……每日谅可增至 6000 人之数也。"[④] 当铁路修通至三水之后，广三铁路旅客运营大有起色："本年所载来往搭客共有 2910985 人，……该路一日内所载搭客

---

① 梅尔士著：《光绪三十一年（1905）广州口华洋贸易情形论略》，中国第二历史档案馆、中国海关总署办公厅编：《中国旧海关史料（1859～1948）》第 42 分册，北京：京华出版社，2001 年，第 347 页。

② 梅尔士著：《光绪二十九年（1903）广州口华洋贸易情形论略》，中国第二历史档案馆、中国海关总署办公厅编：《中国旧海关史料（1859～1948）》第 38 分册，北京：京华出版社，2001 年，第 276 页。

③ 张富强、乐正等译：《广州现代化历程：〈粤海关十年报告（1882～1941年）〉译编》，广州：广州出版社，1993 年，第 241～244 页。

④ 卢力飞著：《光绪二十九年（1903）广州口华洋贸易情形论略》，中国第二历史档案馆、中国海关总署办公厅编：《中国旧海关史料（1859～1948）》第 38 分册，北京：京华出版社，2001 年，第 280 页。

最多之数有 14855 人，较之去年更多。"① 1911 年，广州至香港九龙铁路通车，全程只需 4 小时 30 分，使穗港之间交通十分便利。与此同时，火车还开办邮件托运业务，加快了城市之间的信息流通。

在粤东潮汕地区，1904 年 9 月，华侨张煜南、张鸿南兄弟集资 300 多万银圆，修建了中国第一条纯商办性质的铁路——潮汕铁路，为我国商办铁路之始。1906 年 11 月，汕头至潮安先行建成并正式通车。开车典礼颇为隆重："是日中国官员驾临者甚多。督院商部均派专员来会，各国领事行商咸相齐集。……火车驾驶之初，远近争先快睹者，肩摩踵接，车为之满。"② 可见，潮汕铁路的修建是粤东地区社会经济发展的一件大事。

广东其他沿海沿江城市，近代轮船也逐步取代了传统的帆船。轮船安全、方便和快捷，成为琼州、北海、肇庆、高州等城市市民出门经商、走亲访友、外出打工谋生等优先选择的交通工具。如光绪十五年（1889），西江有动力拖渡（花尾渡）开始航行。1897 年，英国迫使清政府同意西江通商，一批英国商轮进入西江，经营广州至南宁航运。1899 年，来往西江的外国轮船，最多时每天达 1023 艘。③ 这些轮船为西江沿线广东城镇市民出行和货物运输等提供了极大的便利。又如，江门 1902 年被开辟为商埠后，平均每年经过江门关的旅客就达到 30.63 万人次。④

---

① 梅尔士著：《光绪三十二年（1906）广州口华洋贸易情形论略》，中国第二历史档案馆、中国海关总署办公厅：《中国旧海关史料（1859～1948）》第 44 分册，北京：京华出版社，2001 年，第 348 页。

② 师范西著：《光绪三十二年（1906）汕头口华洋贸易情形论略》，中国第二历史档案馆、中国海关总署办公厅编：《中国旧海关史料（1859～1948）》第 44 分册，北京：京华出版社，2001 年，第 337～338 页。

③ 肇庆市地方志编纂委员会编：《肇庆市志》（上），广州：广东人民出版社，1999 年，第 448 页。

④ 江门市地方志编纂委员会编：《江门市志》（下），广州：广东人民出版社，1998 年，第 1150 页。

从而加速了西江沿线城市人员和货物的流通。

清末广东水陆交通工具的近代化是广东城市交通迈向近代化的重要标志，带动了广东城市市民出行方式的变革，加速了城市之间人流和物流往来，促进了近代广东城乡社会的变迁。

三、清代广东城市市民思想观念的变化

晚清时期，广东城市市民的婚姻等思想观念也在慢慢地发生变化。尽管其中的演变是渐进的而非突进的，其外在表现不是那么明显，但已预示着一个新时代的到来。

（一）广东城市市民婚姻观念的变化

清朝前期，广东城市市民依然遵循着传统的父母之命、媒妁之言。

清末以来，随着沿海通商口岸城市的开放、外来思想文化的长期影响、维新派和革命派的广泛宣传，以及近代报刊的舆论引导等，广东城市的古老婚姻习俗也悄悄地发生改变。如传统婚姻中的亲迎之礼在海南琼州府城和海口城已经不那么盛行："郡城海口，非大家世族悉不亲迎，乡村间仍以亲迎为重。"[1] 鸦片战争后，西方近代婚俗在广东城市中传布。正如清人徐珂的《清稗类钞》所云："亲迎之礼，晚近不用者多。光（绪）宣（统）之交，盛行文明结婚，倡于都会、商埠，内地亦渐行之。"[2] 在清末维新运动中，广州市内一些开明人士在报纸上呼吁，要改良旧式婚礼，推行文明婚姻："吾国未能遽至结婚自由，亦当改良婚礼。……一切繁文末节，见笑大雅者，概为删除。此盖可作社会

---

　　① （清）李文桓修，郑文彩纂：《琼山县志》卷二《风俗》，清咸丰七年（1857）刊本。

　　② 司徒尚纪著：《广东文化地理》，广州：广东人民出版社，1993年，第221页。

之导师，而为粤俗放一光彩矣。"① 公开提倡并实践简化结婚礼仪、节约婚礼开支，对形成一种社会新风尚、转变传统婚姻观念起到了一定的宣传效果。

清末广州的年轻人，结婚时还盛行一种到照相馆留影的新时尚。如当时芙蓉、宝记等街头照相馆，经常在报纸上刊登花样繁多的广告，借以吸引年轻人前来照相："得西艺异传……能映化身图本，一身化出三身，怪怪奇奇，令人莫测。"② 这种新式婚姻消费方式显得时髦而节俭。诚如羊城竹枝词云："碧藤轿子簇鲜花，婚礼文明半世家。吉服却嫌红锦俗，新人头罩白轻纱。"③

综上可知，清代广东市民新的婚姻观念，虽然只是在广州、汕头等少数发达的城市里盛行，但是却对晚清广东城市社会起到了一定的积极影响。尤其是新式婚姻提倡婚礼简办，受到了广大普通市民的广泛欢迎，如在长宁县，"婚嫁用槟榔酒果耳环手镯为聘。奁装衣饰视家有无，大抵一切从简"④。因此，新式婚姻具有广泛的社会变革基础。当然，这一时期，传统婚姻仍然在广东城乡有着巨大的社会影响力。

（二）广东城市市民其他观念的变化

清末民初，广州城乡地区还盛行一种"自梳"的习俗，一些女子选择终身不嫁，她们通过挽起发髻来表示自己的决定。这是城乡妇女为反抗封建夫权、争取自身独立的一种行为，在当时有一定的社会意义。

---

① "改良婚礼"，《时事画报》，1909 年第 16 期。转引蒋建国著：《报界旧闻——旧广州的报纸的新闻》，广州：南方日报出版社，2007 年，第 187～188 页。

② "新法映相"，《中西日报》，1892 年 5 月 21 日。转引蒋建国著：《广州消费文化与社会变迁（1800—1911）》，广州：广东人民出版社，2006 年，第 160 页。

③ 如店诗钟社编：《续羊城竹枝词选刊》，民国九年（1920）铅印本，广东省中山文献馆藏。

④ （清）高炳文修，冯兰纂：《长宁县志》卷八《习俗》，清道光年间（1821～1850）抄本。

近代广州城市经济的发展，尤其是缫丝业的发达，为自梳风气提供了肥沃的土壤。在广东缫丝业发展的顶峰时期，珠三角城乡的自梳习俗也达到了高潮。在 1908 年前后，番禺南村数千名妇女中，出嫁的只有几个人；1909 年甚至无一人出嫁，全部梳起发髻以示独立与不嫁。自梳习俗最初发轫于广州周边的番禺、南海、顺德等地的乡村，后来逐渐传至广东境内的其他城镇。晚清时期，当地的缫丝业不景气时，一些自梳女为了生计而流入广州等城市，她们充当"梳头妈"等角色，被称为"妈姐"（即为女主人梳妆的佣人）。清末民初，大批自梳女进入城市，"梳头妈"等职业在广州很受欢迎。不仅如此，自梳女还成为广州城市街头的一道风景。梳头妈大都不施脂粉、淡妆素服，这种独特的装束非常引人注目。因此，有不少城市的大家闺秀仿效她们的装束，目的是借此引起旁人注意。[①] 反映出自梳女的服装和生活习俗对当时城市青年产生了一定的影响。

第四节　清代广东城市社会问题

进入晚清，广东城市最突出的社会问题是吸食鸦片、赌博盛行和娼妓流行。

一、清代广东城市的吸食鸦片问题

从 18 世纪末期起英国就向中国输出大量鸦片。中英于 19 世纪中期爆发了两次鸦片战争，清政府战败，签订了系列不平等条约，中国沦为半殖民地半封建社会，开启了屈辱近代史。鸦片给中国社会带来了灾难性后果，就广东而言，大量的鸦片

---

① 杨秋著：《试论广州地区的自梳习俗及其在近代的表现》，《妇女研究论丛》2005 年第 3 期。

通过香港、澳门等城市转口，或是走私进入广东城市和乡村。洋鸦片和土鸦片的泛滥给广东城市社会及其管理带来严重问题。

首先，吸食鸦片严重危害了广东民众的身体健康。《粤小记》云："粤有三患：娼妓、赌博与阿片也。三者之中，阿片为甚。"① 阿片就是指鸦片，该书进一步深刻分析了吸食鸦片对普通民众身心所造成的严重危害："若嗜鸦片，既成烟癖，一时不食则烟瘾涌起，俨如大病，名之曰引。只可三日无粮，不可一日无烟。……且嗜此者往往损寿，少生育，流毒终身，废时失事，破家贻祸，莫此为甚。"② 可见，鸦片烟毒的泛滥，对普通人的身体造成的危害极大。

其次，鸦片走私猖獗使广东地方官场政治更加腐败。鸦片战争前，鸦片大量在广东地区走私，当时外国烟贩将运来的鸦片先卸在趸船上，然后再通过勾结中国烟贩、官吏所形成的走私网，用"快蟹""扒龙"等快艇走私运入广州及沿海各地。道光年间，林则徐在广州查禁鸦片，公开惩办了受贿包庇鸦片走私的水师官弁蒋大彪、梁恩升、徐广等人。③ 当时官商结合，早已形成了严密的鸦片走私网络。

再次，鸦片输入数量不断增多，城市烟馆林立，烟民众多，严重影响城市社会秩序。19 世纪初，广州城内出售鸦片及吸烟工具的店铺达 600 家之多。④ 1890 年，鸦片输入广州达 11800 余

① （清）吴绮等撰，林子雄点校：《清代广东笔记五种》，广州：广东人民出版社，2006 年，第 436 页。

② （清）吴绮等撰，林子雄点校：《清代广东笔记五种》，广州：广东人民出版社，2006 年，第 400~401 页。

③ 蒋祖缘等主编：《简明广东史》，广州：广东人民出版社，1993 年，第 429~431 页。

④ 刘付靖、王明坤著：《旧广东烟赌娼》，香港：中华书局，1992 年，第 26 页。

担，价值 520 余万两。[①] 从 1900 年至 1904 年，鸦片输入广州的数量分别为 6914 担、8009 担、8497 担、9460 担和 9451 担。[②] 在广州进口的鸦片价值，仅次于棉纱、棉布的进口值，位居第三。鸦片烟馆在广州主要集中在一些特定区域，例如上芳村长堤二马路，这里被称为"烟馆街"，两旁有几十间鸦片烟馆。尽管清政府多次尝试禁烟，但由于鸦片贸易的巨额利润和地方官员的腐败，禁烟措施往往难有成效。直至清末，鸦片问题依然严重。清末民初，广州的烟馆数量可能达到数百家甚至更多，烟民更是不可胜计。

鸦片通过正常的贸易网络和走私的方式大量进入广东各城，在城市和乡村里形成了一个数量庞大的烟民消费群体，严重地影响了广东民众身体健康和城市社会经济秩序的正常运行。因此，鸦片烟毒危害是导致清代广东城市社会问题不断恶化的重要原因，是清末封建统治走向衰亡的社会表现。

二、清代广东城市的赌博问题

当人类的逐利意识开始萌动的时候，赌博也就应运而生。赌博游戏在中国已经有 3500 余年的历史。[③] 清初，统治者在全国社会秩序基本稳定之后，整肃纲纪，励精图治，康熙、雍正两朝曾经严禁赌博，城乡赌博活动有所收敛。进入清末，由于中央政府的社会控制力不从心，赌博活动有了复苏的环境，赌博之风再

---

① 吴得禄著：《光绪十六年（1890）广州口岸华洋贸易情形论略》。中国第二历史档案馆、中国海关总署办公厅：《中国旧海关史料（1859～1948）》第 16 分册，北京：京华出版社，2001 年，第 200 页。

② 梅尔士著：《光绪三十年（1904）广州口岸华洋贸易情形论略》。中国第二历史档案馆、中国海关总署办公厅：《中国旧海关史料（1859～1948）》第 40 分册，北京：京华出版社，2001 年，第 305 页。

③ 《中国全史》编纂委员会编：《中国全史·赌博史》，北京：经济日报出版社，1999 年，第 223 页。

度沉渣泛起。

上海《申报》曾报道说，"粤东赌博之风甲于天下"，^① 虽有夸大之嫌，但也道出了广东城乡赌博之风盛行的实况。广州公开赌业肇始于 1861 年。是年，广东贡院被焚毁，官府无力修复，而乡试又须在贡院如期举行，两广总督特许仿照澳门的做法，采取"闱姓"博艺筹集资金用于修复贡院，期限两年，贡院遂得以落成。由于有官府的"保护伞"，赌博业如雨后春笋般在广东城乡盛行开来。

清代广东之所以成为全国赌博之风最为盛行的地区之一，有以下几方面原因。其一，清代广东城市商品经济高度发展，为赌博等奢侈性消费提供了充实的经济前提。其二，近代广东城市化发展迅速，城市生活繁荣，在一定程度上刺激了赌博业的畸形发达。其三，西方殖民主义者在武力侵略中国的同时将赛马、扑克、彩票、轮盘赌等西方赌技业相继传入中国。香港、澳门两大城市成为西方赌博向广东省内城市传播扩散的重要渠道。其四，晚清广东社会不靖，政局混乱、吏治腐败，清政府对于赌博等社会公害无力整治，各级官吏甚至某些地方大员，参与赌博，或明或暗地从中渔利等，为赌博提供了"保护伞"。

广东城市赌博的种类繁多，流传甚广。"始则闱姓、白鸽票，继则番摊、山票，几于终日沈酣，不知世事。而下流社会中人，嗜之尤甚。"^② 但对广东城市社会危害性最大、最具破坏性的，还是闱姓赌博。它用科场考试士子中式的姓，以猜中多寡为输赢。这种赌博无需赌具，以朝廷放榜为准，因此，赌客趋之若

---

① "粤督禁赌"，1875 年六月初十（7 月 12 日），《申报》，上海：上海书店出版社，1983 年影印本。

② （清）徐珂编撰：《清稗类钞》第 10 册，北京：中华书局，2010 年，第 4879页。

鹜。一些狂热的赌徒，甚至一次投买几十票上百票，谓之"围彩"①。广东城市赌博之风的盛行给城市社会带来了严重危害。一是赌博业与黑社会沆瀣一气，加剧了城市社会的动荡不安。二是赌博使人道德沦丧，贪污、诈骗、奸情等由此诱发而生，酿成不少社会公案。三是赌博造成了不少赌徒倾家荡产、家破人亡的惨剧。四是城市游民剧增，失业、乞丐人数增多，卖淫、拐卖妇女儿童等犯罪现象增多，酿成广东城市严重的社会病。

晚清朝廷曾经多次下令禁赌，如嘉庆九年（1804）、同治十三年（1874）等多次禁赌。清末，两广总督岑春煊也曾厉行禁赌，但由于种种原因，禁赌之风雷声大、雨点小，最终没有取得成功。② 不过，厉行禁赌最值得一提的是末任粤督张鸣岐。1911年初，张氏接任两广总督，即以迅雷之势厉行禁赌，下令扫荡全省赌博业。宪令一颁，广州人民欢呼雀跃，举行盛大的庆祝游行，可见禁赌举措在当时的广州等城市很得人心。粤督张鸣岐还会同广东省咨议局，以《大清律例》为蓝本，议定《广东禁赌条例》17 条。8 月，清朝廷将《广东禁赌条例》批复广东。张鸣岐立即命人印刷通行，饬令各地按照新例，从速处理积压赌博案件，新缉捕的赌犯一律按新例规定严加惩治。③ 纵观清代历任两广总督，以张鸣岐禁赌最为坚决。然而，禁赌条例公布 40 天后，辛亥革命爆发，广东城乡禁赌也就不了了之，赌风仍旧盛行。

三、清代广东城市的娼妓问题

明末清初，随着广州手工业和商品经济的恢复和发展，大量外地商贾和闲散劳动力成为城市流动人口，为娼妓业的发展提供

① 叶曙明编著：《广州旧事》，广州：南方日报出版社，1999 年，第 67 页。
② 叶曙明编著：《广州旧事》，广州：南方日报出版社，1999 年，第 53 页。
③ 叶曙明编著：《广州旧事》，广州：南方日报出版社，1999 年，第 71～72页。

了条件。清初，广州城内妓院多设于南濠、小东门一带。后来一些扬州"流娼"开始进入广州，在河南迎珠河畔一带开始了职业卖淫生涯。降至乾隆年间，广州的娼妓业已颇具规模。清人赵翼记述："广州珠江疍船不下七八千，皆以脂粉为生计，猝难禁也。……脂粉为生者，亦以船为家，故冒其名，实非真疍也。……疍女率老妓买为己女，年十四即令待客，实罕有佳者。……七八千船，每日皆有客。小船之绕行水街者，卖果食香品，竟夜不绝也。"[①] 清末同治光绪年间，广州色情业颇为发达，沙面一处已显不足，谷埠一带成为妓船新的聚集之地，"销金窟移于西濠口，谷埠两字，不过借附近街名以名之耳。自时厥后，珠江儿女，以舫作巢，竞艳争妍。游其中者，尚作六朝金粉地。"[②] 谷埠逐步发展成为广州主要的色情场所。有竹枝词云："花艇横江一字排，争夸谷埠胜秦淮。几家本是鸳鸯侣，不住山涯住水涯。"[③] 这首词对谷埠娼妓业的兴盛作了生动的描绘。清末光绪宣统年间，因飓风和大火，谷埠、大沙头一带花艇损失惨重，难以恢复旧观，于是娼妓及花艇转移到陈塘东堤一带。

清末，广州较高的经济水平吸引了数量庞大的外来人口，导致男女性别比例失调，为色情业的发展提供了市场。从 1908 到 1910 年，"陈塘有大寨三十五个，大小娼凡二千余人。……东堤有十二所，连南词天香绮翠两院，共十四院，妓女千余"[④]。这3000 余名妓女都是高级妓女，低级妓女的数量要远远大于这一数字。在中国东南沿海城市中，广州是娼妓业较为发达的都市之一。

① （清）赵翼撰：《檐曝杂记》，北京：中华书局，1982 年，第 62 页。
② 《题珠江花舫旧址图》，《时事画报》，1907 年第 7 期。转引蒋建国著：《广州消费文化与社会变迁（1800—1911）》，广州：广东人民出版社，2006 年，第 381 页。
③ 吟香阁编：《羊城竹枝词》卷二，清光绪三年（1877）刻本。
④ 王书奴著：《中国娼妓史》，上海：上海生活书店，1934 年，第 303 页。

　　广东省内其他城市，娼妓业也有一定发展。如清代前期的佛山，省内外各阶层人口的聚集、生活娱乐的需要，为娼妓业发展提供了条件。乾隆、嘉庆年间，佛山娼妓业比较发达，不仅妓院众多，而且妓院已有高、中、低档之分。高档妓院多设在大基铺、大基尾田边街一带，官宦子弟、富商豪绅、文人雅士常常到这里饮花酒、嫖宿。中档妓院则设在汾江河北岸半路截街，低档妓院设在芝麻地一带。① 可见在清朝前期，佛山娼妓业已经发展到一定规模。

　　清末，新会县江门镇在开埠后，转口贸易更为兴盛，与此相适应，娼妓业也有所发展。常安坊旧巷一带有妓寨多家，与邻近的烟、赌场馆相辅相成。② 粤北韶州府城，娼妓也很多。清末民初，九曲巷一带妓馆林立。当时妓馆多在船艇，分为上、中、下三等。上等为饮艇，设在新东门，顾客多是官僚、地主、富商巨贾。中等的饮艇，停泊在南门的河边。③ 粤东汕头开埠后，娼妓业发展很快。1902 年，清政府设立"潮嘉分局"征收厘捐，烟禁大开，赌摊、妓馆相继获得合法地位。④ 妓女多来自潮汕各县，也有上海、广州、福建、江西等外来妓女。嫖客既有上层人物，也有海员、船工、苦力等。粤西地区北海，娼妓多聚于九曲巷、菜园、大水沟和知史街一带，主要活动于街头巷尾和茶楼酒馆。⑤

---

　　① 佛山市地方志编纂委员会编：《佛山市志》（下），广州：广东人民出版社，1994 年，第 1998 页。

　　② 江门市地方志编纂委员会编：《江门市志》（下），广州：广东人民出版社，1998 年，第 1210 页。

　　③ 陈永韶著：《解放前韶关的烟、赌、娼妓》，《韶关文史资料》第 1～2 辑，1986 年，第 156 页。

　　④ 钟浩著：《汕头市区的娼妓及解放初的"新生妇女学习班"》，《汕头文史》第 6 辑，1989 年，第 201 页。

　　⑤ 北海市地方志编纂委员会编：《北海市志》（下），南宁：广西人民出版社，2002 年，第 1185 页。

晚清广东城市娼妓业兴盛，给城市社会带来了严重问题：其一，传染病、性病问题是卖淫业带来的直接恶果。其二，妓院作为畸形消费场所，将烟、赌、嫖三者结合在一起，妓女和嫖客往往是鸦片和赌博最为活跃的参与者。其三，妓院也容易成为滋生事端的中心。清代广东城市色情业的泛滥极大地败坏了城市社会风气，成为影响广东城市社会正常发展的一大公害。

小　结

本章就清代广东城市社会人口规模与社会流动、城市社会管理、城市社会生活、城市社会问题等四个方面进行了分析。广东城市在晚清以来逐步向近代化方向发展，主要表现为城市基础设施有了较大的发展和进步，城市居民生活方式和某些思想观念发生了一定的变化。近代交通工具的革新，便利了城市市民的往来互动，拓展了城市之间政治、经济和文化的互动交流。然而，随着广东城市近代化的迅速发展，城市社会问题也愈来愈严重，吸食鸦片、赌博泛滥、色情业兴盛等社会问题相继出现，影响了城市社会正常的运行秩序，不利于广东城市社会的健康发展。

总之，清代广东城市社会在内外双重因素的作用与影响下，逐步完成由传统向近代化的转型。

第七章　清代广东城市与乡村的互动关系和城市发展的区域特征

本章以清代广东城市与周围农村圩镇的互动为考察的切入点，将城市发展纳入到广阔的城乡关系中进行纵向与横向考察，以期将清代广东城市发展的社会效应与区域特征进行初步的梳理与总结。

第一节　清代广东城市与乡村的互动关系

法国著名年鉴学派大师费尔南·布罗代尔曾经说过："任何城市都是一个扩大了的社会整体……必须根据环绕它的许多农村和邻近城市群来考察它。"① 由此得知，城市发展与社会发展紧密相连，研究城市还必须考察围绕着它的周边农村和邻近城市，只有弄清楚它们之间的经济文化等互动关系，才能对城市个体有深刻的认识。

---

① （法）费尔南·布罗代尔著，刘北成、周立红译：《论历史》，北京：北京大学出版社，2008 年，第 41 页。

一、城市发展与清代广东乡村城镇化进程

清初，珠江三角洲县级行政建置基本因袭明制。清康熙二十五年（1686）增设了花县。雍正十年（1732）又增设了鹤山县。此后珠江三角洲地区县城数量一直保持相对稳定的状态。随着农村商品经济的快速发展，县城规模比过去进一步扩大，并带动附近地区圩市的发展。如三水县治，"绾毂广州、西南，保界高要、南海，荦车蓝缕。创嘉靖初，台监使者，风樯日往"，"公私浮费，百倍他邑"①。高明县治服务于"高要、南海、新会、顺德、东莞、鹤山数县人民，水陆并至，百物咸备"②。鹤山县治沙坪，"建县以来，百货皆集，人物蕃盛"③。可见，珠江三角洲的一些县治，成为县域经济中心和物资集散地，在市场层级体系当中起承上启下的作用。据统计，明嘉靖年间，珠江三角洲16县有圩市175个。④到明末，顺德、东莞、南海和新会4个县圩市就有115个。⑤降至清代，珠三角地区圩市数量，随着区域经济的高速发展更是呈现急剧增长态势。雍正乾隆年间，圩市数量已达570个，比明朝嘉靖时期增加了2.3倍。⑥从地理位置上说，这些圩市集中分布在省会广州和佛山两座中心城市的周围地区，随

---

① （清）李友榕等修，邓云龙等纂：《三水县志》卷首引崇祯县志序，清嘉庆二十年（1815）刻本。

② 司徒尚纪著：《岭南史地论集》，广州：广东省地图出版社，1994年，第87页。

③ 司徒尚纪著：《岭南史地论集》，广州：广东省地图出版社，1994年，第87页。

④ （明）戴璟修，张岳等纂：《广东通志初稿》卷二十五，明朝嘉靖年间（1522~1566）刻本。

⑤ 《珠江三角洲农业志》编写组：《珠江三角洲农业志》（初稿一），1976年编印，第97页。

⑥ 司徒尚纪著：《岭南史地论集》，广州：广东省地图出版社，1994年，第88页。

着清代珠江三角洲地区城镇化进程加快，其周围的圩市分布也越来越密集，在广州和佛山二元中心市场周围，形成了一个数量巨大的城镇群。

鸦片战争后，珠三角各地不同程度地被迫卷入资本主义世界市场体系，促使这一地区的圩市在数量和功能上都有所发展。据统计，鸦片战争后珠三角地区圩市数量比战前增加了 75%，主要集中在：（一）商品经济发达地区，其中南海增加了 3.5 倍，顺德 1.1 倍，番禺 0.3 倍，花县 1.7 倍，香山 2.1 倍；（二）西江、北江交通枢纽地区，如高要增加了 0.6 倍，四会 1.6 倍，清远 1.7 倍；（三）潭江流域，主要为四邑侨乡地区，如新宁增加2.3 倍，开平 0.6 倍，新会 0.5 倍。[①] 开平县三埠之一的长沙在清初已经很繁盛，"自咸丰后，获海渐兴，光绪初新昌创建"[②]，后来此三埠发展成为潭江流域的重要城镇。沿河一些大圩市的功能也进一步多样化，辐射能力有所加强。如东莞石龙镇，地处东江水陆交通要冲，明万历始开圩。清康熙三十二年（1693）置石龙汛，交通地位日益上升，外来人口增长很快，商业和手工业迅速发展，与广州、莞城、惠州等地都有长行渡船往来，为三角洲东部重要辐射中心。石龙商会的设立比县城莞城还早。1866 年，广东全省设广州、佛山、新塘、菉兰、石龙等五厂，征收厘金。1908 年和 1909 年，新塘厘金收入竟然超过广州，而石龙厘金税收也与广州较为接近。[③]

在农村商品经济迅速发展的刺激下，珠三角地区的基层圩市

---

① 司徒尚纪著：《岭南史地论集》，广州：广东省地图出版社，1994 年，第 104页。

② 余棨谋修，张启煌纂：《开平县志》卷十二《建置下》，民国二十二年（1933）铅印本。

③ 司徒尚纪著：《岭南史地论集》，广州：广东省地图出版社，1994 年，第 104页。

分化也比较明显。首先是专业圩市不断增加，其次是一些新的圩市迅速崛起。如 1835 年前，南海县专业圩市只有 17 个，到 1874 年增加到 32 个，至 1910 年又猛增至 56 个，翻了将近一番，占同期圩市 27%。① 又如广东著名蚕桑之乡顺德县，光绪年间圩市增加 62 个，其中专业圩市为 48 个，而县属各乡的蚕市"不能悉数"②。此外还有桑栈上百个，表明该县蚕丝业比较兴盛。总的说来，近代珠三角地区圩市数量呈现出不断增长的态势，在广州和佛山中心城市的辐射带动下，乡村城镇化得以快速发展。

　　圩市的大量增加以及专业性圩市的不断涌现，为近代广东城乡民族工业的兴起创造了极好的条件。有学者指出，珠三角地区机器缫丝厂不是建置于城市，而是分散于乡村、圩镇，开启了乡村工业化、发展乡镇经济的道路。③ 珠江三角洲的近代工业化首先兴起于圩镇，而不是在广州和佛山两大中心城市，这是值得注意的现象。鸦片战争后，随着国际市场对粤丝的需求急剧增加，1872 年，华侨商人陈启源在家乡南海县简村创设继昌隆机器缫丝厂，以蒸汽缫丝机代替旧式脚踏机，雇佣工人六七百人。这是中国第一家民族资本家创办的近代工业企业，成为近代民族工业的先驱，标志着广东珠三角地区近代民族工业的兴起，具有划时代的伟大意义。

　　到 1911 年，顺德全县机器缫丝厂达到 142 家，④ 成为广东蚕丝的主要生产基地。机器生产推动了顺德缫丝业的进步。清末

----

① 司徒尚纪著：《岭南史地论集》，广州：广东省地图出版社，1994 年，第 104 页。

② 周之贞等修，周朝槐纂：《顺德县志》卷三《建置》，民国十八年（1929）刻本。

③ 叶显恩著：《珠江三角洲的开发与近代化进程》，《珠江经济》2007 年第 1 期。

④ 顺德市地方志编纂委员会编：《顺德县志》，北京：中华书局，1996 年，第 182 页。

光绪宣统年间，广东每年出口蚕丝价值约四千万，顺德缫丝出口值就占了四分之三，[①] 成为珠三角地区蚕丝生产和出口大县，有力地促进了广州等城市对外贸易的发展。

纵观上述，商品经济的快速发展和广东主要城市对外贸易的兴盛是粤中地区城镇化兴起的主要动力。从继昌隆机器缫丝厂的设立开始，此后二三十年间，广东陆续出现了一批由中国人投资的使用机器的缫丝、造纸、织布、玻璃、火柴、砖瓦、水泥、卷烟、榨油、碾米、食品等工厂，推动了珠三角地区城镇化的快速发展，进而形成了密集的城镇经济网络，便利了商品运输和集散，使珠三角地区成为清代广东经济最发达的地区。

在粤东地区，随着汕头的开埠通商，进出口贸易日益兴盛，也带动了潮汕和嘉应州地区商品经济的进一步发展，推动了圩市数量不断增多。如《潮州府志》记载，清朝前期，潮州府属9县圩市共计有130个。[②] 到了清末光绪年间，圩市数量有所增加。如潮阳县在清前期有圩市17个，到光绪十年（1884）增加到27个。[③] 丰顺县在清朝前期有圩市7个，清末光绪年间增加到13个，[④] 民国年间又增加到16个。[⑤] 在嘉应州的兴宁县，明末有圩市12个，清代则增加到15个。[⑥] 在近代西方资本主义国家商品

① 周之贞等修，周朝槐纂：《顺德县志》卷一《舆地》，民国十八年（1929）刻本。

② （清）周硕勋纂修：《潮州府志》卷十四《圩市》，清光绪十九年（1893）重刊本。

③ （清）周恒重修，张其翮等纂：《潮阳县志》卷四《圩市》，清光绪十年（1884）刊本。

④ （清）许普济修，吴鹏纂：《丰顺县志》卷一《圩市》，清光绪十年（1884）补刊本。

⑤ 刘禹轮修，李唐纂：《丰顺县志》卷六《建置二·圩市》，民国三十二年（1943）铅印本。

⑥ 梅州市地方志编纂委员会编：《梅州市志》，广州：广东人民出版社，1999年，第1144页。

经济的强烈冲击下，在汕头、潮州等中心城市的辐射带动下，粤东地区乡村城镇化进程有了较大发展。

在粤北和粤西地区，由于受到商品经济冲击较小，以及区域经济文化发展水平相对落后等因素影响，乡村城镇化发展并不十分明显，有些圩市甚至兴废无常，在数量上有增有减。如在粤北地区，清朝前期共计有圩市 154 个。[1] 韶州府城在清前期商业非常繁华，在府城区和郊外开辟了清平圩、南皋圩、皇中圩等九大贸易市场。[2] 乾隆年间的南雄州城是南来北往货物转运集散之地，商业贸易极度繁盛："环百余里市城，筏柝相闻也。"[3] 而进入晚清，随着五口通商的开辟，粤北地区在商业贸易方面的地位下降，城市商业发展受到较大影响，圩市数量减少是必然的结果。如《南雄县志》记载："鸦片战争以后，五口通商，南北货物往来多由海道，南雄货运已不及以前繁忙。"[4]

粤西地区也同样如此，如海南琼州府明代有圩市 122 个，清道光年间，圩市已经发展到 310 个，比明朝增加了 188 个，增加了 1.5 倍。[5] 圩市的增加反映了清朝前期海南地区城乡商品经济有一定程度的发展，促进了海南地区的城镇化。但是，进入清朝后期，随着西方列强经济侵略的加剧，海南成为西方资本主义国家商品倾销地和原料供应市场，加之受台风等自然灾害影响，岛内大量人口向南洋地区迁徙，农村土地荒芜，海南地区的圩市大

---

① （清）林述训等修，欧樾华等纂：《韶州府志》卷十一《舆地略·圩市》，清同治十三年（1874）刊本。据笔者初步统计得出的数字。

② 韶关市地方志编纂委员会编：《韶关市志》（上），北京：中华书局，2001年，概述第 7 页。

③ （清）蔡必升纂：《南雄府志》，清乾隆十八年（1753）刊本，海口：海南出版社，2000 年影印《故宫珍本丛刊》本。

④ 南雄县地方志编纂委员会编：《南雄县志》，广州：广东人民出版社，1991年，第 339 页。

⑤ 海南省史志工作办公室编：《海南省志·政府志》，海口：南海出版公司，2003 年，第 22 页。

量减少。[①] 尤其以琼山、澄迈、定安、会同等岛内东北部地区圩市减少较为突出。至清末，有半数以上的圩市被废止，集市贸易萧条，商业经营倒退。

而粤西高州、雷州和廉州三府地区圩市数量则有所增加。道光年间，廉州府属有圩市 127 个。[②] 雷州府海康县在康熙年间有圩市 25 个，到嘉庆年间增加到 38 个。遂溪县在道光年间有圩市 29 个。徐闻县在清末宣统年间有市埠 45 个。[③] 都较之前有所增加。由于高、雷、廉三府与珠三角经济发达地区有陆路相通，加之有海路联系，因此在北海和广州湾开埠后，圩市数量有一定增长，促进了当地商品经济的发展。

纵观上述，清代后期广东各地乡村城镇化的发展，以粤中和粤东地区发展最为迅速。在粤北和粤西地区，由于受地理区位和经济文化发展水平的制约，圩市数量有增有减，有兴有废，但是农村商品化的发展程度有限，没有出现专业化圩市，农村传统自给自足的自然经济也没有出现解体的迹象。可以看出，近代广东乡村城镇化发展存在明显的地域性差异。

二、城市发展与清代广东地区农村经济结构的变化

晚清以降，广东先后开放了广州、汕头、琼州、北海、惠州等众多通商口岸。清末，广东绅民还自请开放香洲和公益埠两个商埠。由此看出，广东主要通商口岸大都集中在珠三角等省内沿海地区。外来商品通过发达的城镇商业网络大量输入周围农村地

---

① 海南省史志工作办公室编：《海南省志·政府志》，海口：南海出版公司，2003 年，第 22 页。

② （清）张堉春修，陈昌治纂：《廉州府志》卷九《建置三·圩市》，清道光十三年（1833）刻本。

③ 据笔者对清朝康熙和嘉庆《海康县志》，清道光《遂溪县志》和清宣统《徐闻县志》的统计得出。

区，使这些地区传统手工业纷纷破产，农村自给自足的自然经济结构开始解体，成为西方列强商品倾销市场和原料供应地。农业商品化浪潮席卷了广东农村，经济作物种植及其生产专业化程度普遍提高，粮食生产进一步萎缩。农业区域之间的分化和差异日益扩大，导致近代广东农村经济结构的急剧变革。

首先，广东粮食生产和消费严重依赖省外和国外市场。清朝康熙至道光年间，广东粮食自给率迅速下降，常年购买外省谷米，成为缺粮大省，从乾隆晚期开始进口洋米供应市场。鸦片战争后，广东对洋米的依赖程度随着资本主义经济侵略的日益加紧而不断加深。到清末光绪年间，广东城乡消费的粮食几乎全部是洋米。光绪十五年（1889）的海关贸易报告说，进口洋米"几乎全部为广东省所购"，广东为此支出 1150 万两白银，而这一年省内并无荒歉或其他灾害。由于洋米大量倾销，广东珠三角一带粮食生产受到严重打击，缺粮现象日趋严重。如广州府属顺德县，"全县每年所产稻米不足县人 15 天之需"①。由于缺粮，广东珠三角地区粮食供应严重依赖国内外市场。在国内依赖长江流域的芜湖、镇江一带所产之米，在国外依赖暹罗、越南等所产之米。

清代广东缺粮地区主要集中在粤中和粤东等经济发达地区，这与其城乡人口迅速增加和产粮区未能提高粮食产量有关，但最重要的一点在于，广东核心农业生产区域自明清以来大力种植经济作物，挤压了粮食的种植面积。外来侵略加深，农村自然经济结构解体，城镇化和工业化的发展加剧了广东缺粮危机。

其次，甘蔗等经济作物因受到洋糖的冲击而走向衰落。鸦片战争前，广东珠三角地区是主要蔗糖产区，"番禺、东莞、增城

---

① 顺德市地方志编纂委员会编：《顺德县志》，北京：中华书局，1996 年，第183 页。

糖居十之四，阳春糖居十之六"①。但是鸦片战争以后，外来洋糖大量倾销广东城乡市场，粤中地区土糖生产备受打击，蔗田面积锐减。如在珠三角种蔗历史悠久的南海县，"山坡之田，旧多种蔗……近因获利甚微，已有每况愈下之势"②。在新宁县，"邑内山坡之田，旧多种蔗，近因利微，蔗田抛荒"③。在珠三角地区糖业衰落之后，汕头取代广州成为全省蔗糖运销中心。但是，到 19 世纪末 20 世纪初，随着外来洋糖的大量输入，潮汕地区蔗糖生产也随之陷入衰落。如光绪二十八年（1902），汕头海关报告说："汕糖运往香港者，前年（1900）为八万五千九百担，去年一万六千八百担，今年仅剩四千担矣。"④ 由于粤东地区蔗糖业衰落，汕头老蔗区"蔗田多改为橘圃"⑤。晚清粤东地区蔗糖业衰落，洋糖冲击是外在原因，内在原因在于"本埠种蔗，一人一小区，循用古法种植，故虽天时地利相宜，工价又廉，其所榨之糖，终不能与香港糖厂之糖争衡。香港所用之蔗，系出自荷兰属岛各大蔗圃，该圃皆有精于农学者为之监督，井井有条。与本埠之泥于古法毫不长进者，不啻霄壤"⑥，即广东蔗糖业在种植和榨糖加工等方面存在的差距才是蔗糖业衰落的主要原因。晚清广东蔗糖业的衰落，导致蔗农改种其他经济作物，粤东和粤中农村地区农业种植结构发生了改变。

---

① （清）屈大均撰：《广东新语》卷二十七《草语》，北京：中华书局，1985年，第 689 页。

② （清）郑荣修，桂坫纂：《续修南海县志》卷四，清宣统二年（1910）刻本。

③ 赵天锡撰：《调查广州府新宁县实业情形报告》，1904 年，第 9 页。

④ 甘博著：《光绪二十八年（1902）汕头口华洋贸易情形论略》，中国第二历史档案馆、中国海关总署办公厅编：《中国旧海关资料（1859~1948）》第 36 册，北京：京华出版社，2001 年，第 254 页。

⑤ 《中国之糖业》，见《中外经济周刊》14 期，1923 年。

⑥ 甘博著：《光绪二十八年（1902）汕头口华洋贸易情形论略》，中国第二历史档案馆、中国海关总署办公厅编：《中国旧海关资料（1859~1948）》第 36 册，北京：京华出版社，2001 年，第 254 页。

鸦片战争后，由于世界市场生丝需求量激增，粤中地区缫丝广泛使用机器，在广州、香港对外贸易需求刺激下，珠江三角洲继乾隆时期后，于咸同年间又掀起了一次"弃田筑堤，废稻树桑"的高潮。随着机器缫丝业的迅速发展，广州地区农业经济结构再次调整。种桑养蚕之户，仅南海西樵各乡，约有万家。^① 几乎家家都从事蚕桑业生产。又如，南海九江乡遍种桑树，"妇女喂爱蚕，其土无余壤"^②。经济作物大量种植，加深了珠三角一带经济发达地区农民对市场的严重依赖，反映了珠三角一带自然经济结构进一步解体，沦为世界资本主义市场的原料供应地和外来洋货产品的倾销市场。

鸦片战争后，广东城乡棉纺织业也受到外来洋纱洋布的强烈冲击。五口通商后，洋纱大量进口到广东各地。初期，进口洋纱逐步代替传统的土纱，使纺与织即原料产地与加工场所分离；而后洋布代替土布，导致整个传统纺织业全面崩溃。广东为数不多的植棉业从此被摧残殆尽。如在番禺县，"种棉之业，尤不堪问，往往数里之内，不见一棉。南村之棉花会馆，门额仅存，风雨飘摇，无或过问"^③。又如琼州府属感恩县农村，也呈现出"迄洋纱通行，自纺均废"^④ 的残破局面。佛山、潮阳、澄海等土布生产中心，原有大小机房不下百家，工人成千上万，鸦片战争后，大都歇业或在逆境中挣扎。

广东农村自然经济解体，与发达的城市层级商业网络的形成

---

① （清）郑荣修，桂坫纂：《南海县志》卷四《舆地略三》，清宣统二年（1910）刻本。

② （清）潘尚楫等修，邓士宪等纂：《南海县志》卷八《舆地略四》，清道光十五年（1835）修，清同治八年（1869）重刊本。

③ 梁鼎芬修，丁仁长等纂：《番禺县续志》卷十二《实业志》，民国二十年（1931）刊本。

④ 周文海修，卢宗棠等纂：《感恩县志》卷一《舆地·风俗》，民国二十年（1931）铅印本。

有着密切的关系。在粤中珠三角地区，清前期以广州和佛山构成岭南二元中心市场，围绕着两个中心地形成四级城镇商业网络：一级为村市初级中心地，二级为大乡中心圩，三级中心地为中等规模的城镇，广州和佛山作为最高市场中心地，其功能是满足周围三级市场各种特殊的生产和消费需求。鸦片战争后，随着佛山的衰落和广州商贸地位的下降，香港成为华南地区最大的对外贸易港口，是最高的市场中心地。但是珠三角原有的三级市场中心地并未发生较大变化，其产品购销仍然维持原来的层级结构。

在晚清广东的粤西地区，尽管开放了北海、琼州和广州湾等通商口岸，但是，外来商品倾销对于这些落后地区传统的自然经济的冲击力度是有限的。如北海在光绪三年（1877）开埠后，外国的煤油、棉纱、棉布、火柴等大量经过北海转输粤西和桂、滇、黔等西南省区，又将西南地区的桂皮、八角、八角油、樟脑等农林土特产输往港、澳等城市，再转口国际市场，从而使北海的对外贸易呈现出畸形繁盛的发展态势。但是，这种转口贸易无法对北海周围农村自然经济结构产生特别大的冲击。清人梁鸿勋《北海杂录》记载："北海土瘠民贫，然俗尚简俭，易于取足。"[①]农民种植稻谷、花生、番薯等，耕作粗放，导致北海粮食长期不能自给，本就依赖外地输入。同时北海城市人口仅为4万，城市规模偏小，对周边农村地区经济辐射和带动作用是非常有限的。

晚清以来，外来洋货的倾销，给粤北地区的民族工业发展造成了一定冲击："输入品来自广州及湘赣，由雄韶两处转运入境，多者为洋纱布匹，次则油盐豆糖及各货。本地原有土棉，妇孺纺织成布，名曰家机布，厚重耐久，远胜他布。然土机呆笨，纺织

---

① 北海市地方志编纂委员会编：《北海市志》（上），南宁：广西人民出版社，2002年，第321页。

迟滞，洋纱既兴，土纱几至绝迹。"① 进入清末，随着粤北地区城市商业的衰落，外来洋货输入有限，农村的自然经济除纺织等个别行业受到一定冲击外，仍然维持传统的旧有格局。

纵观上述，晚清广东城市发展对农村传统自然经济的冲击主要发生在粤中和粤东地区。这两个地区城镇经济网络密集，中心城市比较发达，农业生产如经济作物等大量种植，主要服务于对外贸易发展需要，与世界资本主义市场联系密切，带动了周围农村地区自给自足自然经济的解体。但是粤西和粤北地区，由于城镇商业发展有限，外来商品经济的冲击力度不如粤中和粤东地区，因此，广大农村地区的自然经济结构并没有发生实质性的改变。

第二节　清代广东城市发展的区域特征

我们将广东、福建和浙江等沿海 3 个省份以及江苏部分地区纳入比较范围，剖析其区域城市发展的共性，进而分析总结清代广东城市发展的区域特征。

一、清代中国东南沿海地区城市发展的共同特征

（一）城市发展呈现出明显的阶段性特征

清代，东南沿海地区城市发展呈现出明显的阶段性特征。在清前期，皇帝勤于政事，政治清明，社会经济繁荣，城市商业贸易极度兴盛，城市商业处于繁盛状态。清后期，各种社会矛盾尖锐激化，外来侵略战争和农民起义等交织在一起，导致了社会的长期动荡，影响了东南沿海地区城市商业的发展。部分城市对外

---

① 陈及时等纂修：《始兴县志》卷四《商业》，民国十五年（1926）刊本。

贸易呈现畸形繁荣发展态势，另一部分城市因为受到战争等的破坏，陷入衰落。

　　清代广东城市是在继承明代基础上发展起来的。清初封建统治者采取一系列恢复和发展生产措施，广东地区进入快速开发轨道，社会经济呈现繁荣局面。粤中和粤东地区，因为珠江三角洲和韩江三角洲商品经济的高度发展，成为全省经济核心区域。在珠三角，佛山和广州成为清朝前期岭南地区二元中心市场。广州成为全国对外贸易中心，佛山是手工业巨镇和"天下四大聚"之一。潮州成为粤东地区经济中心城市。粤北地区如南雄、韶关、连州等地的商业因货物的过境贸易而非常繁荣。

　　江浙地区城市，早在隋唐时期就随着江南地区的开发而进入繁荣阶段。大运河的开凿使苏州和杭州成为全国著名的工商业城市，也带动了江南地区大批中小城镇的兴起、发展和繁荣。清前期，苏州、松江、杭州、嘉兴、湖州五府的市镇，作为这一地区最具活力的经济中心地，进入了江南市镇发展史上的第二波高峰，并且领先于全国，开始由传统经济向近代化的转型。[①] 当时丝业市镇有南浔镇、乌青镇、菱湖镇、震泽镇；绸业市镇有濮院镇、盛泽镇、双林镇等；棉业市镇有南翔镇、罗店镇、朱泾镇和枫泾镇；粮食市镇有枫桥市、平望镇、临平镇等。专业化市镇的崛起和繁盛，不仅促进了江南地区城镇商业网络的发展，而且促进了苏州和杭州两个最高层级的城市的发展。宁波是浙江的最大贸易港口城市，清代在宁波设海关，成为全国四大海关之一，对外贸易继续发展。

　　福建境内地势呈马鞍形，中心城市都在沿海地区，如省会福州在闽江出海口附近；厦门位于闽南九龙江入海处的海岛上，港

---

　　① 樊树志著：《江南市镇：传统的变革》，上海：复旦大学出版社，2005年，第123页。

区水深达 20 米，为天然良港。明朝时期，随着漳州月港海外贸易的兴盛，厦门港也日益得到发展。[①] 清初，郑成功以厦门作为抗清基地，大力发展海外贸易，厦门港的海外贸易迅速走向繁荣，成为东南沿海的贸易中心。福建闽东、闽北和闽南山区，气候和土壤适于茶叶生长，茶叶出产很多。闽西北的建溪、富屯溪和沙溪谷地，气候暖湿，十分有利于杉木生长，是福建杉木的主要产区。福州以南沿海，属南亚热带气候，光热条件较中亚热带优越，适宜发展亚热带水果和经济作物。因此，以闽江流域为腹地，中上游城市生产的茶叶和杉木以福州为出口转运中心。闽南地区生产的龙眼、荔枝、甘蔗、香蕉等果品以晋江和九龙河为水路运输，以厦门为出口中心。福建境内内河独自入海的自然地理构造，使得内河各不相连，难以形成完整的航运网络，故福建境内河流在很大程度上还是为海运服务。

鸦片战争后，东南沿海地区城市发展普遍进入受挫失衡的阶段。广东城市在两次鸦片战争期间成为中外矛盾焦点地区，反侵略、反入城与反封建等斗争交织在一起，城市发展因为社会的持续动荡而受到很大阻碍。作为清前期岭南地区二元中心市场的佛山和广州先后陷入衰落，香港崛起为新的转口贸易中心城市。粤北地区城市商业因为五口通商而陷入衰落；广东其他沿海城市如汕头、北海、海口、广州湾等，因为开放而使城市内外贸易逐步发展起来。在江浙地区，苏州、杭州以及江南市镇等，先后受到五口通商使海运大开、大运河商路地位下降等各种因素影响，进入发展的低谷时期。宁波开埠后，宁波对外贸易在曲折中缓慢发展。上海原来是一座小县城，五口通商后由于拥有长江出海口、全国海岸线中端等优越的地理区位，广阔的长江内陆腹地，加之

---

① 李孝聪著：《中国区域历史地理》，北京：北京大学出版社，2004 年，第 338 页。

近代轮船海运的兴旺，迅速崛起为全国对外贸易中心城市。上海
的崛起和繁荣是晚清时期东南沿海城市嬗变的最大亮点。福建省
由于相对封闭的特殊地理环境，福州和厦门的对外贸易发展不是
十分顺利，闽西、闽北和闽南腹地城市发展的受挫也影响了福州
和厦门对外贸易的发展。

（二）战争和政策变化使城市发展受挫失衡

清初，封建统治者实施禁海和开海政策，使东南沿海地区城
市发展普遍呈现出暂时挫折和短暂兴盛的发展态势，反映了国家
政策的变化对沿海区域城市发展的巨大影响。晚清以来，对广东
等东南沿海城市发展影响最大的是西方列强发动的几次侵略战争
以及太平天国农民运动。西方列强迫使清政府放弃闭关锁国政
策，通过签订不平等条约打开了中国市场，这是东南沿海地区城
市发展受到挫折的政策原因。

福建省。厦门和福州开埠后，对外贸易发展并不顺利。原因
有四方面：一是鸦片大量输入，导致入超严重，加速白银外流。
二是两个港口城市经济腹地不广，出口货物不多。由于生产和加
工技术落后，乌龙茶出口萎缩。三是福建以山地和丘陵地形为
主，交通多有不便。四是福州沿海和闽江下游，海盗猖獗，社会
环境不靖，商旅裹足不前。

19 世纪 50 年代后，由于太平天国运动影响，茶叶运往上海
的商路受阻，福州成为茶叶出口中心，对外贸易一度繁盛。同时
闽南人口也大量迁移到福州，促进了福州城市化的发展。但到
19 世纪末期，茶叶出口陷入衰落，福州对外贸易逐渐陷入缓慢
发展中，近代工业也没有取得大的进步。

太平天国运动也给福建省其他城市发展造成很大破坏。
1857—1865 年，太平军先后 4 次进入福建。闽西、闽北的邵武
府、建宁府和汀州府饱受战争之苦。受战争的影响，一些城市衰
退了。如邵武、建宁等城市商业受太平军入闽影响，至民国初年

城市经济仍然未恢复。太平军入闽也对福建城市布局产生一定影响。如顺昌县下游的洋口取代了顺昌和邵武，成为闽江上游富屯溪的中心市场和中心城市。

江浙地区。鸦片战争给浙江省的城市带来很大破坏。如英军占领定海后，对该城人民实行血腥的洗劫："该夷杀掠奸淫，我民呼号痛苦，情状凶惨。"[①]宁波在近代开埠通商后，对外贸易并没有大的发展，原因在于紧邻上海，经济腹地被上海分割。正如英国驻宁波领事所说："上海把一切东西都吸引到他那儿去了，把过多的进口货涌送到那里，同时还把原来准备到宁波的茶商也吸引到它那儿去了。"[②]由于历史原因，宁波的造船业陷入衰落，同时社会环境不靖等也对宁波对外贸易造成了不利影响。19世纪50年代，清军与太平军在长江下游的军事行动曾给宁波的外贸发展带来了机遇。当时下游各省商路不畅，一些进出口货物经过宁波中转，19世纪晚期以后，宁波贸易呈现复苏的发展态势。苏州在战争中遭受破坏比较严重，城市东、中、西一带手工业基地"被兵火毁于一旦"。杭州、扬州、宁波、余姚、湖州、无锡、常州等城市都受到不同程度的破坏。上海开埠后，松江、太仓、苏州一带手工纺织业受洋货冲击而陷入衰落。

近代以来，广东城市发展与福建、江浙城市发展有相同的处境。外来侵略和太平天国运动等战争对广东城市商业贸易影响较大。两次鸦片战争使广州和佛山等城市饱受外来战争破坏之苦。特别是第二次鸦片战争期间，广州被英法联军占领达4年之久。这期间围绕着反侵略、反入城等斗争，广东成为中外矛盾冲突集中之地。1854年，爆发了陈开、李文茂领导的红巾军起义，起

① 何一民著：《中国城市史纲》，成都：四川大学出版社，1994年，第251页。
② 隗瀛涛主编：《中国近代不同类型城市综合研究》，成都：四川大学出版社，1998年，第401页。

义军曾经围攻广州半年而不克；西江中游的肇庆、罗定、封开、德庆等城市因成为起义军与清军的战场而受到较大破坏。太平天国在长江中下游一带的江西、福建、浙江、安徽等与清军展开了长期的军事斗争，使北部中国南下广东的货物商路运输受阻，加之五口通商，粤北地区韶关、南雄、连州等城市商业陷入衰落。这期间，外国洋行、洋商以及居住在广州和佛山的富商大贾，纷纷转移到香港和上海，资金也随之流向两大城市。同时，外来洋货大量倾销广东城乡市场，城市的纺织业、铸造业等传统手工业部门受到冲击而走向衰落。

（三）沿海港口城市崛起促使经济中心发生转移

清代前期，东南沿海地区以府州县城构成的城市体系大体没有发生变化。清朝后期，随着东南沿海地区五口通商和随之而来的一系列港口城市的对外开放，中国东南沿海地区最早被纳入世界资本主义市场。这些港口城市进出口贸易迅速发展，成为所在地区的新兴经济中心，突破了原有的以府县城市为政治、经济中心的格局，使经济中心普遍发生了转移。

福州是福建省的省会，以闽江流域作为经济腹地，一直是全省的政治、经济和文化中心。由于特殊的地理位置和水系特征，福建城市的发展，很早就呈现出外贸中心城市与省会政治中心分离，并逐步向闽南地区转移的趋向。清代前期，漳州港口逐渐衰落，厦门逐渐崛起为闽南地区新的贸易中心城市，这样，在福建就形成了闽北福州和闽南厦门两个经济贸易中心。在清后期，随着福州和厦门的开放，两座城市发展迎来新的契机。福州是全省的政治中心和文化教育中心，同时又是福建北部的商业中心、工业中心，在近代前期是福建北部的金融中心，清末福建省银行成立后，成为全省的金融中心。厦门是福建南部对外贸易中心，同时又是环南海商业网络的一个中心。进入近代以后，厦门逐渐超过福州的经济地位，发展成为全省的经济中心城市。

与福建相比，江浙地区则有所不同。由于拥有长江和大运河以及众多河流所组成的水网，加之以富庶的杭嘉湖平原和宁绍平原作为城市经济腹地，在清朝前期，苏州和杭州皆为当地的政治、经济和文化中心城市。苏州的经济地位在苏州、松江、常州、镇江四府当中最高。杭州是仅次于苏州的经济中心城市。在1842年上海开埠前，上海的政治地位很低，只是一个普通的小县城，在辟为对外商埠后，由于地理区位非常优越，上海在五个通商口岸中脱颖而出，迅速崛起为中国对外贸易中心。清后期，宁波成为江浙区域的外贸中心城市，苏州和杭州则沦为次区域经济中心。原有的以府城为经济中心的格局发生了转变。温州在清末光绪三年（1877）被正式辟为对外通商口岸，对外贸易迅速发展，到1900年，已经是"瓯为海国，市半洋商"[①]的新兴港口城市，崛起成为浙江南部沿海地区经济中心城市。

清朝后期，广东省经济中心城市与政治中心城市分离的现象比较普遍。佛山和广州经济地位下降，之前的二元中心市场回归为广州一元中心。尽管广州作为省会和内河港口转运中心城市的地位依然保持着，但是，随着香港的崛起，其逐步发展成为华南地区的转口贸易中心。而广东沿海最早开放的几个港口城市都迅速发展成为所在区域新的外贸中心，这与广东沿海特殊的地理区位、河流分布，以及城市以外贸为主要产业有着密不可分的关系。汕头位居韩江、榕江和练江的出海口，有府城潮州为货物转运内地的枢纽，拥有江河海运之利；北海有廉江和武利江等流域作为经济腹地，以府城合浦、钦州和南宁为货物转运内地的枢纽；海口有南渡江经济腹地，以府城琼山为转运货物到岛内腹地的枢纽；广州湾有九州江、鉴江流域等经济腹地，以梅菉外加高州和雷州两座府城为货物转运腹地的枢纽，等等。这些港口城市

---

① 叶大兵著：《温州史话》，杭州：浙江人民出版社，1982年，第70页。

在开埠后，对外贸易迅速发展，经济地位很快赶上并超过所在地区的府治。因此，在东南沿海地区当中，广东城市政治中心与经济中心分离的现象更为普遍。汕头、北海、海口、广州湾等 4 个港口城市迅速崛起，经济活力甚至超过了府城，使经济中心城市向沿海港口城市转移，简要概括如下：

　　1. 粤中地区：广州→香港。

　　2. 粤东地区：潮州→汕头。

　　3. 海南岛地区：琼山→海口。

　　4. 粤西地区：合浦→北海；高州、雷州→广州湾（湛江）。

　　纵观上述，清代，以广东、福建和江浙为代表的中国东南沿海地区城市，呈现出清前期和后期的阶段性发展特点。晚清以来，内外战争的影响和国家政策的变化使得中国东南沿海地区城市发展普遍遭遇到挫折。同时，随着晚清中国东南沿海港口城市的对外开放，这些城市最早接触了西方先进的科学技术和思想文化，城市基础设施最早开始近代化，成为近代中国最具活力的新型城市。其中以上海、香港为典型代表，广州、厦门、福州和宁波等 4 个港口城市也在曲折中奋起发展，并与随后开放的一系列港口城市一道，逐步辐射并带动了各自省域内陆城市体系的发展。

二、清代广东城市发展的区域特征

　　清代广东城市既有中国东南沿海地区城市发展的共性，又在特定的人文地理环境、国家政策变化等因素的影响下，呈现出自己的特殊性，体现在如下几个方面。

（一）清朝前期，国家政策的支持是广东城市对外贸易兴盛的重要条件

乾隆二十二年（1757），清政府下令关闭福建漳州、浙江宁波和江苏云台山等3个海关，只留下广州一口通商，福州、厦门和宁波的对外贸易由此进入衰落时期。清前期，在国家这一政策作用下，广州成为全国对外贸易中心。广东境内丰富的物产和高度发达的商品经济是广州对外贸易繁荣的前提，国内各区域丰富的货物和巨大的市场需求则是清前期广州对外贸易持续繁盛的保证。如一口通商时期，福建闽北、闽西北以及闽南地区城市获得发展良机，依托陆上通道，福建生产的茶叶、纸张、木材等通过东江水运或粤北梅岭商路转运广州出口。因此，对福建省的城市来说，一口通商时期福州和厦门海外贸易的衰落，则为闽北和闽南地区茶叶、木材等生产及转运贸易带来发展机遇。同时，虽然浙江省宁波的对外贸易受到较大影响，但对于杭嘉湖平原和宁绍平原的城镇来说，棉布业、丝绸业等并未受到太大影响，各地商人可以将丝绸、棉布等通过内陆河道，经岭南商路南下，转经广州出口。

清前期手工业巨镇佛山兴起之后，成为广州近邻又一个连接国内各大区域市场的经济中心。在佛山经济发展过程中，清政府规定，两广地区冶炼的生铁必须运到佛山加工，否则就以私铸论罪。这样，得益于政府的保护，罗定州等地冶炼的优质生铁成为佛山铸铁业原料的重要来源，促进了佛山铸铁业的兴旺。粤北地区南雄、韶关和连州等因为处于广东货物北上中原和全国商品南下广州出口的重要通道上而走向繁荣。正如施坚雅所说："朝廷作出的关键性决策只会导致或阻碍地区而不是全国的发展周期。……1757年清政府特许广州垄断对外贸易，

使岭南地区进入上升周期，同时却抵制了东南沿海经济的发展。"①

因此，就清前期来看，国家政策的保护促进了广东城市对外贸易的兴盛。这是广东城市与其他沿海省份城市发展的最大差异，也是广东城市发展的一大特征。清后期五口通商后，广东的政策优势不再，垄断被打破，对外贸易便自然而然地走向衰落。

（二）广州作为全省政治、经济、军事和文化中心在有清一代始终没有动摇

从中国历史发展的眼光审视广东城市，广州一直是岭南地区的中心城市。秦始皇征服岭南设置桂林、南海、象三郡后，在南海郡设置的治所番禺城是为广州城的前身。由于广州拥有北江、西江和东江三江汇流的优越地理区位，加之拥有富庶的珠江三角洲作为直接经济腹地，隋唐宋元明清各代，虽然岭南地区战乱不少，但是，广州作为中心城市的地位并没有发生变化和转移。在广东境内也没有第二个城市能够取代广州。

清前期，封建统治者实施了一系列恢复和发展社会生产的措施，极大地促进了珠三角地区商品经济的发展。圩市和专业化圩镇逐步增多，形成了密集的城镇商业网络，使广州和佛山作为岭南二元中心市场的地位日益巩固，推动了国内外贸易市场圈的扩展。两次鸦片战争期间，广东地区社会持续动荡，但广州的政治、经济和文化中心的地位依然保持着。

鸦片战争前，澳门是广州的外港，长期承担转口港的功能，内地出口的货物通过澳门转运其他国家，而外国进口的货物也大多经澳门输入广东，再转运内地。鸦片战争后，香港作

---

① 刘招成著：《美国中国学研究：以施坚雅模式社会科学化取向为中心的考察》，上海：上海人民出版社，2009年，第143页。

为自由港迅速崛起，转口贸易发展迅速，并逐步取代澳门成为中国最重要的外贸港口。两座城市在广州对外贸易当中发挥了外港的作用。无论是清前期澳门的繁盛还是晚清以来香港的崛起，都只是广州外港区位选择的变化而已。近代以降，穗、港、澳之间的经济、文化联系更加紧密，使广州作为全省首位城市的地位更加牢固。

纵观上述，中国古代政治、军事中心城市优先发展的规律在广州的历史演变中得到验证。经济中心地位的巩固和增强，也使得广州政治、军事和文化中心的地位日益加强，这是清代广东城市发展最明显的地域特征。

（三）广东沿海开放口岸城市的崛起，奠定了晚清广东城市体系的新格局

晚清时期是近代中国历史发生巨变的重要阶段。广东作为东南沿海地区的有机组成部分，先后开放了汕头、琼州、北海、广州湾、惠州、江门、三水等通商口岸；清末，广东绅民还自请开放了香洲和公益埠等两个商埠。与清前期相比，广东对外开放的港口城市进一步增多，范围进一步扩大。

对外开放给广东沿海城市经济贸易发展带来良好机遇。粤东汕头在咸丰十年（1860）被开辟为对外通商口岸后，依托富庶的潮汕平原，对外贸易迅速发展。由于处于韩江、榕江和练江的出海口，优越的地理区位和交通优势使得汕头很快发展成为粤东潮汕地区的门户。汕头经济地位逐渐超过府城潮州，成为潮汕地区新兴的港口城市和新的经济中心。粤西北海在对外开放后，很快发展成为广东西部及邻近广西、贵州和云南等省区进出口货物的转运中心，先后开辟至国内上海、海口、香港，和国外海防、新加坡、苏门答腊等的轮船航线。从光绪二十六年（1900）至光绪三十四年（1908），北海平均每年进出口的货物总值达 316.07 万

关平两①，发展成为粤西廉州府地区新兴的经济中心城市，府城合浦则沦为北海的次级经济中心城市。海南岛琼州府地区也是如此。光绪二年（1876）在海口设立琼州海关后，海口的贸易迅速发展，与省内的广州、香港、澳门、北海等，国内沿海的厦门、福州、上海、天津、青岛等，国外的日本、俄罗斯、苏门答腊、新加坡、海防等都有频繁的贸易往来。开埠促进了海口城市商业贸易的繁盛，使海口的经济地位取代府城琼山，海南岛的经济中心由此发生了转移。

清前期，广东以省会—府州—县组成的三级城市体系，既是行政层级城市体系，也是经济层级城市体系，这是中国传统城市体系的基本特征。到了晚清，随着广东地区的对外开放，传统的三级城市体系发生新变化。工业时代经济中心城市优先发展规律取代了农业时代政治中心城市优先发展规律，②府城的经济中心地位让位于新兴的沿海港口开放城市，府城沦为次一级经济中心城市。这种新型的城市体系，适应了世界经济发展规律的要求，也适合广东城市以外贸为主的发展需要，是近代广东城市发展的典型区域特征。

小　结

本章着重探讨了清代广东城市发展与乡村社会的互动关系以及城市发展的区域特征问题。

清代广东城市发展具有三大区域特征：其一，清前期，国家政策的支持是广东城市对外贸易兴盛的重要条件。其二，广州在

---

① 北海市地方志编纂委员会编：《北海市志》（上），南宁：广西人民出版社，2002年，第320页。

② 何一民著：《从政治中心优先发展到经济中心优先发展——农业时代到工业时代中国城市发展动力机制的转变》，《西南民族大学学报》（人文社科版）2004年第1期。

清代作为全省政治、经济、军事和文化中心的地位始终没有动摇。其三，晚清广东沿海城市的开放促进了港口城市的迅速崛起，使原来以府城为经济中心的格局发生了转变。

结　语

清代广东城市是东南沿海城市发展的典型代表，是中国古代城市史研究的有机组成部分。广东城市社会、政治、经济及其文化等方面的发展特征明显。

首先，在政治与社会方面，错综复杂的时代背景决定了清代广东城市社会转型与发展的艰难。

清是中国封建社会的最后一个王朝。17世纪中后期，当清王朝忙于稳固自己在全国的封建统治的时候，世界形势正发生着巨变。特别是进入18世纪中叶以后，英国率先进行工业革命，而后法、美、德等国相继开始了工业革命。工业革命极大地促进了世界城市化和城市近代化的发展，与西欧资本主义向外扩张相表里，从而改变了世界政治、经济和文化的发展格局，使西欧成为全球经济文化中心。

当外部世界正经历着急剧变动的时候，清政权却正固守着闭关锁国政策，以自我为中心拒绝与外界交流，使中国经济文化特别是科技发展远远落后于资本主义列强。清前期广东城市的士、农、工、商等四民阶层各安其位，广州还是典型的中国传统城市。

进入近代，清政府被迫开放东南沿海进行五口通商。此后，广东境内开放了汕头、北海、琼州、惠州、江门等商埠，清末，法国还强租广州湾。在外来洋货和资本的冲击之下，通商口岸附近地区自给自足的农村自然经济开始解体，城市社会四民等级秩序也逐渐发生变化。绅商对流是晚清广东城市社会流动的普遍现象，也是清末广东城市社会缓慢转型的最主要标志。受西方科学技术等先进文化的影响，清末，省会广州、粤东汕头、粤西北海先后创设电灯公司，广州和汕头开始兴建自来水公司，城市市政建设开始了近代化的发展历程。这几座广东城市与东南沿海的上海、福州、厦门、宁波等第一批开放城市一起，开创了中国城市近代化之嚆矢。然而，晚清政府的政治腐败和不思进取使其对城市社会控制力弱化，城市社会缺乏有效的整治，吸食鸦片问题、赌博问题以及娼妓问题等非常严重，极大地影响了广东城市社会的健康发展，也导致了广东城市由传统向近代化转型的艰难。

其次，广东城市优越的地理区位奠定了广东城市发展对外贸易的基础，而对外贸易始终是广东城市经济的主要内容和特色，也是促进城市发展最主要的推动力。

纵观清代广东城市的发展演变历程，优越的地理区位为发展对外贸易提供了良好的条件。在全省 10 府 3 直隶州中，只有罗定、南雄、连州、嘉应州和韶州府 5 座城市不临海，约占广东省府州总数量的 38%。福建全省 12 个府中，福州、泉州等 6 个府临海，另有汀州、龙岩州等 6 个内地府州，各占 50%。浙江省有嘉兴、杭州、绍兴等 6 个府临海，另有处州、金华、严州等 5 个内地府州，不临海的约占 45%。可见，广东沿海府州最多，约占 62%，优越的地理区位和以江河流域为纽带的广阔经济腹地为广东发展对外贸易奠定了基础。

进入近代，虽然广州和佛山的经济地位有所下降，全国外贸中心北移上海，华南地区对外贸易中心转移到香港，但是，广东城市依然以对外贸易为主。清末时期，广州对外贸易额和海关税收始终占全国的 8%～10%，位列上海之后，居全国第二位。从 1904 到 1911 年，汕头进出口贸易总值约占全国的 3%，位居全国第四。① 这些数据表明，对外贸易依然是维系广东城市发展的主要推动力。

最后，在文化方面，开放而多元化的特色城市文化是清代广东城市文化最具活力的基质，是近代广东人才辈出的重要原因。

岭南地区作为最早开放之地，对外来文化有一种包容的心态。以中原传统文化为核心，不断吸收岭南百越少数民族的优秀文化，并吸纳外来文化的精髓，形成了清代广东城市文化的多元化特色。

进入近代，伴随着西学东渐的加强，开放的广东城市有更多的机会接触和了解西方文化。外来传教士在广东沿海城市创办了大量教会学校，将西方先进的教学方法、西方近代体育等传入广东城市，洋务学堂和留学生等都加入传播近代体育的行列，共同促进了广东城市近代体育的兴起和发展。

近代广东城市纷纷出现了创办报纸杂志的热潮。晚清广东城市的刻书业也非常兴盛，有利于中华传统文化的传播，所有这些有力地促进了广东城市文化事业的发展和近代转型。

广东城市文化以华夏传统文化为根底，不断吸收岭南百越民族的优秀文化，在语言（粤语）、饮食（粤菜、潮州菜）、戏剧、民间信仰和居住等方面都有着浓厚的地域特色。城市文化的多元交汇、发达的经济基础、紧邻香港和澳门的优越地理区位，使近代广东城市文化经历了由"得风气之先"到"开风气之先"的转型嬗变。近代广东城市的多元文化是其最具活力的发展基质。

我们在探索和总结清代广东城市发展规律、特点的同时，也提出了一些富有启发性的问题以供后来学者思考。

第一，对外贸易是清代广东城市兴起和发展的内在动力。

① 陈华新著：《甲午战争到五四运动前广州的对外贸易》，广州市社会科学研究所编：《近代广州外贸研究》，北京：科学普及出版社广州分社，1987年，第145页。

广东地处中国东南沿海地区，有漫长的海岸线，又坐拥珠江等大小河流，拥有江河海运之便利，这是大自然赐给广东城市经济发展的外在良好条件。

清代前期，珠江三角洲和潮汕平原地区农业商品化高度发达，促进了广东城市商业的繁华和对外贸易的发展。晚清以降，西方资本主义的入侵和五口通商的开放，又使得广东城市对外贸易陷入衰落。但是，广东城市对外贸易的性质和功能都没有改变，对外贸易始终是清代广东城市兴起和发展的内在推动力。

第二，社会环境的安定与否直接影响清代广东城市对外贸易的盛衰。

纵观清代广东城市工商业以及内外贸易的发展历程，我们可以清楚地看到，国家的稳定、社会的长治久安是城市经济贸易持续发展和繁盛的前提。广东城市经济和对外贸易发展在清王朝统治前后两个阶段呈现出截然不同的图景，其中的巨大反差是与清代由强盛走向衰败、社会由安定走向持续动荡等紧密联系在一起的。

第三，清代广东城市发展呈现出强烈的不平衡性。

广东经济贸易发达地区集中在珠三角经济核心地区和粤东潮汕平原，城市近代化最早也是在这两个地区进行。使得粤中和粤东成为清代广东最发达之区。其他如粤北、粤西地区，城市社会和经济发展都还处于落后状态，这种发展的不平衡是由于自然地理条件以及社会经济、人文等方面的资源禀赋差异所造成的。

第四，侨汇和华侨商人回省投资办厂是清代广东城市近代化发展的重要外在推动力之一。

清代广东拥有全国数量最多的海外华侨群体。这些数量众多、广布全球各大洲的海外华侨是广东城市经济和对外贸易发展的最大资源优势。海外华侨在广东的投资和贸易是清代广东城市发展的外在推动力之一，晚清广东城市近代工业的兴办，都是肇始于广东华侨的回国投资。

　　纵观清代广东城市对外贸易的发展演变历程，我们收获了如下历史经验和教训。首先，城市对外贸易的发展必须立足于广东省内城市及其经济腹地商品经济的高度发展。其次，必须积极开拓和利用好国内各省市广阔的市场腹地，进而扩大对外贸易。最后，必须充分利用好广东本省海外华侨这一资源。

参考文献

一、地方史志资料

（一）新中国成立前编修的广东方志

（明）戴璟修，张岳等纂：《广东通志初稿》，明嘉靖年间刻本。

（清）于卜熊纂修：《海丰县志》，清乾隆十五年刊本。

（清）王之正修，沈展才等纂：《陆丰县志》，清乾隆十年刊本。

（清）王文骧纂修：《开平县志》，清道光三年刊本。

（清）王永名修，黄士龙等纂：《花县志》，清康熙年间修，清光绪十六年重刊本。

（清）王驹纂修：《河源县志》，清康熙二十八年刊本。

（清）王辅之等纂修：《徐闻县志》，清宣统三年修，民国二十五年重刊本。

（清）王崧修，李星辉纂：《揭阳县续志》，清光绪十六年修，民国二十六年重印本。

（清）王植纂修：《新会县志》，清乾隆六年刻本。

（清）毛昌善修，陈兰彬纂：《吴川县志》，清光绪十四年刊本。

（清）石台修，冯师元等纂：《恩平县志》，清道光五年刊本。

（清）卢廷俊修，颜希圣纂：《连平州志》，清雍正八年刻本。

（清）卢兆鳌等修，欧阳莲等纂：《平远县志》，清嘉庆二十五年修，民国二十三年重刊本。

（清）卢蔚猷修，吴道镕纂：《海阳县志》，清光绪二十六年刊本。

（清）田明曜修，陈澧纂：《香山县志》，清光绪五年刻本。

（清）仲振履原本，张鹤龄续纂：《兴宁县志》，清咸丰六年修，民国十八年铅印本。

（清）刘业勤纂修：《揭阳县正续志》，清乾隆四十四年修，民国二十六年重刊本。

（清）刘邦柄修，陈昌齐纂：《海康县志》，清嘉庆十七年刻本。

（清）刘抃原本，惠登甲增修：《饶平县志》，清光绪九年刻本。

（清）刘济宽修，陆殿邦纂：《英德县志》，清道光二十三年刻本。

（清）刘继纂修：《鹤山县志》，清乾隆十九年刻本。

（清）刘湘年修，邓抡斌等纂：《惠州府志》，清光绪七年刊本。

（清）许普济修，吴鹏纂：《丰顺县志》，清光绪十年补刊本。

（清）阮元修，陈昌齐等总纂：《广东通志》，清道光二年刻本。

（清）杨文骏修，朱一新纂：《德庆州志》，清光绪二十五年刊本。

（清）杨霁修，陈兰彬等纂：《高州府志》，清光绪十六年刊本。

（清）李友榕等修，邓云龙等纂：《三水县志》，清嘉庆二十四年刊本。

（清）李文恒修，郑文彩纂：《琼山县志》，清咸丰七年刊本。

（清）李文烜修，朱润芳等纂：《清远县志》，清光绪六年刊本。

（清）李书吉等修，蔡继绅等纂：《澄海县志》，清嘉庆二十年刊本。

（清）李来章撰：《连阳八排风土记》，清康熙四十七年刊印本。

（清）李沄辑：《阳江县志》，清道光二年刊本。

（清）李福泰修，史澄等纂：《番禺县志》，清同治十年刊本。

（清）吴大猷总纂：《四会县志》，清光绪二十二年刊本。

（清）吴宗焯修，温仲和纂：《嘉应州志》，清光绪二十四年刊本。

（清）何福海等修，林国赓等纂：《新宁县志》，清光绪十九年刻本。

（清）余保纯等修，黄其勤纂：《直隶南雄州志》，清道光四年刊本。

（清）余翰修，余楷纂：《开建县志》，清道光三年抄本。

（清）邹兆麟修，蔡逢恩纂：《高明县志》，清光绪二十年刊本。

（清）汪兆柯纂修：《东安县志》，清道光三年修，民国二十五年铅印本。

（清）宋如楠修，赖朝侣纂：《永安县三志》，清道光二年刻本。

（清）宋嗣京修，蓝应裕等纂：《埔阳志》，清康熙二十五年刻本。

（清）张希京修，欧樾华等纂：《曲江县志》，清光绪元年刊本。

（清）张美纂修：《惠来县志》，清雍正九年刊本，民国十九年重印本。

（清）张洗易纂修：《乳源县志》，清康熙年间刻本。

（清）张堉春修，陈治昌纂：《廉州府志》，清道光十三年刻本。

（清）陈志仪纂修：《保昌县志》，清乾隆十八年刻本。

（清）陈述芹纂修：《琼东县志》，清嘉庆二十五年修，民国十四年铅印本。

（清）陈裔虞纂修：《博罗县志》，清乾隆二十八年刻本。

（清）林述训等修，欧樾华等纂：《韶州府志》，清同治十三年刊本。

（清）林星章修，黄培芳等纂：《新会县志》，清道光二十一年刊本。

（清）明谊修，张岳崧纂：《琼州府志》，清道光二十一年修，清光绪十六年补刊本。

（清）周恒重修，张其翻纂：《潮阳县志》，清光绪十年刊本。

（清）周硕勋纂修：《潮州府志》，清光绪十九年重刊本。

（清）郑业崇等修，杨颐纂：《茂名县志》，清光绪十四年刊本。

（清）郑荣修，桂坫纂：《续修南海县志》，清宣统二年刻本。

（清）郑俊修，宋绍启纂：《海康县志》，清康熙二十六年修，民国十八年铅印本。

（清）郝玉麟等修，鲁曾煜总辑：《广东通志》，清雍正九年刻本。

（清）胡瑃修，勒殷山纂：《龙川县志》，清嘉庆二十三年刻本。

（清）侯坤元修，温训等纂：《长乐县志》，清道光年间刻本。

（清）姚柬之辑：《连山绥猺厅志》，清道光二十八年刊本。

（清）敖式槱修，梁安甸纂：《信宜县志》，清光绪十七年刻本。

（清）聂缉庆修，桂文炽纂：《临高县志》，清光绪十八年刊本。

（清）夏修恕、屠英修，何元等纂：《高要县志》，清道光六年刊本。

（清）徐宝符等修，李秾等纂：《乐昌县志》，清同治十年刊本。

（清）高炳文修，冯兰纂：《长宁县志》，清道光年间抄本。

（清）郭汝诚修，冯奉初等纂：《顺德县志》，清咸丰三年刊本。

（清）郭遇熙等纂：《从化县志》，清康熙四十九年修，民国十九年铅印本。

（清）诸豫宗修：《西宁县志》，清道光十年刊本。

（清）黄钊纂：《镇平县志》，清光绪六年刻本。

（清）黄思藻等纂修：《广宁县志》，清道光四年修，民国二十二年刊本。

（清）萧麟趾修，梅奕绍纂：《普宁县志》，清乾隆十年修，民国二十三年铅字重印本。

（清）龚耿光纂：《佛冈厅志》，清咸丰元年刊本。

（清）章寿彭修，陆飞纂：《归善县志》，清乾隆四十八年刊本。

（清）章鸿修：《电白县志》，清道光五年刊本。

（清）屠英等修，胡森等纂：《肇庆府志》，清光绪二年重刻本。

（清）彭君毅修，赖以平等纂：《河源县志》，清同治十三年刻本。

（清）彭贻荪修，彭步瀛纂：《化州志》，清光绪十六年修。

（清）喻炳荣、赵钧谟等纂：《遂溪县志》，清道光二十八年刊本。

（清）舒懋官修，王崇熙等纂：《新安县志》，清嘉庆二十五年刊本。

（清）温恭修，吴兰修纂：《封川县志》，清道光十五年修，民国二十四年铅印本。

（清）谢崇俊修，颜尔枢纂：《翁源县志》，清嘉庆二十五年刊本。

（清）瑞麟、戴肇辰等修，史澄等纂：《广州府志》，清光绪五年刊本。

（清）熊学源修，李宝中纂：《增城县志》，清嘉庆二十五年刊本。

（清）潘尚楫等修，邓士宪等纂：《南海县志》，清道光十五年修，清同治八年重刊本。

马呈图纂辑：宣统《高要县志》，民国二十七年重刊本。

王大鲁修，赖际熙纂：《赤溪县志》，民国九年刊本。

王思章修，赖际熙纂：《增城县志》，民国十年刻本。

邓士芬修，黄佛颐、凌鹤书等纂：《英德县续志》，民国二十年铅印本。

厉式金修，汪文炳等纂：《香山县志续编》，民国十二年刻本。

刘织超修，温廷敬等纂：《民国新修大埔县志》，民国三十二年铅印本。

刘禹轮修，李唐纂：《丰顺县志》，民国三十二年铅印本。

吴凤声等修，朱汝珍总纂：《清远县志》，民国二十四年重修本。

吴华英等编纂：《阳春县志》，民国三十八年重修本。

何炯璋修，谭凤仪纂：《仁化县志》，民国二十年铅印本。

余丕承等修，桂坫等纂：《恩平县志》，民国二十三年铅印本。

余棨谋修，张启煌纂：《开平县志》，民国二十二年铅印本。

张仲弼修：《香山县志》，民国九年刊本。

陈及时等纂修：《始兴县志》，民国十五年刊本。

邵桐孙等纂：《电白县新志稿》，民国三十五年油印本。

招念慈修，邬庆时纂：《龙门县志》，民国二十五年铅印本。

周之贞等修，周朝槐等纂：《顺德县志》，民国十八年刻本。

周文海修，卢宗棠等纂：《感恩县志》，民国二十年铅印本。

周学仕等修，马呈图等纂：《罗定县志》，民国二十四年铅印本。

钟喜焯修，江珣纂：《石城县志》，民国二十年铅印本。

饶宗颐纂修：《潮州志》，民国三十八年铅印本。

黄瓒修，朱汝珍纂：《阳山县志》，民国二十七年铅印本。

梁成久纂修，陈景棻续修：《海康县续志》，民国二十七年铅印本。

梁鼎芬修，丁仁长等纂：《番禺县续志》，民国二十年刊本。

彭元藻修，王国宪纂：《儋志》，民国二十五年铅印本。

曾枢修，凌开蔚纂：《和平县志》，民国三十二年铅印本。

潘载和纂修：《潮州府志略》，民国二十二年铅印本。

（二）新中国成立后编纂的广东方志

三亚市地方志编纂委员会编：《三亚市志》，北京：中华书局，2001 年。

大埔县地方志编纂委员会编：《大埔县志》，广州：广东人民出版社，1992 年。

广东省地方史志编纂委员会编：《广东省志·文化艺术志》，广州：广东人民出版社，2001 年。

广东省地方史志编纂委员会编：《广东省志·地理志》，广州：广东人民出版社，1999 年。

广东省地方史志编纂委员会编：《广东省志·孙中山志》，广州：广东人民出版社，2004 年。

广东省地方史志编纂委员会编：《广东省志·金融志》，广州：广东人民出版社，1999 年。

广东省地方史志编纂委员会编：《广东省志·海关志》，广州：广东人民出版社，2002 年。

广东省地方史志编纂委员会编：《广东省志·商业志》，广州：广东人民出版社，2002 年。

广东省珠海市地方志编纂委员会编：《珠海市志》，珠海：珠海出版社，2001 年。

广州市地方志编纂委员会编：《广州市志·工业志等》，广州：广州出版社，1998 年。

广州市地方志编纂委员会编：《广州市志·大事记》，广州：广州出版社，1999年。

广州市地方志编纂委员会编：《广州市志·风俗志等》，广州：广州出版社，1998年。

广州市地方志编纂委员会编：《广州市志·文化志等》，广州：广州出版社，1999年。

广州市地方志编纂委员会编：《广州市志·外经贸志等》，广州：广州出版社，2000年。

广州市地方志编纂委员会编：《广州市志·机电志等》，广州：广州出版社，2000年。

广州市地方志编纂委员会编：《广州市志·华侨志等》，广州：广州出版社，1996年。

广州市地方志编纂委员会编：《广州市志·交通邮电志等》，广州：广州出版社，2000年。

广州市地方志编纂委员会编：《广州市志·城建志等》，广州：广州出版社，1995年。

广州市地方志编纂委员会编：《广州市志·商业志等》，广州：广州出版社，1996年。

广州市地方志编纂委员会编：《广州市志·港口志等》，广州：广州出版社，2000年。

云浮县地方志编纂委员会编：《云浮县志》，广州：广东人民出版社，1995年。

中山市地方志编纂委员会编：《中山市志》，广州：广东人民出版社，1997年。

从化县地方志编纂委员会编：《从化县志》，广州：广东人民出版社，1994年。

文昌市地方志编纂委员会编：《文昌县志》，北京：方志出版社，2000年。

东莞市地方志编纂委员会编：《东莞市志》，广州：广东人民出版社，1995年。

北海市地方志编纂委员会编：《北海市志》，南宁：广西人民出版社，2002年。

白沙黎族自治县地方志编纂委员会编：《白沙县志》，海口：南海出版公司，1992年。

乐东黎族自治县地方志编纂委员会编：《乐东县志》，北京：新华出版社，2002年。

台山县地方志编纂委员会编：《台山县志》，广州：广东人民出版社，1998年。

合浦县地方志编纂委员会编：《合浦县志》，南宁：广西人民出版社，1994年。

兴宁县地方志编纂委员会编：《兴宁县志》，广州：广东人民出版社，1992年。

江门市地方志编纂委员会编：《江门市志》，广州：广东人民出版社，1998年。

汕头市地方志编纂委员会编：《汕头市志》，北京：新华出版社，1999年。

阳山县地方志编纂委员会编：《阳山县志》，北京：中华书局，2003年。

阳春市地方志办公室编：《阳春县志》，广州：广东人民出版社，1996年。

吴川市地方志办公室编：《吴川县志》，北京：中华书局，2001年。

佛山市地方志编纂委员会编：《佛山市志》，广州：广东人民出版社，1994年。

佛冈县地方志编纂委员会编：《佛冈县志》，北京：中华书局，2003年。

怀集县地方志编纂委员会编：《怀集县志》，广州：广东人民出版社，1993年。

郁南县地方志编纂委员会编：《郁南县志》，广州：广东人民出版社，1995年。

罗定县地方志编纂委员会编：《罗定县志》，广州：广东人民出版社，1994年。

乳源瑶族自治县地方志编纂委员会编：《乳源瑶族自治县志》，广州：广东人民出版社，1997年。

宝安县地方志编纂委员会编：《宝安县志》，广州：广东人民出版社，1997年。

封开县地方志编纂委员会编：《封开县志》，广州：广东人民出版社，

1998 年。

南海市地方志编纂委员会编：《南海县志》，北京：中华书局，2000 年。

南雄县地方志编纂委员会编：《南雄县志》，广州：广东人民出版社，1991 年。

钦州市地方志编纂委员会编：《钦州市志》，南宁：广西人民出版社，2000 年。

顺德市地方志编纂委员会编：《顺德县志》，北京：中华书局，1996 年。

保亭黎族苗族自治县地方志编纂委员会编：《保亭县志》，海口：南海出版公司，1997 年。

高要县地方志编纂委员会编：《高要县志》，广州：广东人民出版社，1996 年。

海南省史志工作办公室编：《海南省志·卫生志》，海口：南海出版公司，2001 年。

海南省史志工作办公室编：《海南省志·政府志》，海口：南海出版公司，2003 年。

海南省史志工作办公室编：《海南省志·粮食志》，海口：南海出版社，2003 年。

海南省地方史志办公室编：《海南省志·口岸志等》，海口：南海出版公司，1996 年。

海南省地方史志办公室编：《海南省志·公安志》，海口：南海出版公司，1997 年。

海南省地方史志办公室编：《海南省志·民政志等》，海口：南海出版公司，1994 年。

海南省地方史志办公室编：《海南省志·军事志》，海口：南海出版公司，1998 年。

海南省地方史志办公室编：《海南省志·农业志》，海口：南海出版公司，1997 年。

海南省地方史志办公室编：《海南省志·报业志》，海口：南海出版公司，1997 年。

海南省地方志编纂委员会编：《海南省志·金融志》，海口：南海出版公司，1993 年。

海南省昌江黎族自治县地方志编纂委员会编：《昌江县志》，北京：新华出版社，1998 年。

　　海南省琼山市地方志编纂委员会编：《琼山县志》，北京：中华书局，1999 年。

　　海南省儋州市地方志编纂委员会编：《儋县志》，北京：新华出版社，1996 年。

　　梅州市地方志编纂委员会编：《梅州市志》，广州：广东人民出版社，1999 年。

　　琼中黎族苗族自治县地方志编纂委员会编：《琼中县志》，海口：南海摄影美术出版社，1995 年。

　　琼海市地方志编纂委员会编：《琼海县志》，广州：广东科技出版社，1995 年。

　　惠阳市地方志编纂委员会编：《惠阳市志》，广州：广东人民出版社，2003 年。

　　揭西县地方志编纂委员会编：《揭西县志》，广州：广东人民出版社，1994 年。

　　番禺市地方志编纂委员会编：《番禺县志》，广州：广东人民出版社，1995 年。

　　新丰县地方志编纂委员会编：《新丰县志》，广州：广东人民出版社，1998 年。

　　新会县地方志编纂委员会编：《新会县志》，广州：广东人民出版社，1995 年。

　　韶关市地方志编纂委员会编：《韶关市志》，北京：中华书局，2001 年。

　　肇庆市地方志编纂委员会编：《肇庆市志》，广州：广东人民出版社，1999 年。

　　增城市地方志编纂委员会编：《增城县志》，广州：广东人民出版社，1995 年。

　　蕉岭县地方志编纂委员会编：《蕉岭县志》，广州：广东人民出版社，1992 年。

　　潮州市地方志编纂委员会编：《潮州市志》，广州：广东人民出版社，1995 年。

　　潮阳市地方志编纂委员会编：《潮阳县志》，广州：广东人民出版社，1997 年。

鹤山县地方志编纂委员会编：《鹤山县志》，广州：广东人民出版社，2001年。

（三）文史资料

广州市文史研究馆编：《羊城撷采》，上海：上海书店出版社，1994年。

政协广东省文史资料委员会编：《广东文史资料》，第1～79辑。

政协广州市文史资料委员会编：《广州文史资料》，第1～52辑。

政协北海市文史资料委员会编：《北海文史资料》，第1～14辑。

政协合浦县文史资料委员会编：《合浦文史资料》，第1～6辑。

政协汕头市文史资料委员会编：《汕头文史资料》，第1～20辑。

政协连州文史资料委员会编：《连州文史资料》，第14～19辑。

政协连县文史资料委员会编：《连县文史资料》，第1～11辑。

政协佛山市文史资料委员会编：《佛山文史资料》，第1～14辑。

政协茂名市文史资料委员会编：《茂名文史资料》，第1～13辑。

政协罗定县文史资料委员会编：《罗定文史资料》，第1～19辑。

政协南雄县文史资料委员会编：《南雄文史资料》，第1～18辑。

政协高州县文史资料委员会编：《高州文史资料》，第1～10辑。

政协海口市文史资料委员会编：《海口文史资料》，第1～14辑。

政协梅州市文史资料委员会编：《梅州文史》，第1～16辑。

政协琼山县文史资料委员会编：《琼山县文史资料》，第1～3辑。

政协惠州市文史资料委员会编：《惠州文史资料》，第1～15辑。

政协揭阳市文史资料委员会编：《揭阳文史资料》，第1～13辑。

政协雷州市文史资料委员会编：《雷州文史资料》，第1～25辑。

政协韶关市文史资料委员会编：《韶关文史资料》，第1～17辑。

政协肇庆市文史资料委员会编：《肇庆文史资料》，第1～24辑。

政协潮州市文史资料委员会编：《潮州文史资料》，第1～27辑。

二、论著类

（日）滨下武志著，高淑娟、孙彬译：《中国近代经济史研究：清末海关财政与通商口岸市场圈》，南京：江苏人民出版社，2008年。

（加拿大）简·雅各布斯著，金衡山译：《美国大城市的死与生》，南京：译林出版社，2005年。

（法）马克·布洛赫著，张和声等译：《为历史学辩护》，北京：中国人民大学出版社，2006 年。

（法）费尔南·布罗代尔著，刘北成等译：《论历史》，北京：北京大学出版社，2008 年。

（美）吉尔伯特·罗兹曼主编，国家社会科学基金"比较现代化"课题组译：《中国的现代化》，南京：江苏人民出版社，2018 年。

（美）乔尔·科特金著，王旭等译：《全球城市史》，北京：社会科学文献出版社，2006 年。

（美）安东尼·奥罗姆、陈向明著，曾茂娟、任远译：《城市的世界——对地点的比较分析和历史分析》，上海：上海人民出版社，2005 年。

（美）林达·约翰逊主编，成一农译：《帝国晚期的江南城市》，上海：上海人民出版社，2005 年。

（美）罗芙云著，向磊译：《卫生的现代性——中国通商口岸卫生与疾病的含义》，南京：江苏人民出版社，2007 年。

（美）罗威廉著，江溶、鲁西奇译：《汉口：一个中国城市的商业和社会（1796—1889）》，北京：中国人民大学出版社，2005 年。

（美）施坚雅主编，叶光庭等译，陈桥驿校：《中华帝国晚期的城市》，北京：中华书局，2000 年。

（美）费正清著，张沛译：《中国：传统与变迁》，北京：世界知识出版社，2002 年。

（美）斯塔夫里阿诺斯著，吴象婴等译：《全球通史：1500 年以后的世界》，上海：上海社会科学院出版社，1999 年。

（美）斯塔夫里阿诺斯著，吴象婴等译：《全球通史：1500 年以前的世界》，上海：上海社会科学院出版社，1999 年。

（美）道格拉斯·C. 诺思著，陈郁等译：《经济史中的结构与变迁》，上海：上海三联书店，上海人民出版社，1994 年。

（美）魏斐德著，王小荷译：《大门口的陌生人：1839—1861 年间华南的社会动乱》，北京：中国社会科学出版社，1988 年。

（德）马克斯·韦伯著，洪天富译：《儒教与道教》，南京：江苏人民出版社，2018 年。

万灵著：《常州的近代化道路——江南非条约口岸城市近代化的个案研究》，合肥：安徽教育出版社，2002 年。

广州市人民政府侨务办公室编：《广州侨务与侨界人物》，广州：广州出版社，2000 年。

广州市文史研究馆编：《羊城风华录：历代中外名人笔下的广州》，广州：花城出版社，2006 年。

广州市社会科学研究所编：《近代广州外贸研究》，北京：科学普及出版社广州分社，1987 年。

广州市国家历史文化名城发展中心、广州历史名城研究会、广州古都学会编：《论广州与海上丝绸之路》，广州：中山大学出版社，1993 年。

马敏著：《官商之间：社会剧变中的近代绅商》，武汉：华中师范大学出版社，2003 年。

王尔敏著：《五口通商变局》，桂林：广西师范大学出版社，2006 年。

王宏斌著：《晚清海防：思想与制度研究》，北京：商务印书馆，2005 年。

王笛著，李德英等译：《街头文化：成都公共空间、下层民众与地方政治，1870—1930》，北京：中国人民大学出版社，2006 年。

王笛著：《跨出封闭的世界——长江上游区域社会研究 1644—1911》，北京：中华书局，2001 年。

邓开颂等著：《澳门史话》，北京：社会科学文献出版社，2000 年。

邓端本编著：《广州港史》（古代部分），北京：海洋出版社，1986 年。

孔祥吉编著：《康有为变法奏章辑考》，北京：北京图书馆出版社，2008 年。

丘传英主编：《广州近代经济史》，广州：广东人民出版社，1998 年。

皮明庥主编：《近代武汉城市史》，北京：中国社会科学出版社，1993 年。

朱庆葆著：《传统城市的近代命运——清末民初安庆城市近代化研究》，合肥：安徽教育出版社，2001 年。

刘永连著：《近代广东对外丝绸贸易研究》，北京：中华书局，2006 年。

刘海岩主编：《城市史研究》第 23 辑，天津：天津社会科学院出版社，2005 年。

刘蜀永著：《香港史话》，北京：社会科学文献出版社，2000 年。

安虎森主编：《区域经济学通论》，北京：经济科学出版社，2004 年。

杨天宏著：《口岸开放与社会变革：近代中国自开商埠研究》，北京：中华书局，2002 年。

杨念群等主编：《新史学：多学科对话的图景》，北京：中国人民大学出版社，2003年。

李孝聪著：《中国区域历史地理》，北京：北京大学出版社，2004年。

李明伟著：《清末民初中国城市社会阶层研究（1897—1927）》，北京：社会科学文献出版社，2005年。

李侃、李时岳等著：《中国近代史》第四版，北京：中华书局，1994年。

吴郁文编著：《广东经济地理》，广州：广东人民出版社，1999年。

吴承明著，中国社会科学院科研局组织编选：《吴承明集》，北京：中国社会科学出版社，2002年。

吴承明著：《中国的现代化：市场与社会》，北京：生活·读书·新知三联书店，2001年。

邱海雄、陈健民主编：《行业组织与社会资本：广东的历史与现状》，北京：商务印书馆，2008年。

何一民著：《中国城市史纲》，成都：四川大学出版社，1994年。

余石著：《历史文化名城雷州》，广州：广东人民出版社，2006年。

汪敬虞主编：《中国近代经济史（1895—1927）》，北京：人民出版社，2000年。

张仲礼主编：《东南沿海城市与中国近代化》，上海：上海人民出版社，1996年。

张仲礼主编：《近代上海城市研究》，上海：上海人民出版社，1990年。

张仲礼等主编：《长江沿江城市与中国近代化》，上海：上海人民出版社，2002年。

张金锁等编：《区域经济学》，天津：天津大学出版社，1998年。

张弥著：《城市体系的网络结构》，北京：中国水利水电出版社，知识产权出版社，2007年。

张海林著：《苏州早期城市现代化研究》，南京：南京大学出版社，1999年。

陈训先著：《潮汕先民探源》，广州：广东人民出版社，2006年。

陈达著：《南洋华侨与闽粤社会》，北京：商务印书馆，2011年。

陈廷湘等著：《天下·世界·国家：近代中国对外观念演变史论》，上海：上海三联书店，2008年。

陈旭麓著：《近代中国社会的新陈代谢》，上海：上海社会科学院出版社，2006年。

陈国庆主编：《中国近代社会转型研究》，北京：社会科学文献出版社，2005年。

陈桦著：《零丁洋上不速客：穿鼻草约、广州和约》，北京：中国人民大学出版社，1993年。

罗澍伟主编：《近代天津城市史》，北京：中国社会科学出版社，1993年。

周忍伟著：《举步维艰——皖江城市近代化研究》，合肥：安徽教育出版社，2002年。

练铭志等著：《广东民族关系史》，广州：广东人民出版社，2004年。

赵冈著：《中国城市发展史论集》，北京：新星出版社，2006年。

赵世瑜著：《腐朽与神奇——清代城市生活长卷》，长沙：湖南人民出版社，2006年。

赵春晨等主编：《中西文化交流与岭南社会变迁》，北京：中国社会科学出版社，2004年。

胡兆量等编著：《中国文化地理概述》（第二版），北京：北京大学出版社，2006年。

钟文典著：《广西客家》，桂林：广西师范大学出版社，2005年。

顾朝林著：《中国城镇体系：历史·现状·展望》，北京：商务印书馆，1992年。

顾朝林等著：《中国城市地理》，北京：商务印书馆，1999年。

徐俊鸣等著：《广州史话》，上海：上海人民出版社，1984年。

郭德焱著：《清代广州的巴斯商人》，北京：中华书局，2005年。

唐力行著：《商人与中国近世社会》，北京：商务印书馆，2006年。

桑兵著：《庚子勤王与晚清政局》，北京：北京大学出版社，2004年。

黄志繁、廖声丰著：《清代赣南商品经济研究——山区经济典型个案》，北京：学苑出版社，2005年。

黄滨著：《近代粤港客商与广西城镇经济发育》，北京：中国社会科学出版社，2005年。

崔乐泉著：《中国近代体育史话》，北京：中华书局，1998年。

梁志强等编著：《岭南文化古都封开》，广州：广东人民出版社，2006年。

梁钊、陈甲优主编：《珠江流域经济社会发展概论》，广州：广东人民出版社，1997年。

隗瀛涛主编：《中国近代不同类型城市综合研究》，成都：四川大学出版社，1998年。

隗瀛涛主编：《近代重庆城市史》，成都：四川大学出版社，1991年。

蒋建国著：《报界旧闻——旧广州的报纸与新闻》，广州：南方日报出版社，2007年。

蒋祖缘、方志钦主编：《简明广东史》，广州：广东人民出版社，1993年。

程美宝著：《地域文化与国家认同：晚清以来"广东文化"观的形成》，北京：生活·读书·新知三联书店，2006年。

傅衣凌著：《明清农村社会经济，明清社会经济变迁论》，北京：中华书局，2007年。

傅衣凌著：《傅衣凌治史五十年文编》，北京：中华书局，2007年。

曾业英主编：《五十年来的中国近代史研究》，上海：上海书店出版社，2000年。

虞晓波著：《比较与审视——"南通模式"与"无锡模式"研究》，合肥：安徽教育出版社，2001年。

樊树志著：《江南市镇：传统的变革》，上海：复旦大学出版社，2005年。

戴逸主编：《简明清史》，北京：人民出版社，1980年。

戴鞍钢著：《港口·城市·腹地：上海与长江流域经济关系的历史考察（1843—1913）》，上海：复旦大学出版社，1998年。

三、其他史料

（清）王锡祺辑：《小方壶斋舆地丛钞》，杭州：杭州古籍书店，1985年。

（清）屈大均撰：《广东新语》，北京：中华书局，1985年。

（清）徐珂编撰：《清稗类钞》，北京：中华书局，2010年。

（清）梁廷枏总纂，袁钟仁校注：《粤海关志》，广州：广东人民出版社，2002年。

（清）梁廷枏著，邵循正点校：《夷氛闻记》，北京：中华书局，1959年。

《申报》第1~114册，上海：上海书店出版社，1983年影印本。

广东省地方史志编委会办公室等编：《清实录广东史料》，广州：广东省地图出版社，1995年。

广州市地方志办公室编：《广州近现代大事典（1840—2000年）》，广州：广州出版社，2003年。

广州市越秀区满族志编写组：《越秀区满族志》，广州：广州市华苑印刷公司，1994年。

区季鸾编述：《广东之典当业》，《民国丛书》第四编第35册，上海：上海书店出版社，1992年。

中国第一历史档案馆编：《光绪朝朱批奏折》，北京：中华书局，1996年。

中国第二历史档案馆、中国海关总署办公厅合编：《中国旧海关史料（1859~1948)》，北京：京华出版社，2001年。

四川大学城市研究所编：《〈清史·城市志〉资料汇集（论文选编）》，内部资料。

刘伯骥著：《广东书院制度沿革》，上海：商务印书馆，1939年。

吴旻、韩琦编校：《欧洲所藏雍正乾隆朝天主教文献汇编》，上海：上海人民出版社，2008年。

吴绮等撰，林子雄点校：《清代广东笔记五种》，广州：广东人民出版社，2006年。

沈云龙主编，《近代中国史料丛刊》，台北：文海出版社，1966年。

沈云龙主编，《近代中国史料丛刊三编》，台北：文海出版社，1989年。

沈云龙主编：《近代中国史料丛刊续编》，台北：文海出版社，1984年。

陈序经著：《疍民的研究》，《民国丛书》第三编第18册，上海：上海书店出版社，1991年。

庞新民著：《两广瑶山调查》，上海：中华书局，1935年。

胡朴安编：《中华全国风俗志·广东》，郑州：中州古籍出版社，1990年。

黄佛颐编纂，仇江等点注：《广州城坊志》，广州：广东人民出版社，1994年。

崔林涛等主编：《中国历史文化名城大辞典》，北京：人民日报出版社，1998年。

蔡谦著：《粤省对外贸易调查报告》，《民国丛书》第一编第 37 册，上海：上海书店出版社，1989 年。

谭棣华等编：《广东碑刻集》，广州：广东高等教育出版社，2001 年。

四、论文类

卜奇文著：《清代澳门与广州经济互动问题研究》，暨南大学，2003 年博士学位论文。

马强著：《明清时期广州回族社区及其伊斯兰文化变迁》，《世界宗教研究》，2004 年第 2 期。

王小荷著：《清代两广盐商及其特点》，《盐业史研究》，1986 年第1 辑。

王建军、慕容勋著：《论清代广州书院城市化》，《华东师范大学学报》（教育科学版），2005 年第 1 期。

方书生著：《口岸开放与晚清经济区的形成——岭南经验以及全国尺度》，《云南大学学报》（社会科学版），2006 年第 4 期。

邢荣发著：《明清澳门城市建筑研究》，暨南大学，2005 年博士学位论文。

乔素玲著：《清代广东的人口增长与流迁》，《暨南学报》（哲学社会科学版），1990 年第 2 期。

刘正刚、唐伟华著：《从会馆看清代海南的发展》，《海南大学学报》（人文社科版），2001 年第 3 期。

刘圣宜著：《近代广州风习民情演变的若干态势》，《华南师范大学学报》（社会科学版），2001 年第 1 期。

许桂香、司徒尚纪著：《岭南服饰变迁历史》，《岭南文史》，2006 年第3 期。

李书源著：《清政府的对英政策与琦善的广州外交》，《史学月刊》，1988 年第 1 期。

李龙潜著：《明清时期广东圩市租税的征收》，《学术研究》，2006 年第2 期。

李绪柏著：《清代广东所刻丛书初探》，《中山大学学报》（社会科学版），1992 年第 3 期。

吴建新著：《明清珠江三角洲城镇的水环境》，《华南农业大学学报》

（社会科学版），2006 年第 2 期。

邱捷著：《清末广州居民的集庙议事》，《近代史研究》，2003 年第 2 期。

冷东著：《明清潮州海商与区域社会》，《东北师大学报》（哲学社会科学版），2003 年第 1 期。

汪敬虞著：《论清代前期的禁海闭关》，《中国社会经济史研究》，1983 年第 2 期。

张海林著：《重评近代广州绅民的"反入城斗争"——兼论近代中国应付西方挑战的合理方式》，《安徽师范大学学报》（哲学社会科学版），1989 年第 1 期。

张富强著：《试论广州钦差大臣制度的形成及其终结》，《广东社会科学》，1992 年第 4 期。

陈代光著：《论历史时期岭南地区交通发展的特征》，《中国历史地理论丛》，1991 年第 3 期。

陈伟明著：《论明清时期广州商人的贾而好儒》，《广东史志》，1998 年第 4 期。

陈忠烈著：《清代粤北经济区域的形成与特点》，《广东社会科学》，1988 年第 3 期。

陈实著：《清代珠江三角洲教育状况研究》，暨南大学，2004 年博士学位论文。

陈春声著：《清代中叶岭南区域市场的整合——米价动态的数理分析》，《中国经济史研究》，1993 年第 2 期。

苑艺著：《鸦片战争中林则徐的译事活动》，《天津师范大学学报》，1985 年第 3 期。

林广志著：《晚清澳门华商与华人社会研究》，暨南大学，2005 年博士学位论文。

林金枝著：《近代华侨在汕头地区的投资》，《汕头大学学报》（人文科学版），1986 年第 4 期。

罗一星著：《清代前期岭南二元中心市场说》，《广东社会科学》，1987 年第 4 期。

罗一星著：《清代前期岭南市场的商品流通》，《学术研究》，1991 年第 2 期。

周正庆著：《清代广东糖业国内营销网络试析》，《广东社会科学》，2000 年第 4 期。

周琍著：《清代广东盐业与地方社会》，华中师范大学，2005 年博士学位论文。

周毅刚著：《明清佛山的城市空间形态初探》，《华中建筑》，2006 年第 8 期。

周霞、刘管平著：《风水思想影响下的明清广州城市形态》，《华中建筑》，1999 年第 4 期。

郑德华著：《清代广东宗族问题研究》，《中国社会经济史研究》，1991 年第 4 期。

冼剑民著：《明清时期广东的自然环境保护》，《中山大学学报》（社会科学版），2001 年第 4 期。

姚燕华等著：《近代广州城市形态特征及其演化机制》，《现代城市研究》，2005 年第 7 期。

袁国友著：《近代滇港贸易问题研究》，云南大学，2002 年博士学位论文。

贾蕊华著：《试论清末广东警政》，暨南大学，2006 年硕士学位论文。

高惠冰著：《广州成为中国近代民主革命策源地之历史渊源》，《岭南文史》，2006 年第 1 期。

陶诚著：《"广东音乐"文化研究》，福建师范大学，2003 年博士学位论文。

黄君萍著：《略论清代广东圩市的特点及其作用》，《广东民族学院学报》（社会科学版），1992 年第 1 期。

黄碧琴著：《华侨与近代广州对外贸易》，《东南亚研究》，1991 年第 3 期。

曹雯著：《清代广东体制再研究》，《清史研究》，2006 年第 2 期。

蒋建国著：《晚清广州城市消费文化研究》，暨南大学，2005 年博士学位论文。

曾小全著：《清代前期的海防体系与广东海盗》，《社会科学》，2006 年第 8 期。

曾新著：《论湿地对古代广州城市发展的影响》，《华南师范大学学报》（社会科学版），2006 年第 4 期。

谢惠如著:《明清两代潮汕出版业述略》,《韩山师范学院学报》,1998年第 3 期。

赖琼著:《唐至明清时期雷州城市历史地理初探》,《湛江师范学院学报》,2004 年第 4 期。

谭棣华、叶显恩著:《封建宗法势力对佛山经济的控制及其产生的影响》,《学术研究》,1982 年第 6 期。

霍丽明著:《初探近代体育在广州的兴起和发展》,《广州体育学院学报》,1990 年第 2 期。

戴爱生著:《近代广州地区人才辈出的原因初探》,《广东社会科学》,1986 年第 2 期。

魏立华等著:《清代广州城市社会空间结构研究》,《地理学报》,2008 年第 6 期。

后 记

    我的这部专著是在博士学位论文的基础上经过补充、修改才得以完成的,在此要感谢我的博士生导师、四川大学城市研究所何一民教授。何老师在我三年读博期间从学术研究方面给予我悉心的指导。在论文资料的搜集、论文提纲的修改和完善、行文表述及其逻辑思路的梳理等方面,无一不浸透着恩师的心血。读博期间,我也得到了四川大学城市所谯珊、范瑛等老师的无私帮助,尤其是邱国盛老师(已病故),他对我的论文提纲的提炼和正文行文亲自指点和帮助。

    博士毕业后,我到广西师范大学工作,原来想要把博士学位论文尽快修改出版,但一则忙于教学工作和繁重的科研任务,二则考虑到本书出版的经费问题没有解决,因此,修改、完善和出版博士学位论文一事一拖再拖。2024 年是中国改革开放 46 周年,作为改革开放的前沿和先进省区,广东社会经济发展取得了举世瞩目的成就,但也存在城乡区域发展不平衡、产业结构转型升级、教育文化与经济社会发展水平不相适应等问题,从历史发展中寻找智慧和启迪,就成为当代广东城市研究的重要课题,因此,尽快将博士学位论文修改出版,为当代广东社会经济发展服务,成为我的当务之急。岭南广东、广西是一家,本专著尽管以清代广东城市发展为研究焦点,但是清代广东管辖区域也包括了粤西廉州府地区,即今天广西北部湾地区,因此本专著也可以为当代广西社会经济发展提供经验和启示。

　　本专著得以出版，首先要感谢广西师范大学马克思主义学院的领导班子。在论著内容审定、出版资助和选题报送等方面，学院领导高度重视并给予了全面帮助。其次要感谢四川大学出版社领导和编校人员。他们为本书的编校、设计等付出了辛勤的劳动。最后要感谢四川大学图书馆、中山大学图书馆、广东省立中山图书馆、广西师范大学图书馆、广西桂林图书馆等单位，他们为本书的出版提供了许多珍贵史料，也为我在查阅、复印及拍摄资料方面提供了诸多便利。

　　清代广东城市发展与社会变迁是中国古代城市史研究的一个方面，也是国家重大文化工程《清史》之"城市志"编修的一个重要内容。作为一个重大的学术研究课题，清代广东城市发展演变尚有许多问题亟待深入探索和总结，期待有志者来进一步探索研究。本书仅仅是清代广东城市发展的一个初步总结，存在许多不足，衷心希望学界专家批评指正。

唐咸明

2024 年 8 月于广西师范大学东院三期教师公寓